五〇年目の日韓つながり直し

日韓請求権協定から考える

吉澤文寿 編著

한일청구권협정 50년
비틀린 한일관계를 다시 생각한다

社会評論社

五〇年目の日韓つながり直し—日韓請求権協定から考える　＊目次

序論[1]

吉澤文寿

1. はじめに──本書の問題意識

二〇一五年は日本と朝鮮（※）との歴史的関係において、とても重要な節目の年であった。日本が朝鮮の外交権を奪った第二次日韓協約締結から一一〇年、日本の朝鮮植民地支配が終わってから七〇年、そして、朝鮮が南北に分断されてから、日本が南の大韓民国（以下、韓国）と国交正常化してから五〇年であった。なお、日本と朝鮮民主主義人民共和国（以下、北朝鮮）との国交正常化はいまだ実現していない。

（※）この文章では、「朝鮮半島」、「朝鮮人」、「朝鮮語」、「朝鮮史」など、民族、領域、言語などの総称として「朝鮮」という言葉を使用する。

しかしながら、日本と北朝鮮はおろか、日本と韓国との間でも歴史問題をめぐってぎくしゃくした関係が続いた。皮肉なことに、その微妙な関係は二〇一五年七月二二日に日韓国交正常化五〇周年の日を過ぎてからいっそう表面化した。二〇一五年七月五日、ドイツのボンで開催された国際連合教育科学文化機関（UNESCO）世界遺産委員会は、福岡など八件の二三施設からなる「明治日本の産業革命遺産　製鉄・鉄鋼、造船、石炭産業」の世界遺産登録を決めた。ところが、この施設群には、八幡製鉄所、三池炭鉱、端島炭鉱など、アジア太平洋戦争期の朝鮮人強制連行の現場が含まれている。その事実認定をめぐって、日韓両国は言い争った。

同年八月一四日、安倍晋三首相が発表した、いわゆる「戦後七〇年談話」は、朝鮮植民地支配に対する認識がきれいに欠落したものだった。しかも、それは朝鮮植民地化の契機となった朝鮮植民地化の契機となった日露戦争を「植民地支配のもとにあった、多くのアジアやアフリカの人々を勇気づけました」とうそぶきつつ、「私たちの子や孫、そしてその先の世代の子どもたちに、謝罪を続ける宿命を背負わせてはなりません」と語るものであった。これは安倍首相の「謝罪拒否宣言」であり、現在も首相自らの植民地支配に対する謝罪の言葉も、反省の言葉もない。

そして、この年が終わろうとする一二月二八日、日韓外相が日本軍「慰安婦」問題についての合意を発表した。この合意で、安倍首相が「慰安婦」問題について、「心からのお詫びと反省の気持ち」を表明したものの、被害者本人に対して行ったものかどうかはあいまいである。さらに、この合意に即して、被害者からの了解が得られないまま、日本政府からの資金拠出による財団設立の準備が進められ、二〇一六年七月二八日、韓国政府女性家族部の傘下機関として「和解・癒し財団」が発足した。そして、一〇月二一日には財団が被害者に対する現金支給を始めたことを明らかにした。(2)

これほどの長い年月が経っているにもかかわらず、いまだに植民地支配の被害者は十分な謝罪も、補償も受けていない。被害者たちはどのような思いで二〇一五年を過ごしたのか。ここでいくつかの事例を紹介したい。

久しぶりに来たから、うまく話せませんね。皆さんに会いたくてやってきました。

二〇一六年三月二三日、私はソウルの日本大使館前で行われた第一二二三回水曜デモに参加し、日本軍「慰安婦」被害者たちのあいさつを聞いた。冬のソウルは寒く、ハルモニたちが共同生活をしている「ナヌムの家」からソウルを訪れるのもしんどい季節が続いた。その間も、韓国挺身隊問題対策協議会(挺対協)をはじめとする市民団体や、平和ナビ(ナビは朝鮮語で「蝶」のこと)の大学生や高校生たちが毎週水曜日にここで集会を続けた。この日、吉元玉さんと金福童さんの二人のハルモニが久しぶりに集会に参加したのだった。当日は、三月になってようやく暖かくなってきたとはいえ、しっかり防寒しないと、身体が震えた。

しかし、この日にあいさつした吉元玉さんの声は力に満ち、張りがあった。「私たちは若い人たちだけを信じています。寒くて震えるけど、こうしてまた会えてうれしいです」と語る吉元玉さんは、二〇一五年一二月の「慰安婦」問題についての日韓合意を強く批判した。「心から謝罪し、法的に賠償してはじめて真正なお詫び(サグァ/謝過)となる」、「(日韓合意のような）このようなかたちのお詫びなら、百億（ウォン）だろうと、一千億（ウォン）だろうと、補償金を受け取らない」[3]と。

日本による植民地支配の被害者は、日本軍「慰安婦」だけではない。日中全面戦争、そしてアジア太平洋戦争当時、日本は労働者、軍人・軍属、「慰安婦」など、さまざまなかたちで朝鮮人を動員した。タイの俘虜収容所で日本軍の捕虜監視員を務めた廉で、日本敗戦後にBC級戦犯として法廷に立つなど、死生の間をさまよった李鶴来さんは自著で次のように語る。

　波乱に満ちた私の人生も終末期を迎え、戦犯、特に刑死者の無念の怨念（おもい）を多少なりとも癒し、名誉回復をさせるのが、生き残った私の責務だという思いはいっそう切なるものとなっています。私は、今年こそ長年の懸案である朝鮮人BC級戦犯者に対する立法を実現させたいと考えています。繰り返しになりますが、日本人の正義と道義心に改めて訴えます[4]。

これらの朝鮮人被害者たちに対する謝罪および補償は、現在も日本政府や企業らの歴史的責任として残っている。戦後の日本は、戦傷病者戦没者遺族等援護法などの一連の援護法を制定して旧日本軍人およびその遺族らを手厚く支援する一方で、朝鮮人ら旧植民地出身者たちへの支援を行っていない。

この本は、日本の朝鮮植民地支配に対する歴史的責任の問題を克服する手がかりとして、一九六五年に「日本国と大韓民国との間の基本関係に関する条約」（以下、日韓基本条約）および諸協定（とくに「財産及び請求権に関する問題の解決並びに経済協力に関する日本国と大韓民国との間の協定」、以下、日韓請求権協定）が締結されて実現した日韓国交正常化に注目する（その重要な条文については巻末資料を参照されたい）。その理由は、日本政府や企業らは、現在に至るまで、これらの問題が日韓基本条約および諸協定で「すでに解決済み」であると繰り返し表明しているからである。残念なことに、この「解決済み」論は、政府や企業ばかりではなく、言論や学問の領域においても、浸透してしまっている。

この本はこのような問題意識を共有している執筆陣によって、日韓基本条約及び諸協定をめぐる様々な論点を検証し、朝鮮植民地支配に対する日本の歴史的責任の問題を克服することを目指している。本書を最後まで読んでいただければ、この諸条約の問題点が明らかになるはずである。

本論に入る前に、この章ではまず、これらの条約締結に至るまでの交渉過程（日韓国交正常化交渉、以下、日韓会談）について整理したい。さらに、植民地支配に対する責任の問題を明らかにするために日韓の市民が取り組んだ成果としての、日韓会談関連外交記録の公開状況について、合わせて概観したい。ただし、序論の要点を簡潔に知りたい読者は、先に「4．おわりに」に進んで構わない。

2．日韓会談の経緯⑸

一九四五年八月一四日の日本敗戦／朝鮮解放の後、日本は連合国軍最高司令官総司令部（ＧＨＱ／ＳＣＡＰ）によって占領された。一方、朝鮮は米ソ両軍による南北分割占領を経て、統一政府樹立に失敗し、一九四八年八月に大韓民国政府、同年九月に朝鮮民主主義人民共和国政府が成立した。一九五一年九月八日に日本との平和条約（対日講和条約）が調印され、同条約発効による日本独立が約束された。

日韓会談は対日講和条約調印後の一九五一年一〇月二〇日から、米国の斡旋により予備会談が始まり、在日朝鮮人の法的地位、基本関係、請求権（後に文化財が別途議題化された）、漁業、船舶という議題を確定させた。この頃はまだ朝鮮戦争が継続しており、「国連軍」の名の下に、日本の基地から米軍が発進していた。一九五二年二月一五日から本会談（第一次会談）が始まるが、この日程は台湾の中華民国との講和交渉とともに、日本が東アジアにおける反共体制の拠点として、中華民国および大韓民国との国交を樹立させることを目指すものであった。

しかしながら、日韓会談は請求権および漁業問題で紛糾した。請求権交渉では、韓国側が「韓日間財産および請求権協定要綱」（いわゆる対日請求八項目）を提示したのに対し、日本側は在朝日本人私有財産に対する請求権を主張した。対日講和条約第四条ｂ項にあるとおり、南朝鮮を占領した米軍政府による日本人財産の処理の効力について、日本は承認していた。それにもかかわらず、日本側がこの主張をしたため、韓国側は大いに反発した。

漁業交渉は日韓漁業が競合する海域における操業について取り決めるものであった。だが、日本側はもっぱら一九五二年一月一八日に韓国政府が設定した「平和線」（いわゆる「李承晩ライン」）の撤廃を訴え続けた。基本関係、在日朝鮮人の法的地位などで合意線が見えていたものの、結局、日韓会談が四月二四日に決裂したことにより、四月二八日の日本独立前に日韓国交正常化を実現させる試みは失敗した。

その後、約一年間の「冷却期間」を置き、日韓会談が再開したのは一九五三年四月一五日からであった（第二次会談）。請求権交渉では双方の主張に対する実質的な議論が行われ、漁業交渉では漁業資源をめぐって議論された。七月二七日の朝鮮戦争休戦に伴って一旦休会し、一〇月六日より会談が開かれた（第三次会談）。この会談で行った日本側代表の久保田貫一郎外務省参与による発言は、日韓会談を四年半も中断させる原因となった。

すなわち、一〇月一五日の請求権委員会で久保田はカイロ宣言にある「韓国人の奴隷状態」という表現が連合国の戦時中の興奮状態で書かれたものであるとか、朝鮮における鉄道や港の建設、農地醸成などのために日本から多額の資金を持ち出したなどと述べ、日本の植民地支配が朝鮮人に恩恵を与えたことを強調した。韓国側はこの「久保田発言」に激怒し、日本側にこの発言の取り消しを求めた。しかし、日本側がこれに応じなかったことで、会談は完全に決裂してしまった(6)。

この後、日韓関係は非常に険悪となった。韓国政府が「李承晩ライン」侵犯を理由に日本漁船を相次いで拿捕すると、日本の国会では「李承晩ライン」海域に自衛隊を出動させるかどうかが論じられた。また、竹島／独島をめぐる領有権をめぐる口上書が日韓両国政府間を何度も往復した。さらに、日本政府は出入国管理令を適用して法的地位が未確定な在日朝鮮人を強制退去させようとすると、韓国側はこれに反発した。

一九五七年一二月三一日の日韓共同宣言により、日本側は「久保田発言」と在朝日本人財産に対する請求権を撤回した。これにより、日韓会談は一九五八年四月一五日に再開された（第四次会談）。日韓会談再開にあたっては、米国からの働きかけとともに、対米自立を掲げ、韓国を含む対アジア外交に積極的な岸信介政権の成立、そして「平和攻勢」としての対日関係改善を目指す北朝鮮の動きに対抗する韓国の李承晩政権の意図がある。

しかし、この年から在日朝鮮人の帰国問題が浮上し、一九五九年一二月一四日に帰国船第一便が新潟を出発した。この間、韓国政府がこの阻止を最優先したため、日韓会談は実質的に進展することなく、一九六〇年に韓国で「四・一九革命」が起こると、四度目の中断を迎えた。

韓国では李承晩政権が崩壊し、張勉政権が成立すると、対日関係改善を掲げた。日本では安保闘争によって倒れた岸政権に代わり、池田勇人政権が成立する。この頃、米国の財政悪化に伴う対韓援助削減が進行する一方で、北朝鮮の復興は比較的順調であった。一九六〇年一〇月二五日から日韓会談が再開されると（第五次会談）、日本、韓国、そして米国は韓国の経済復興のために会談の早期妥結を目指した。一九六一年五月一六日に韓国で軍事クーデターが発生したことにより、会談は五度目の中断となった。だが、その後韓国で成立した朴正熙政権は、張勉政権の対日政策を継承しつつ、日韓会談の早期妥結にいっそう熱意を持って取り組んだ。

日韓会談（第六次会談）が一九六一年一〇月二〇日に再開されると、外務官僚による実務者討議と平行して、高位級政治会談が断続的に行われた。一九六一年一一月一二日の日韓首脳会談はその嚆矢である。とくに日韓会談の最大の懸案だった請求権問題が優先的に議論され、一九六二年一〇月二〇日および一一月一二日の大平正芳外相と金鍾泌韓国中央情報部長との会談により、日本が無償三億ドル、有償二億ドル、民間借款一億ドル以上の対韓経済協力を行うという合意線が確認された。これにより、請求権問題が大きく進展する一方で、被徴用朝鮮人の未払金、朝鮮人軍人・軍属の恩給等を含む韓国側の対日請求権についての実質的な討議は約一年で打ち切られてしまった。この討議の中で、日本軍「慰安婦」や朝鮮人被爆者らの被害については一切取り上げられなかった。その後、漁業問題が重点的に議論され、「李承晩ライン」撤廃を前提とする操業条件の妥結が少しずつ見えてきた。

しかしながら、日韓会談の妥結内容が明らかになると、日韓両国で激しい反対運動が起こった。とくに、韓国政府は国際共産主義勢力との対決を全面に掲げて日韓国交正常化の意義を強調したが、多くの国民が日韓会談を「対日低姿勢」「屈辱外交」と見なした。韓国の反対運動は漁民の生活と国土を守るラインとして意識された「平和線」撤廃に反対し、日本資本と提携しようとする国内資本家を糾弾し、日韓会談に介入する米国に抗議した。この運動が反政府運動に転化した結果、一九六四年六月三日に韓国政府は戒厳令を宣布し、これを鎮圧する事態に至った。こうして、日韓会談は六度中断したのである（※※）。

（※※）韓国の反対運動が主張したことは次の三点である。第一に、李ライン撤廃反対である。日本ではこのラインが反韓感情を煽っていたのに対し、韓国では日本の漁業資本や技術に対抗し、漁民の生活と国土を守るラインであると意識されていた。第二に、「民族反逆的韓日会談」を推進している朴正熙政権と、日本資本と提携しようとしている国内資本家に対する糾弾である。そして第三に、日韓会談に介入する米国への抗議である。韓国の反対運動は、韓国への経済進出を図る日本を警戒したことはもちろんだが、「屈辱外交」たる日韓会談を推進しているのは朴正熙政権であり、米国であると見なしていた。

しかし、後述の通り、日本では韓国の反対運動の「反日」ばかりが注目された。李ライン問題とともに、韓国の反対運動は、日本の世論、そして日韓会談を追及する野党勢力によって、上記のように正しく理解されたのかどうか疑わしかった。当時、日韓会談反対運動に取り組んでいた吉岡吉典の論集を読むと[7]、隣国で意志を同じくする人びとが、日本で誤解と偏見にさらされている状況に強い問題を感じていたことがわかる。

一九六四年八月二日のトンキン湾事件をきっかけに米国がベトナム戦争に本格的に介入すると、韓国がこれを支援するために軍隊派遣を検討し始めた。また、一九六四年一一月九日には首相の病気を理由に総辞職した池田内閣に代わり、佐藤栄作内閣が成立した。一九六四年一二月三日に日韓会談が再開すると（第七次会談）、いよいよ妥結に向けて加速した。

一九六五年一月七日に外務省記者クラブで、日本側首席代表の高杉晋一三菱電機株式会社相談役が「日本は朝鮮を支配したというが、わが国はいいことをしようとした」、「創氏改名もよかった」などと発言したことが問題となった[8]。しかし、「久保田発言」とは異なり、日韓の外務官僚が緊密に連携し、この発言のもみ消しを図った。

一九六五年二月二〇日に、ソウルで日韓基本条約仮調印が行われた。同条約第二条の「千九百十年八月二十二日以前に大日本帝国と大韓帝国との間で締結されたすべての条約及び協定は、もはや無効であることが確認される」という旧条約無効確認条項および第三条の「大韓民国政府は、国際連合総会決議第百九十五号（Ⅲ）に明らかに示されているとおりの朝鮮にある唯一の合法的な政府であることが確認される」という韓国政府唯一合法条項は仮調印前夜に清雲閣という料亭で、椎名悦三郎外相と李東元外相が討議して最終的に決定したものであり、現在までこの会合に関する議事録の所在が確認されていない。

一九六五年四月三日には、請求権、漁業、在日朝鮮人の法的地位についての合意内容の仮調印が行われた。とくに請求権問題については、「桑港平和条約第四条に規定されているものを含めて完全かつ最終的に解決されたことになる」という文言が含まれた。また、文化財についても、「日韓間の文化財問題の解決および文化協力の増進に関連し、品目その他につき協議の上日本国より韓国に対し韓国文化財を引渡す」とされた[9]。そして、在日朝鮮人の法的地位については、「韓国籍」として登録した者のみ永住許可が認められ、法的地位が何ら改善されない「朝鮮籍」登録者との差別化が明確となった。

その後、日韓諸条約の条文化作業が進み、一九六五年六月二二日に日韓基本条約および諸協定の調印が行われた。なお、日本側が最後まで竹島／独島領有権問題の議題化を要求した経緯があり、同日に「日本国と大韓民国との間の紛争の解決に関する交換公文」が取り交わされた。ただし、日本側がこの「紛争」に竹島／独島領有権問題が含まれるとしているのに対し、韓国側はその見解を否定している。

日韓両国の批准国会はいずれも野党の強い反対に直面した。韓国では八月一一日に特別委員会で政府および与党の民主共和党が抜き打ち的に批准同議案を通過させ、一四日の本会議で与党のみが出席し、批准同議案を可決、成立させた。日本では日本社会党、日本共産党らが安保闘争以来の動員で反対運動を繰り広げたが、一一月六日の衆議院特別委員会、一二日の衆議院本会議、一二月四日の参議院特別委員会、一一日の参議院本会議で強行採決が行われ、批准案が成立した。そして、一二月一八日にソウルで批准書の交換が行われた。

このとき日本の反対運動は、日韓基本条約が何よりもアメリカ帝国主義の下でアジア人をしてアジア人と戦わせようとする反共軍事同盟であると主張した。一方、政府および与党の自由民主党は「当り前でない状態を当り前の状態に直す」とか、「両国間の壊れた橋を作り直す」と宣伝し、日韓会談の意義や要点を強調しないように努めた。[10] 当時の日本の世論の多くは、日韓国交正常化に無関心か、その是非を判断できなかった。それどころか、日本の反対運動は、日韓会談を「屈辱外交」であると指弾する韓国世論の「反日」を強調したり、日本外交の対韓譲歩を批判したりして、より強硬な外交を求めることもあった。日本の交渉当事者もさることながら、日本の世論もまた戦争および植民地支配による責任の問題や在日朝鮮人の法的地位や処遇について意識していたとは言い難かった。[11]

なお、北朝鮮は一貫して日韓国交正常化に反対した。日韓諸条約締結翌日の一九六五年六月二三日には、「今度の『韓日会談』で朴正熙徒党と日本政府間に締結された『条約』と『協定』が無効であることを厳粛に宣言する」という声明を発表した。また、中華人民共和国政府も一九六五年六月二六日に日韓諸条約を認めないとする声明を発表した。

3. 日韓会談に関連する外交記録の公開状況(12)

日韓会談に関連する外交記録は条約締結から三〇年以上経過しても、しばらく不開示の状態が続いた。一九九〇年前後より、マスコミ関係者や研究者らによって若干の記録の所在が明らかになることがあっても、日本の外務省および韓国の外務部は自主的措置として公開しなかった。したがって、日韓会談研究は日韓会談周辺の外交記録や、新聞や回顧録などの二次史料を活用せざるを得なかった。米国では比較的外交記録の開示が進んでいたため、日韓会談の一次史料を入手するために、わざわざ米国の国立公文書館などを訪ねなければならない時期が続いた。このような記録開示状況の最大の理由は、日本政府による徹底した不開示方針であった。日本政府は日朝国交正常化交渉（日朝交渉）が継続していることや、日韓間の信頼関係への影響が懸念されるとして、韓国政府にも日韓会談関連記録の不開示を要請していた。

このような状況に変化が現れるのは二〇〇〇年代に入ってからである。その要因は二点挙げられる。第一に、韓国および日本で情報公開に関する法律が施行されたことである。韓国では一九九八年一月一日に「公共機関の情報公開に関する法律」、日本では二〇〇一年四月一日に「行政機関の保有する情報の公開に関する法律」がそれぞれ施行された。これに伴い、日韓の市民が公的記録の開示を求めることが制度的に可能となった。第二に、日韓国交正常化後も未解決のまま放置された戦争および植民地支配による朝鮮人被害者が運動を継続したことである。被害者たちは自らの人権回復を勝ち取るために、日本、韓国、そして米国などでの訴訟闘争を続けてきた。しかし、被害者への謝罪および補償が日韓請求権協定で解決済みとする判決が繰り返された。そのため、被害者とその支援者たちは日韓会談記録の開示を求める運動を始めたのである。

まず、二〇〇二年一〇月に韓国で、強制動員被害者一〇〇人が外交通商部に対して同記録の公開を要求し、二〇〇四年二月にソウル行政法院から原告一部勝訴判決を勝ち取った。この判決を受けて、二〇〇五年一月および八月に外交通商部は約三万六千枚の日韓会談関連記録を公開したのである。この原告らは植民地期に日本軍「慰安婦」、女子勤労挺身隊、軍人、軍属、労務者等として強制動員され、もしくは三菱重工業、日本製鉄などの日本企業で強制労働させられ、または浮島丸爆沈、原子爆弾によって生命、身体、財産上の被害にあった人々およびその遺族である。

韓国での日韓会談記録の全面開示を受けて、日本でも強制動員被害者と日本の市民からなる「日韓会談文書・全面公開を求める会」が外務省に情報開示請求を行ない、二〇〇七年一二月に東京地方裁判所から情報公開の趣旨に照らして速やかに開示決定等がなされるべきであるとする判決を勝ち取った。この判決により、二〇〇八年五月までに外務省が保管する約六万枚の外交記録が開示決定された。さらに、二〇一二年一〇月一一日には作成から三〇年以上経過した記録の原則開示を外務省に命じる東京地方裁判所判決が下されたことで、さらに多くの情報が開示された。

なお、外務省に対するこの市民団体による訴訟活動は、外務省の不開示部分の説明を全面的に認めた二〇一四年七月二五日の東京高等裁判所判決をもって一旦終結した。ただし、外務省が今後追加して何らかの記録を開示する可能性もあり、日本の財務省や韓国の財務部をはじめとする関連省庁の記録も開示される必要があるため、今後も新たな日韓会談関連記録の開示が予想される。

日韓合わせて約一〇万枚の新史料は条約・協定案、会議録、新聞・雑誌記事から会議用資料、省内および省間会議の記録、メモまでさまざまである。このうち、韓国政府開示記録は会議録および会議用資料などが中心であり、省内および省間会議の記録などのいわゆる内部文書が占める比重は比較的低い。しかし、史料そのものはすべて開示されているので、利用しやすい。これらの記録は東亜日報ウェブサイト http://www.donga.com/news/dstory/politics/K_J_agreement65/data.html で閲覧可能である。また、東北亜歴史財団が運営する「東北亜歴史ネット」http://contents.nahf.or.kr というウェブサイトで文書の細目別に閲覧できる。ソウル市内にある外交史料館に行けば、記録を直接みることができる。

日本政府開示記録は韓国政府のそれに比べると内部文書が多いのが特徴である。だが、現在の日韓、日朝関係に関わる問題として、竹島／独島領有権、財産請求権、文化財に関連するところを中心に不開示部分が多いため、韓国の記録に比べると利用しづらい側面がある。日本政府開示記録は「日韓会談文書・全面公開を求める会」ウェブサイト http://www.f8.wx301.smilestart.ne.jp より閲覧可能である。残念ながら、二〇一六年九月現在日本では外交史料館などの公的機関でこれらの文書を直接閲覧することはできない。

4. おわりに──本書を読み進めるにあたって

これらの概観を踏まえて、日韓基本条約および日韓請求権協定の問題点を簡潔に述べたい。

日韓基本条約第二条は、一九一〇年の韓国併合以前に締結された日韓間の諸条約の無効を確認する条項である。しかし、その条文作成過程を検証すると、韓国側が提案した「無効」(null and void) に、日本側が異議を唱えて、「もはや」(already) を挿入した。こうして、「もはや無効」(already null and void) という条文は、当初からこれらの条約が無効であり、植民地支配が不法であるとする韓国側の解釈と、当時の条約および植民地支配が有効であり、植民地支配終了後に無効になったとする日本側の解釈がなされるようになった。つまり、植民地支配が国際法的に有効に行われたかどうかという点で、日韓両国の歴史認識は一致していない。少なくとも、日本側は朝鮮植民地支配が不法であったという解釈を拒否している。

日韓請求権協定第二条第一項は、日韓間の財産、権利、利益、そして請求権の問題が「完全かつ最終的に解決されたこととなる」と規定されている。だが、この交渉過程を見ると、韓国側の請求権についての議論が十分なされないまま打ち切られ、日本からの経済協力で決着した。しかも、「完全かつ最終的に解決された」請求権の内容については、現在も日韓間で一致していない。日本側は植民地支配の加害責任を認めないまま、韓国側の請求をすべて解決したものとみなしている。被害者たちはこのことにもっとも怒りを感じている。

そして、日韓会談関連外交記録の開示により、日韓会談の交渉過程におけるさまざまな事実が明らかになった。このことはこの交渉が複雑な要素を持っていたことを明らかにするとともに、植民地支配の被害者たちの請求権の最終的な解決内容について、いっそう謎を深めた。日本政府が日朝交渉などを理由に、請求権問題をはじめとするにいまだ多くの不開示部分を残していることもその要因である。

本書は、このような日韓基本条約および諸協定の問題を、各論ごとにさらに掘り下げていくことで、日本と朝鮮との歴史的関係をより良い方向に前進させることを目指している。最後に、本書の各章の内容について、ごく簡単に紹介したい。

「第I部　日韓会談文書を読み解く」は開示された外交文書を通して日韓会談を歴史学的に検証する。太田修「『日韓財産請求権協定で解決済み』論を批判する」は日韓請求権協定の問題点について、「財産」「請求権」という枠組、経済協力との関連にみる植民地主義の問題を論じる。李洋秀「用意周到に準備されていた会談の破壊―『久保田発言』と文化財協定合意議事録にある『勧奨』の真意」は、「久保田発言」と文化財問題の「勧奨」という事例について、「資料から語る日韓会談」として読者に提示する。

「第Ⅱ部　請求権協定・その論点」は、「請求権」の解決をめぐる日韓関係史、そして日韓双方の被害者からみた日韓国交正常化五〇年史を整理し、その現在的意味を明らかにする。金昌禄「韓日過去清算、まだ終わっていない―『請求権協定』を中心に」は法史学の観点から、請求権協定の解釈をめぐる日韓の政治状況を整理する。金丞垠「韓日協定締結五〇年、改めて『対日請求権』を論ずる」は、請求権協定を締結し、対日民間請求権処理を行った韓国政府と、それに対する本当の過去清算を実現させようとする被害者たちの運動の軌跡を明らかにする。

「第Ⅲ部　日韓会談をめぐる世論」は日本の国会およびマスコミを中心に、日韓会談を推進した日本の世論について考察する。矢野秀喜「日韓請求権協定―日本の国会はどう審議し、批准したか？」は、日本国会における論議を、主要なトピックを取り上げて整理する。五味洋治「メディアは何を伝えたか」は、政府の世論操作という要素をふまえながら、マスコミの報道について考察する。また、金鉉洙「在日朝鮮人にとっての日韓条約」は在日朝鮮人の日韓会談反対運動についての論稿であり、合わせて読者の理解を助けるものである。

「第Ⅳ部　国際法の視点から」は、国際法の最新の議論を通して、日韓基本条約や請求権協定を克服する道筋を明らかにする。前田朗「植民地支配犯罪論の再検討―国際法における議論と民衆の法形成」は、植民地支配そのものを犯罪として問う論理がいまだ発展途上であるが、着実に前進してきたことを論じる。阿部浩己「国際法における過去の不正義と『歴史への転回』」は、「琉球処分」と対比させつつ、国際法の思想そのものの見直しが、韓国併合条約、日韓請求権協定のより正確な解釈を可能にしていることを明らかにする。

繰り返しになるが、歴史的責任の問題を欠落させた過去認識、そして被害者を置き去りにし、さらに踏み台にしたままの日本と朝鮮との関係は、結局のところ東アジアにおける平和構築を妨げている。本書の執筆陣は、東アジアの平和構築のために、植民地支配に対する歴史的責任を克服するという問題意識を共有している。ただし、それぞれの議論は執筆者の関心に委ねている。本書を通じて、日本と朝鮮の歴史認識をめぐる議論がいっそう深まることを願ってやまない。

【注】

(1) この論文は拙著「総論―これからの日韓関係五〇年を展望するために―」(『歴史評論』第七八八号、二〇一五年一二月号)の内容を、本書のために書き直したものである。

(2) 二〇一六年五月三〇日付で、歴史学関係一五団体は「日本軍『慰安婦』問題をめぐる最近の動きに対する日本の歴史学会・歴史教育者団体の声明」を発表した。この声明は二〇一五年一二月の日韓合意について、「慰安婦」制度の責任をあいまいにしていること、元「慰安婦」被害者の名誉と尊厳という人権問題を疎かにしていることを批判している。

(3) 「吉元玉・金福童ハルモニ『会いたかったです』」フォーカスニュース、二〇一六年三月二三日［ウェブ版］ http://www.focus.kr/view.php?key=2016032300211028672 (最終アクセス、二〇一六年一〇月九日)

(4) 李鶴来『韓国人元BC級戦犯の訴え―何のために、誰のために』梨の木社、二〇一六年、二〇三頁。

(5) 日韓会談の経緯について簡潔に整理した文献として、拙稿「日韓条約10問10答」(『歴史地理教育』第八三五号、二〇一五年六月)、そして拙著『日韓会談1965　戦後日韓関係の原点を検証する』(高文研、二〇一五年)の第一章「日韓諸条約はこうして結ばれた」などがある。

(6) 東郷和彦、波多野澄雄編『歴史問題ハンドブック』岩波書店、二〇一五年、五五頁。

(7) 吉岡吉典『日韓基本条約が置き去りにしたもの　植民地責任と真の友好』(大月書店、二〇一四年)。

(8) 「36年間の朝鮮統治を謝罪することはできない　高杉発言の詳報」(『アカハタ』一九六五年一月二一日付)。

(9) 『国際問題』第六二号、一九六五年五月、五八〜六五頁。

(10) 「日韓国交正常化に関する国内PR方針(案)」二頁(日本政府開示文書、文書番号一三四四、「日韓国交正常化PRに関し自民党との調整に関する件」一九六二年一一月七日、官房総務参事官)。

(11) 日本における日韓会談反対運動の問題点を内省的に批判した論考としては、旗田巍『日本人の朝鮮観』勁草書房、一九六九年)、前掲吉岡吉典『日韓基本条約が置き去りにしたもの』などがある。

(12) 韓国政府公開文書については金昌祿「韓国における韓日過去清算訴訟」(『立命館国際地域研究』第二六号、二〇〇八年二月)、日本政府公開文書については安藤正人、吉田裕、久保亨編『歴史学が問う　公文書の管理と情報公開　特定秘密保護法下の課題』（大月書店、二〇一五年）の第三章「日韓会談をめぐる外交文書の管理と公開」を参照されたい。

第Ⅰ部　日韓会談文書を読み解く

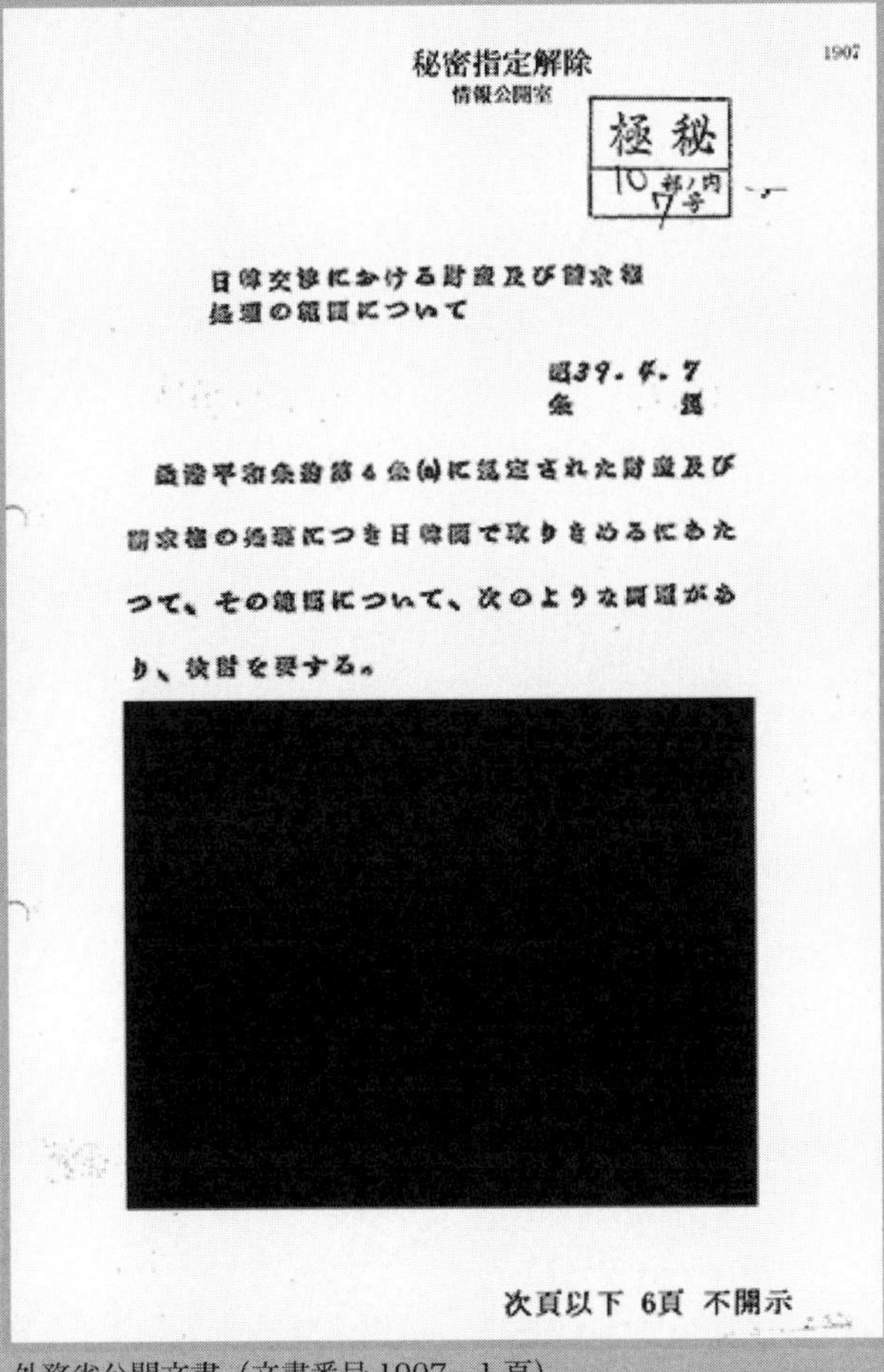

1907

秘密指定解除
情報公開室

極秘
10部ノ内 7号

日韓交渉における財産及び請求権
処理の範囲について

昭39.4.7
条　規

桑港平和条約第4条(a)に規定された財産及び請求権の処理につき日韓間で取りきめるにあたつて、その範囲について、次のような問題があり、検討を要する。

[redacted]

次頁以下 6頁 不開示

外務省公開文書（文書番号 1907、1 頁）

第1章　「日韓財産請求権協定で解決済み」論を批判する[1]

太田　修

一　プロローグ―日韓条約の何が問題か

一九六五年に日韓条約（基本条約と四つの協定[2]）が締結されてから、ちょうど半世紀が過ぎた。日韓条約の締結により国交が樹立され、その後、日韓を行き来する人とモノは増大した。

人の行き来を見ると、一九六五年に韓国人の日本入国者約一万七千人、日本人の韓国入国者約五千人が、二〇一三年にはそれぞれ約二七二万人（約一六〇倍）、二七一万人（約五四〇倍）と、驚くべき数の人々が日韓間を往来するようになった[3]。

貿易も、一九六五年の時点では、日本の対韓輸出が約一億八〇〇〇万ドル、韓国の対日輸出が約四一〇〇万ドル、日韓往復の貿易の合計は約二億二一〇〇万ドルに過ぎなかった。それが、二〇一三年にはそれぞれ、約五六三億六一〇〇万ドル（約三〇〇倍）、約三五七億九〇〇〇万ドル（約八九〇倍）、合計約九二〇億七〇〇〇万ドル（約五〇〇倍）に達し[4]、物流も増大した。

このように、国交が正常化したことにより、人やモノの行き来が活発になった。またそれにともなって学術、思想、文化の交流も進展した。

しかし他方で、日韓条約では、日本軍「慰安婦」や強制動員された労働者・軍人軍属らの植民地支配・戦争被害の真実究明や謝罪、補償などの「過去の克服」がなされなかったことが、条約締結直後から被害者やその支援者によって指摘されてきた。とりわけ韓国の政治的民主化が進展し東西冷戦体制が崩壊した一九九〇年代以降、被害者や支援者らによる真実究明や補償を求める運動が本格化して、「過去の克服」がなされなかった日韓条約への批判が高まった。

それらの指摘や批判に対して日本政府は、日本軍「慰安婦」や強制動員された労働者・軍人軍属らの補償問題は日韓財産請求権協定で「解決済み」だとして、真実究明や補償要求など「過去の克服」に正面から応じなかった。それが、いわゆる「解決済み」論である。

韓国政府も財産請求権協定の締結以来、基本的には「解決済み」論に立っていた。だが、盧武鉉政権下で大きな変化が起こった。盧武鉉政権は二〇〇五年に、「日本軍慰安婦問題など日本政府と軍隊など日本の国家権力が関与した反人道的不法行為に対しては請求権協定で解決したとみなすことができず、日本政府の法的責任は残っており、サハリンの同胞問題と原爆被害者問題も請求権協定の対象に含まれなかった」との公式見解を発表した。すなわち、日本軍「慰安婦」と在韓被爆者、サハリン在住韓国人の三つの問題は財産請求権協定では未解決であり「日本政府の法的責任」が残っている、とするあらたな解釈を表明したのである。これは、それまでの「解決済み」論を大きく修正するものであると同時に、韓国政府が植民地支配・戦争被害に正面から向き合っていくことを宣言するものだった。

さらに二〇一二年五月の韓国大法院（最高裁）での新日鉄訴訟の上告審判決において、韓国の司法は、強制動員被害者の補償問題をも財産請求権協定では未解決だとの判断を示した。その後二〇一三年七月には、三菱重工および新日鉄訴訟について、最高裁判決を受けた差し戻し審の判決が出され、最高裁判決と同様の判断が示された。

これに対して、被告企業の三菱重工および新日鉄住金、そして日本政府は、従来通りの「解決済み」論を掲げて韓国司法の判断を批判した。日本の大手メディアも「解決済み」論を支持し[5]、日本社会にもそれが広がった。

このように今日の日本と韓国は、日本軍「慰安婦」や強制動員被害者などの「過去の克服」について一九六五年の財産請求権協定で「解決済み」か否かをめぐって対立を深めているのである[6]。

では、日韓間の対立の原因となっている「解決済み」論をどのように考えるか、それが本稿の課題となる。結論から言えば、「解決済み」論は非正義であり、財産請求権協定は「過去の克服」を行わなかっただけでなく、「過去」を覆い隠す条約―法だった、と筆者は考えている。日本政府は財産請求権協定では「過去の克服」がなされなかったことを認め、「過去の克服」への道を探ることによってこそ、真に対等で友好的な日韓の未来が開かれる。

「解決済み」論については、これまで多くの論者が批判的に検討してきた。筆者も機会あるたびにそれを批判してきたが、日韓条約締結から半世紀が過ぎた今、あらためて「解決済み」論の何が問題なのかを整理しておきたい。ただしこの小稿は、日韓両政府や裁判所での「解決済み」か否かをめぐる法律的論争に加わろうとするものではない。二〇〇五年以降に公開された日韓国交正常化交渉（日韓会談）関連文書[7]によりながら、「過去の克服」について議論された財産請求権交渉および財産請求権協定が、なぜ「過去」を覆い隠すことになったのかを、歴史として考えようとするものである。

以下、財産請求権交渉の過程と財産請求権協定における三つの問題点を指摘し、日本政府や大手メディアが主張する「解決済み」論を批判する。

二　「財産」「請求権」という枠組み

「財産」「請求権」の歴史的理解

財産請求権協定とその交渉過程における一つ目の問題点は、財産請求権協定で「完全かつ最終的に解決された」とされた「財産」「請求権」は植民地支配正当論にもとづくもので、植民地支配・戦争被害の責任を問い、その克服をめざすものではなかったという点である。

まずそれに関連して、一九五一年に連合国と日本の間に結ばれたサンフランシスコ講和条約第四条を見ておこう。

第四条

（a）この条の（b）の規定を留保して、日本国及びその国民の財産で第二条に掲げる地域にあるもの並びに日本国及びその国民の請求権（債権を含む。）で現にこれらの地域の施政を行なつている当局及びそこの住民（法人を含む。）に対するものの処理並びに日本国におけるこれらの当局及び住民の財産並びに日本国及びその国民に対するこれらの当局及び住民の請求権（債権を含む。）の処理は、日本国とこれらの当局との間の特別取極の主題とする。〔後略〕

（b）日本国は、第二条及び第三条に掲げる地域のいずれかにある合衆国軍政府により、又はその指令に従つて行われた日本国及びその国民の財産の処理の効力を承認する。[8]〔下線は筆者、以下同様〕

この講和条約第四条a項で、日韓間の「財産」「請求権」の処理は両国間の「特別取極の主題」とすると規定され、これにもとづいて一九五二年から日韓間に財産請求権交渉が始められた。そしてその結果、一九六五年に財産請求権協定が締結された。同協定第二条一項は以下のようになっている。

第二条
一・両締約国は、両締約国及びその国民（法人を含む。）の財産、権利及び利益並びに両締約国及びその国民の間の請求権に関する問題が、千九百五十一年九月八日にサン・フランシスコ市で署名された日本国との平和条約第四条（a）に規定されたものを含めて、完全かつ最終的に解決されたこととなることを確認する。[9]

このように日韓の「財産、権利及び利益」と「請求権」は、講和条約第四条a項に規定されたものも含めて「完全かつ最終的に解決されたこととなる」と規定された。また、同じ第二条の三項では「すべての請求権」は「いかなる主張もすることができない」と念押しされた。

この第二条では、日韓間の「財産、権利及び利益」と「請求権」の二つに分けられて叙述されている。「解決済み」論は、日本軍「慰安婦」や強制動員被害者の補償問題は後者の「請求権」に含まれるので、それらは「完全かつ最終的に解決された」という。条文をそのまま読めば、確かにそのように解釈することも可能である。しかし問題の核心は、そうした条約―法が、いかなる考え方にもとづき、どのように形成されたのか、という歴史の理解にある。

日本政府の「植民地支配正当化」論

近年新しく公開された日韓会談文書の検討により、講和条約第四条a項で提示され、財産請求権協定で「完全かつ最終的に解決された」とされた「財産」「請求権」という枠組みが、基本的には連合国を主導した旧植民地帝国、および日本の植民地支配認識に基づいて形作られたものであることが明らかになってきた。

まず日本政府の植民地支配認識は、以下のように三つの内容からなっていた。一つ目は、「植民地支配適法」論と称すべきものである。日本政府は、一九四九年一二月に「割譲地に関する経済的財政的事項の処理に関する陳述」を作成し、講和会議を前に連合国側に対して、「割譲地の経済的財政的事項の処理」についての要請を行なっていた。ここで「割譲地」とは、日本の敗戦と同時に連合国によって「割譲」された地域のことで、朝鮮や台湾など、一九四五年以前に日本の植民地であった地域もそれに該当する。一九四九年の時点で日本政府は旧植民地のことを「割譲地」と表現していたのである。「陳述」には、日本政府の植民地支配認識が以下のように記されている。

これら地域はいずれも当時としては国際法、国際慣例上

> 普通と認められていた方式により取得され、世界各国とも久しく日本領として承認していたものであって、日本としてはこれら地域の放棄に異存はないが、過去におけるこれら地域の取得、保有をもって国際的犯罪視し、懲罰的意図を背景として、これら地域の分離に関連する諸問題解決の指導原則とされることは、承服し得ないところである。(10)

つまり、日本政府にとって朝鮮や台湾などの旧植民地とは、「国際法、国際慣例」に則って取得され、世界各国が長期にわたって「日本領」として承認していた地域だ、という。この「国際慣例上普通と認められた方式」によって取得されたという認識こそが、日本政府の植民地支配認識を構成する第一の要点であり、ここではそれを「植民地支配適法」論と呼んでおきたい。日本政府は連合国側に対して、この「植民地支配適法」論にもとづき、これらの地域の「取得、保有」を「国際的犯罪視」し、「懲罰的意図」を背景として処理すべきでない、と訴えたのである。こうした日本政府の要請は、講和条約において植民地支配に対する罪が問われなかったことから考えて、連合国側に受け入れられたものと理解してよいだろう。

　二つ目は、「近代化」論である。やはり同じ「陳述」には、日本の植民地支配について次のように記されている。

> 日本のこれら地域に対する施政は決していわゆる植民地に対する搾取政治と認められるべきでないことである。逆にこれら地域は日本領有となった当時はいずれも最もアンダー・デヴェロップトな地域であって、各地域の経済的、社会的、文化的向上と近代化はもっぱら日本側の貢献によるものであることは、すでに公平な世界の識者―原住民を含めて―の認識するところである。(11)

　朝鮮や台湾に対する施政は、「いわゆる植民地に対する搾取政治」ではなく、「アンダー・デヴェロップな地域」に、「経済的、社会的、文化的向上」と「近代化」をもたらすものだった、という。それゆえ、日本の植民地支配は「植民地に対する搾取政治」として非難されるべきものではなく、むしろ植民地の「近代化」に貢献したものとして評価されるべきだ、というのである。日本政府の植民地支配認識の第二の要点は、このような植民地「近代化」論というべきものだったのである。

　三つ目は、あまり知られていないが、「領土分離」論という認識である。たとえば一九四九年に外務省が作成した「朝鮮における債務の処理について」という内部文書では、「日本による朝鮮の併合は、日本と当時の朝鮮政府との間の併合条約に基づいて適法に行はれたもの」であるゆえ、「朝鮮の独立は国際法上に謂う分離」[12]だと記されている。つまり、一九四五年八月に朝鮮が日本の植民地支配から解放され、四八年に大韓民国と朝鮮民主主義人民共和国が樹立された過程を「国際法上に謂う分離」として認識しているのである。ここで「分離」という言説には、地理学的に「分離」されたという意味合いのほかに、旧植民地は「国際法、国際慣例上普通と認められていた方式により取得」された、つまり植民地支配は「国際法、国際慣例上」において正当な行為だったという認識が含意されていることに留意する必要がある。

さらに一九五二年に作成された外務省の内部文書には、財産請求権問題の扱いについて「領土分離」論の立場から次のような解釈が示されている。

今回の桑港条約による朝鮮の独立承認については、朝鮮は日本とは戦争関係になかったのであるから、もとより賠償問題の生ずる余地はなく、従って両国間の請求権問題は単なる領土分離の際の国の財産及び債務の継承関係として取り扱わるべきものである。[13]

先の一九四九年の「陳述」では、旧植民地の「割譲」という認識が前面に押し出されていたのに対して、ここでは「単なる領土分離」という認識が強調されている。講和条約による「朝鮮の独立承認」、つまり直接的には一九四八年に樹立された大韓民国が講和条約によって承認された事態を、日本からの「単なる領土分離」とみなしているのである。

その上でこの文書は、「国際法上に謂う分離」においては、「朝鮮は日本とは戦争関係になかったのであるから、もとより賠償問題の生ずる余地はなく、従って単なる領土分離の際の国の財産及び債務の継承関係」として取り扱われるべきものだ、と主張する。[14]ここで見落としてはならないことは、この「単なる領土分離の際の国の財産及び債務の継承関係」という認識の裏面には、植民地支配の責任は問われるべきではない、したがってその下での日本の侵略戦争への強制動員の責任も問われるべきではないという、「国際法上に謂う分離」論に支えられた責任不問意思が隠されていることである。

以上のように日本政府の植民地支配認識は、①一九一〇年の「韓国併合条約」は「適法」に結ばれたという「植民地支配適法」論、②植民地支配は朝鮮の近代化に貢献したという「近代化」論、③「朝鮮の独立は国際法上に謂う分離の場合である」という「領土分離」論によって構成されていたと言うことができる。[15]さらに、①が植民地支配の始点、②が植民地支配の過程、③が植民地支配の終点にかかわる認識であり、総じて帝国の植民地支配は正当な行為だった。敗戦後の日本政府の植民地支配認識とは、一言でいえば「植民地支配正当化」論というべきものだったのである。

欧米の旧植民地帝国の「植民地支配正当化」論

次に、こうした「植民地支配正当化」論は、日本政府だけに特有のものではなく、連合国の主要メンバーであるアメリカやイギリスなどの欧米の旧植民地支配帝国も共有するものであった。たとえば、そのことは講和会議の準備や講和条約の成案を主導し、イギリスとの間で条約文の最終調整にあたったジョン・F・ダレス（John Foster Dulles、国務長官特別顧問）の植民地支配認識によく表れている。ダレスは、講和条約締結前年の一九五〇年に出版した『War or Peace（戦争か平和か）』[16]で、欧米の植民地支配の歴史を次のように描いている。

過去数世紀の間、西欧諸国が「物質的、知的、精神的に活発で」あり続けた結果、「未開発地域」に対して、借款が与えられ、「鉄道、港湾、灌漑事業その他の形で、巨大な投資」が行われた。「西欧諸国による植民地開発」には、全体として「自己清算的」な要素があった。また「西欧の植民地主義（Western colonialism）」は、「最初から解放的性質を帯びるよう、人間の自由という基本的な考え方」を内包しており、「西欧諸国に依る政治的支配が平和的に退却し、自治がこれに代わるように進めた」。したがって、第二次世界大戦後五年間の植民地の自治と独立への「大きな動き」は、「旧来のものを一挙にひっくり返したのではなくて、これを成就した」のである[17]。

結局、ダレスが言わんとするところは、「西欧の植民地主義」は「最初から解放的性質を帯びるよう、人間の自由という基本的な考え方」を内包しており、第二次世界大戦後の旧植民地の自治と独立によってそれを「成就した」のだから、植民地支配の責任は問われるべきではない、ということだった。こうした考え方はダレス個人に特有のものだったわけではなく、旧植民地帝国の指導者たちが共有していた認識だった。

連合国とイタリアとの間に結ばれた一九四七年のイタリア講和条約にも、そしてその四年後に日本との間に結ばれたサンフランシスコ講和条約にも、植民地支配の責任を追及する条文が入れられなかったのは、東西冷戦が激化する中でイタリアと日本を資本主義陣営のショーケースに陳列しておく必要があったからというよりは、旧植民地帝国の間に、植民地主義には「最初から解放的性質を帯びるよう、人間の自由という基本的な考え方」を内包していた、という牢固たる信念が存在したからである。

したがって、こうした連合国を主導していた欧米の旧植民地帝国と日本政府は植民地支配を正当化する考え方を共有していたとみることができる。言葉を換えて言えば、連合国側と日本は、第二次世界大戦における戦争の責任を追及するという点においては、ある程度敵対関係にあったが、植民地支配を正当化しその責任を不問に付すという点では共犯関係にあったのである。もう少し正確に言えば、欧米の旧植民地帝国が植民地支配を正当化していたからこそ、日本政府も堂々と「植民地支配正当化」論を主張することができたのであろう。

ただし、そうした共犯関係を指摘することは、決して日本の責任を軽減することを意味するものではないことを確認しておかなければならない。むしろそれを明らかにすることによって、欧米の旧植民地帝国および日本の植民地支配の両者を俎上にあげ、それらを世界史の中で批判的に検討することが可能となるのである。[18]

「解決済み」論の論理矛盾

以上のことから、財産請求権協定で「完全かつ最終的に解決された」とされた「財産」「請求権」という枠組みは、連合国を主導していた旧植民地帝国、および日本の植民地支配認識、つまり「植民地支配正当化」論の上に成り立っていたということができる。

日本軍「慰安婦」や強制動員被害者などの「過去の克服」とは、日本の植民地支配・戦争による被害の真相究明、それにもとづく謝罪と補償、未来への教育を行なうということである。そうであれば、「植民地支配正当化」論にもとづく財産請求権協定の「財産」「請求権」は、植民地支配・戦争の被害責任を問うものではなく、それゆえ植民地支配・戦争の被害の克服をめざすものとはならなかった。したがって財産請求権協定では、日本軍「慰安婦」や強制動員被害者などの「過去の克服」はなされたとは言うことはできず、「解決済み」論は成り立たないのである。

日本政府は一九九五年の「村山談話」において、アジアへの植民地支配と侵略に対して「痛切な反省の意を表し、心からのお詫びの気持ち」を公式に表明した。日本政府が「植民地支配」という言葉を用いて、それに対する「反省」と「おわび」を表明したのは、これが最初だった。[19] 日本政府はその後も「植民地支配」への「反省」と「おわび」の立場を引き継ぎ、今日も言葉の上ではその立場を維持している。であれば、「植民地支配正当化」論にもとづく財産請求権協定で「解決済み」だとする主張は論理矛盾を引き起こすことになる。「植民地支配」への「反省」と「おわび」を実践するということは、「解決済み」論を繰り返すことではなく、「解決済み」論を修正し植民地支配・戦争の責任を果たす道を模索していくことであろう。

三　冷戦下の「経済協力」

「経済協力」方式の創案

二つ目の問題点は、「過去の克服」が「経済協力」によって処理されたことである。

近年公開された日韓会談文書などの新資料の検討により、財産請求権問題を「経済協力」によって処理するという方式が一九六〇年七月に外務省アジア局の主導で創案されたことがあらたにわかってきた。それを示す文書は、同年七月二二日に、外務省アジア局長・伊関佑二郎[20]の主導の下にアジア局北東アジア課事務官・柳谷謙介[21]が起草したとされる「対韓経済技術協力に関する予算措置について」（昭三五・七・二二／北東アジア課）である[22]。

この文書は「1．対韓経済協力の趣旨」「2．対韓経済協力のための予算措置」「3．対韓経済協力事務費のための予算措置」「4．通常の経済協力および技術協力のための予算措置」からなっており、「1．対韓経済協力の趣旨」には次のように記されている。

> 日韓会談を早急に妥結するためには、韓国側に対して何らかの経済協力ないし援助を行なうことが不可避であり、またわが国にとっても過去の償いということではなしに、韓国の将来の経済および社会福祉に寄与するという趣旨でならば、かかる経済協力ないし援助を行なう意義ありと認められる。

一九五〇年代の日本側の内部文書にも、財産請求権問題を「経済協力」によって処理することに言及した資料も見られるが、この文書において初めて、財産請求権問題を「過去の償い」ではなく「経済協力」によって処理するという方式が外務省の方針として創案されたと言うことができる。

外務省側が内部文書に「過去の償いということではなしに」と書いたのは、植民地支配の責任が問われることを日本政府が危惧し続けていることの現れだと言える。前述のように、講和条約では植民地支配の責任は問われなかったので、日本政府はひとまず安堵しただろう。しかし日韓会談では、とりわけ「久保田発言」をめぐる議論において、日本政府の「植民地支配正当化」論が韓国側に批判され、「久保田発言」を取り下げざるを得なくなった。また、韓国側の対日請求権として、日本の侵略戦争に強制動員された労働者や軍人・軍属の未払い賃金の返還や、死亡したり傷害を受けたりした被害者に対する援護措置の必要性をまったく無視することができなかった。一九六〇年に作成された内部文書にさえ「過去の償いということではなしに」と書かざるを得なかったのは、日本政府が「過去の償い」が提起されることへの懼《おそ》れを抱いていたからであろう。

そうした懼れを一挙に解消するものとして構想されたのが「経済協力」方式だった。「経済協力」方式とは、「韓国の将来の経済および社会福祉に寄与するという趣旨」で「経済協力や援助」を行うことによって財産請求権問題、さらには「過去の償い」をも処理してしまう方案であったと言える。

日韓条約締結後に、伊関佑二郎、前田利一（一九六〇年七月当時アジア局北東アジア課長）、柳谷謙介による座談会が行なわれた(23)。その内容から「対韓経済技術協力に関する予算措置について」（以下、「予算措置について」）が作成された経緯や作成に関わった官僚の意図、評価がわかる。

柳谷によると、「予算措置について」は伊関アジア局長の指示で柳谷自身が起草し、「ここではじめて請求権を無償経済協力という形で処理する案」ができあがった。当時、アジア局では、請求権問題は「補償金は困る」、「経済協力にすりかえるのでなければまとまらない」という方向で話が進められ、それが「予算措置について」で明らかにされた。伊関はそれを「非常に歴史的な文書」だと自賛し、前田は「経済協力」方式は「革命的な考え方」だったと振り返っている。「予算措置について」は、財産請求権問題を「経済協力」によって処理する構想を打ち出した最初の文書だったのである。

この「経済協力」方式は、同年一〇月の第五次日韓会談に向けた準備会議としての各省代表打合会議でも議論された。その場では大蔵省側からの反対の意向が示されたが、伊関局長は「経済協力」方式による政治的解決を主張してその反対を押し切った。そして「最終的には政治的解決をすることになるにしても、初めから請求権の議論を全然しないわけにもいかないから、とにかく一応委員会を開いて議論し、「数字で話をきめるのは不可能だ」ということを先方に納得させる」という当面の事務レベル交渉での戦術を提示した(24)。

日本側は、伊関が主導した「経済協力」方式という戦略と先の事務レベル交渉での戦術にそって、その後の財産請求権問題についての交渉を行なっていくことになる。つまり、その後の第五次、第六次会談では、韓国側が提示した対日請求権について項目別に「法的根拠」および「事実関係」についての議論がなされたが、そうした事務レベルの交渉は、韓国側に「数字で話を決めるのは不可能だ」ということを納得せしめ、最終的には「経済協力」方式で政治決着を図るためのものだったのである。

実際に、一九六〇年末から一九六二年初めまで行われた第五次・第六次会談では、強制動員された労務者・軍人軍属の未払い賃金や補償金（「慰労金」「見舞金」「弔慰金」）などについて議論されたが、日本側の方針通り「数字で話を決めるのは不可能だ」ということを韓国側に納得せしめる交渉となった。最終的な日本側の結論は、未払い賃金については事実関係が明らかにされたものに限って支払うが、その場合もきわめて小額になる、補償金は法的根拠がないため支払いが不可能だ、というものだった[25]。結局、未払い賃金や補償金についての合意がなされないまま交渉は終結した。

一九六二年後半の第六次会談は、「経済協力」方式による政治的決着を図るための交渉となり、同年一一月に、無償三億ドル、有償二億ドルなどの「経済協力」を実施することを骨子とする「大平・金合意」が交わされた。そして、それをもとに一九六五年の財産請求権協定が作成され、日韓間の財産請求権問題は「完全かつ最終的に解決」されたこととされたのである。

次に、そもそも何ゆえに「経済協力」方式が一九六〇年に外務省の方針として提起されたのか、その直接の契機と、世界史的な背景について検討しておきたい。

冷戦戦略としての経済開発主義

「経済協力」方式が外務省アジア局の方針として創案された直接のきっかけは、日韓で経済開発を推進する政権が樹立されたことにあった。上記の「対韓経済技術協力に関する予算措置について」が作成されたのは、池田政権が成立した三日後のことであり、池田政権はその年末に「所得倍増計画」を掲げることになる。他方韓国では、四月革命後に発足した許政過渡政権は日韓関係の改善を表明し、八月に発足した張勉政権は「経済建設第一主義」に基づく日韓経済協調を打ち出した[26]。日韓に経済開発を積極的に推進する政権が樹立されたことにより「経済協力」方式による政治的決着が現実的に可能だと外務省アジア局の伊関佑二郎局長らは判断したのであろう。

さらにより重要なのは、「経済協力」方式が台頭した以下のような三つの世界史的背景である。その第一として、アメリカの東北アジアにおける冷戦戦略としての経済開発主義があったことが指摘できる。アメリカは一九五〇年代の半ばから、第三世界の政治・経済的不安定への戦略的対応として、軍事援助よりは経済援助を重視する政策を推進し始めていた。いわゆる後に「ロストウ路線」と称される経済開発主義である[27]。

アイゼンハワー政権で経済外交政策顧問としてその経済開発主義の主唱者であったロストウ（Walt Whitman Rostow）は、M．F．ミリカン（Max Franklin Millikan）との共著『後進国開発計画の諸問題』で、「植民地のダイナマイトが、爆発しはじめないうちに、精力と想像力とをもつて、巧妙な経済および技術援助計画を十分に遂行するならば、独立を促進すると共に、植民主義のシンボルから、大部分のダイナマイトを除去できるものと確信する」と旧植民地地域への経済援助の必要性を訴えた。[28] 東アジアにおいて「ロストウ路線」は、資本主義陣営の中心として位置づけられた日本と、かつてその植民地であった韓国とを結びつけて韓国の経済発展をはかることにより、中国や北朝鮮などの共産主義陣営に資本主義システムの優位を示していくという冷戦戦略となって現れた。

実際に、一九六一年に発足したケネディ政権は、アジアにおける日本の政治・経済的役割の拡大を重視し、日韓両政府に働きかけて日韓会談の妥結と日本の経済協力の実現を促した。たとえば六一年六月の日米首脳会談で、ケネディ大統領は池田首相に、「米国は韓国に多額の金を使ったが、残念ながら効果をあげていない。米国としては日韓関係の緊密化がきわめて望ましい〔中略〕日本が韓国を助けてやることを切望する」[29]と、韓国への経済協力を促した。このように、アメリカの冷戦戦略としての経済開発主義が「経済協力」方式の台頭を強く後押ししたと言える。

日本の経済的利益

「経済協力」方式の第二の背景として、一九五〇年代から実施されていた日本の東南アジア諸国への「賠償」、および「経済協力」の先例と経験があげられる。

先述の「対韓経済技術協力に関する予算措置について」より、外務省や大蔵省において東南アジア諸国への「賠償」「経済協力」の実施状況が検討され、韓国への「経済協力」が具体的に構想されていたことがわかる。とりわけ「2．対韓経済協力のための予算措置」では、日本が実施している「賠償及び経済協力」として、「ビルマ、フィリピン、インドネシア、ヴィエトナムに対する賠償」と、「ラオス、カンボディアに対する経済技術協力」があげられ[30]、韓国への「特別の経済協力は無償が建前なので〔中略〕ラオス、カンボディアに対する経済技術協力に類似したものになる」と、付言されている。

フィリピンやインドネシアへの「賠償」は、サンフランシスコ講和条約第一四条の賠償条項にもとづいて実施されたものだが、実質的には「日本国の生産財及び日本人の役務」で行なうという「経済技術協力」であった。これは、ラオス、カンボジアへの「経済技術協力」とあわせて、先述の米国の東アジア冷戦戦略の中に位置づけられるものであった。

日本政府は、米国の東アジア冷戦戦略の中で実施された東南アジア諸国への「賠償」「経済援助」を韓国にも適用し、金額や年限などについて東南アジアへの「諸先例を参酌し、日韓間の特殊事情を考慮」して「経済協力」案を作成した。そして日本政府がその経験から継承した最も重要な点は、「経済協力」を「日本国の生産物及び日本人の役務」で行うことにより、その「経済協力」が「日本の経済発展にプラスになる」ものだったことである。

「魔法の杖」—旧植民地帝国の植民地支配処理

「経済協力」方式の第三の背景は、イギリスやフランスなどの旧植民地帝国による植民地支配処理としての「独立＋経済協力」を日本政府も共有していたことである。すなわち、第二次世界大戦後のアジア・アフリカ諸国の独立時に、イギリスやフランスなどの欧米の旧植民地帝国の責任は問われることはなく、旧宗主国からの経済援助がその埋め合わせとされた経緯があり、それを日本政府は踏襲したのである[31]。

たとえば、一九六二年三月にはフランスとアルジェリアとの間に「エヴィアン合意」が交わされ、フランスがアルジェリアの独立を承認し、「アルジェリアの社会・経済発展へのフランスの寄与」などを内容とする「経済協力」を実施することになった[32]。この「エヴィアン合意」は、植民地支配の責任を問うものではなかったことはもとより、一九五四年からのアルジェリアの独立戦争における戦争責任さえ問うものではなかった。さらに「エヴィアン合意」における「独立＋経済協力」という方式は、アルジェリアに限らずフランス領西アフリカ諸国にも適用された。

その半年後の一一月に東京で「大平・金合意」が成り、財産請求権が無償三億ドル、有償二億ドル、民間借款という「経済協力」として処理されることになった。日本側はこの「経済協力」を「独立を祝賀する」ものとして提供すると表現したが[33]、それは単なる修辞ではなかった。このとき日本政府は「英仏等旧宗主国が新に独立せる国家に対してあたえている経済援助[34]」や「独立に対する祝い金として借款を与えた国際先例」、フランスのアルジェリアへの「無償供与[35]」を念頭においていた。日本政府も欧米の旧植民地帝国による植民地支配処理にならって「経済協力」方式を採用していたのである。

欧米の旧植民地帝国や日本にとってこの「経済協力」はある意味では論理的に一貫性のある考え方だった。植民地支配が終焉した後に「独立に対する祝賀金」として「経済協力」を実施することは、植民地支配が被植民地域を「文明化」「近代化」するという考え方の延長上にあり、旧植民地帝国にとっては論理上は矛盾するものではなかっただろう。

これに対して植民地から解放された人々は、旧植民地帝国による「経済協力」「援助」「借款」の供与が、「新興国の独立を形式提起に承認しながら、これらの諸国を政治的・社会的・軍事的・経済的・技術的手段」によって「間接巧妙」に支配する「新植民地主義」の一環だとして批判した。[36]当時の韓国の論壇でも言論人の宋建鎬や文炯宣らが、日本の「経済協力」が日本経済への依存度を高め韓国経済の従属化をもたらす「新植民地主義」的なものだと批判した。[37]こうした「新植民地主義」批判への評価や「経済協力」が韓国社会や人々の生活全体にどのような影響を及ぼしたのかという問題は、今日の新自由主義的な状況との関連性も含めて、今後検討されなければならない。

それはともかくもここで明らかなことは、欧米の旧植民地帝国や日本が植民地支配・戦争による暴力や差別、人権侵害などへの責任を、「経済協力」によって曖昧にしたり隠蔽したりしていたことである。その意味で旧植民地帝国にとって「経済協力」方式は、植民地支配・戦争責任を不問に付す「魔法の杖」だったのである。

以上、「経済協力」方式は、冷戦戦略、経済開発主義、旧植民地帝国の植民地支配の処理の一環として推進され、合意されたものであった。それにより植民地支配・戦争被害の真実究明、責任の追及、謝罪、補償などの「過去の克服」は覆い隠されたといえる。

四　もうひとつの「暴力」

被害者にとって法─条約とは

財産請求権協定とその交渉過程における三つ目の問題点は、条約─法の暴力にある。

日韓財産請求権協定は、日韓政府当局によって締結され、双方の国会で批准された条約─法であった。日本と韓国の官報をみれば、それぞれ条約第二七号、条約第一七二号として掲載されており、日韓財産請求権協定が独立した条約─法であることがわかる。[38]

そしてその双方の条約─法には、日韓間の「財産」「請求権」は「完全かつ最終的に解決されたことになる」と規定されている。日本政府と大手マスメディアは、日本軍「慰安婦」や戦時強制動員被害者などへの補償問題がこの条約─法によって「解決済み」だと主張してきた。韓国政府も二〇〇五年の盧武鉉政権下での「韓日会談文書公開後続対策関連民官共同委員会」での決定以前は、基本的に国家の外交保護権のレベルでは「解決済み」論の立場にたっていた。

そうした「解決済み」論は一見、財産請求権協定という条約─法に適合する解釈であるように見える。しかしながら、ここで問われなければならないのは、植民地支配・戦争下で暴力、差別、人権侵害を受けた被害者にとって、国家が策定した法―条約とはいかなるものであったのかということである。

以下に述べるように、条約―法が形づくられる過程において、ある被害者は植民地支配・戦争の責任を問い補償を求めた。また多くの被害者は、植民地支配・戦争の被害について「沈黙」、ないしは「忘却」しようとしていた。それに対して日本政府は、被害者らの声に耳を傾けることなく、植民地支配・戦争責任を不問にする法―条約を作りあげた。そのことの歴史的意味についてここで考えてみたい。

「韓国出身戦犯者同進会」

まず、植民地支配・戦争の責任を問い補償を求めた人々が何を訴えていたのか、「韓国出身戦犯者同進会」（以下、「同進会」）の事例から見てみよう。

「同進会」は、朝鮮人ＢＣ級戦犯として知られる元軍属によって、相互扶助団体として一九五五年に結成された[39]。朝鮮人ＢＣ級戦犯とは、日本のアジア太平洋戦争に動員された朝鮮人軍人軍属のうち、敗戦後に連合国による「通例の戦争犯罪」を裁く軍事法廷で有罪とされた一四八人の人々で、そのうち一二九人が俘虜収容所の監視員として動員された軍属だった[40]。

「同進会」は翌一九五六年から国家補償を求める運動を開始した。同年八月に首相官邸を訪れ、日本政府に対して、国策遂行のための従軍強制や「従軍中の差別待遇」、不当な扱いに対する責任、戦後の刑務所「拘禁」に対する道義的責任などを根拠に「国家補償」を求めた[41]。

「同進会」が要請書に掲げた「国家補償を要請する根拠」は、以下のようなものだった。

「日本は国策遂行のために従軍を強制した」こと、「従軍中の差別待遇によつて不当なる取扱に対する責任、並びにそれによつて生じたる多くの不利益に対する要求」、「ポツダム宣言を受諾するに当り日本政府は、天皇のことは深く考慮を払い連合国の諒承を得ながら、私たち第三国人戦犯者の立場を考慮しなかつた、無責任と不道義」、「サンフランシスコ講和条約締結の際、日本政府は私たちの存在を充分知りながらも考慮を払わなかつた無責任と不道義」、「日本政府の手による直接拘禁の道義的責任と非人道的な不当性」、「精神的肉体的損失」、「募集のとき公表した本俸五〇円が南方においては実施されなかつた故にもらえなかつた差額の要求」、「強制貯金をされたその貯金の要求」、「逮捕日より出所日迄の未払俸給の要求」などである[42]。

「同進会」は、こうした「根拠」にもとづいて「植民地人の軍属傭人」の不条理を告発した。「都合のいいときは「日本人」だ、都合の悪いときは「朝鮮人」だと馬鹿にし、同胞からは対日協力者だとさげすまれ、連合国からは極悪非道な重罪者にされ、この地球上に五尺の小い体すらも入れるところのなくなつた私たちの行き着くところ」は日本の刑務所だった、「これで日本に法が守られ、道義心がたて直されるなら、それこそ新しい不思議が地球上にもう一つふえるだろう」と。(43)

その後「同進会」は、第六次日韓会談が本格化する一九六二年に「国家補償運動」を再開させ、日本政府に実情を訴えた。ところが六五年の日韓条約締結後は、財産請求権協定で「完全かつ最終的に解決された」として、日本政府は陳情や面会にも応じなくなった。(44)

在韓被爆者、「忘れられた皇軍」

韓国では一九六〇年代初めに、在韓被爆者が補償を求める声をあげた。(45) 在韓被爆者とは、一九四五年当時、広島、長崎で被爆した朝鮮人のうち、植民地支配からの解放後に南部朝鮮に帰還し、一九四八年に樹立された大韓民国に居住することになった被爆者のことである。

最初に声をあげたのは、広島で被爆し、全羅北道全州市で高校の教師をしていた郭貴勲である。彼は六二年春に外務部を訪れて、「韓日会談で同胞の原爆被害の事実を反映し、相応の成果をあげてほしい」と陳情した。(46) ちょうど日韓会談が「大平・金合意」という政治的決着に向かって進んでいた頃である。

翌六三年夏には、やはり在韓被爆者の李鍾郁、呉男連夫妻が韓国政府、駐韓米大使館、新聞社などに被害の実情を訴えた。(47) だが、これらの訴えはだれにも聞き入れられなかった。日韓条約締結直後の一九六六年には「韓国原爆被害者援護協会」が結成され、「援護協会」が在韓被爆者の原爆被害の責任を問う運動を主導していった。「援護協会」に集まった被爆者らは一九七〇年代には日本の支援組織とも連帯し、運動を本格化させていくことになる。(48)

一九六〇年代に起こった植民地支配・戦争被害補償要求運動として最も強い印象を与えているのは、「元日本軍在日韓国人傷痍軍人会」(「軍人会」)の活動である。一九六三年夏に、石成基、陳石一、徐洛源らアジア太平洋戦争に動員された「元日本軍在日韓国人傷痍軍人」一二名は、首相官邸、外務省、韓国代表部を訪れて、その被害の補償を訴えた。彼ら「軍人会」の一日の行動は、大島渚監督によってドキュメンタリー「忘れられた皇軍」として記録され、同年八月一六日に日本テレビの「ノンフィクション劇場」で放映された。

黒のサングラスの徐洛源の顔が画面いっぱいに映し出され

る。「忘れられた皇軍」は挑発的な映像から始まる。徐洛源は白衣に「両眼失明」のゼッケンをつけ電車の乗客に金銭的支援を求める。この日は仲間とともに日本政府への陳情行動に参加することになっていた。ナレーションは「軍人会」について次のように語り始める。

戦後一八年、この人たちは働くに職なく、外国人として日本の社会保障制度を十分に受けられず、街頭募金をほとんど唯一の生計として日本の片隅に生きのびてきた。軍人恩給の支給から韓国籍ゆえに除外された時、この人たちの怒りと悲しみは極点に達した。この人たちはいくたびも日本政府に向かって失われた体の一部の補償を訴えた。最近でも昨年六月には当時の内閣の全閣僚に陳情の手紙を出した。また、今年五月三一日には内閣総理大臣に正式の請願書を提出した。しかし何の効果もなかった。そこで今日、首相官邸を訪ねて来たのである。

ナレーションによると「軍人会」は、韓国籍ゆえに軍人恩給の支給の対象から除外された「怒りと悲しみ」から、日本政府に対して「失われた体の一部の補償を訴え」るため行動を起こした。一九六二年六月には全閣僚に陳情の手紙を出し、翌六三年五月には内閣総理大臣に請願書を提出したが、「何の効果もなかった」。そこでこの日、首相官邸を訪ねたのである。

秘書官に対して「軍人会」のメンバーは、「一億国民の兵士として、天皇陛下の赤子」として戦ったのだから、恩給法（一九五三年の改正により軍人恩給復活）や戦傷病者戦没者遺族等援護法（一九五二年成立）が適用されてこそ「公平」ではないかと訴えた。外務省でも同様に訴えたが、国交正常化後に韓国政府が処理する問題だとして取り合ってもらえなかった。韓国代表部でも「あなたがたの傷は日本のために受けたものだ。韓国に責任はない。日本政府に要求すべきことだ」と、やはり拒絶された。

そこで彼らは街頭で訴えることにした。彼らの訴えは、幟に書かれた「恩給も恩典も何もない／日本軍韓国人戦傷者」「哀れな／此のすがた、この姿」「眼なし／手足なし／職なし／補償なし」「忘れたか一億一心／誰が知る十八年の苦しみ」「死にそうだ／早い補償を!!」という言葉に凝縮されていた。だが、「訴えは聞かれたのか。あるいは聞かれなかったのか。はっきりと確かめ得ないままに」終わった。

「軍人会」が日本政府と韓国政府に対して植民地支配・戦争被害に対する補償を訴えたのは、日韓会談において財産請求権問題が「大平・金合意」により「経済協力」方式で処理されることが決定された翌年の一九六三年のことである。「忘れられた皇軍」は、そうした決定に抗おうとした「在日韓国人傷痍軍人」らの記録であり、彼らの訴えがどちらの政府にも聞き入れられなかったことを最もよく示している。

「沈黙」、「忘却」する人々

このように直接行動により植民地支配・戦争の責任を問い補償を訴えたのは少数の人々だったが、それ以外の被害者はどうしていたのだろうか。それらの人々は過去に自らに起きたことについて語ろうとはしなかったが、そうした人々のことは「忘れられた皇軍」のクライマックス以降の描写から類推できる。

直接行動後の打ち上げの宴では、「仲間にしかぶつけることができないやり場のない怒り」が噴出した。徐洛源が突如立ち上がり、サングラスを外して叫ぶ。「徐洛源。目のない目からも涙がこぼれる。」そして日常における徐洛源は、朝鮮人遺骨安置堂に参拝して仲間の死を悼み、妻とその妹と生活する。

「軍人会」の人々の「喜びとはいったい何か。希望とは何か。この人たちは軍人恩給を求め、補償を待ち望んでいる。しかし、この体が、この心が、この一八年のすべてが、そうした物質的なことだけで償えるのか。」これらの言葉は被害者の日常の心情を鋭く突いている。

「忘れられた皇軍」は、被害者らが植民地支配・戦争の被害の責任と補償を日韓両政府や日本社会に訴えた直接行動の記録である。にもかかわらず、そこで最もよく描かれているのは、「軍人恩給を求め、補償を待ち望んでいる」被害者の姿ではなく、被害者の生活や心の傷口のあり様であった。植民地支配・戦争の責任を問う直接行動の背後には、そうした無数の徐洛源や家族がいたということである。

日本軍「慰安婦」や大部分の強制動員被害者は、暴力の激烈さや深刻さゆえに、またその精神的被害の傷跡が深かったがゆえに、補償を公に訴えることなく、「沈黙」するか、被害を記憶の片隅に追いやり「忘れ去ろう」とするかして、日韓会談当時は声をあげられなかったのかもしれない(49)。

条約―法による「暴力」

このように、植民地支配・戦争の被害者が補償を訴えたり、「沈黙」「忘却」したりする中で、植民地支配・戦争による被害や責任問題は条約―法によって「完全かつ最終的に解決された」とされた。日本政府は、植民地支配・戦争被害の責任を追及する声を、条約―法秩序を前面に押し出して封鎖しようとしたのである。そしてひとたび条約―法秩序が確立されれば、それらは国家関係および国家の安定を維持するためには必要不可欠なものとなり、それを覆そうとする行為や思考は許容され得なかった。こうして日本政府はその後一貫して「解決済み」論を主張し続けたのである。

被害者にとって、こうした条約—法はいかなるものであったのか。それは、次の二つの意味において暴力的だったと言える。ひとつは、法—条約が植民地支配・戦争の責任を問う被害者らの声を有無を言わせず排除してしまったことにおいてである。植民地支配・戦争の被害者は、日本の責任を問い補償を求めたり「沈黙」「忘却」したりしていたが、国家はその権力を背景に、そうした被害者の意思とは関わりないところで、植民地支配・戦争の責任を問わない法—条約秩序をつくりあげた。

ナチスに対抗したドイツの思想家・ベンヤミンが言うように、法—条約は「もともと暴力的な起源をもっている」権力によって制定されたのであり、法の根源は暴力であった[50]。植民地支配・戦争被害や責任問題は、財産請求権協定という法—条約によって「完全かつ最終的に解決された」とされ、植民地支配・戦争被害の責任を問い、その補償を求める被害者の声は強制的に排除されることになったのである。

もうひとつは、財産請求権協定という法—条約が植民地支配・戦争による暴力への責任を不問にしたことによって、植民地支配・戦争の暴力そのものが維持されたことにおいてである。被害者にとっては、一九四五年以前の植民地支配とその下で行なわれた戦争による暴力がその被害の核心であった。被害者らはそうした植民地支配・戦争下の暴力の責任は問われなければならないと考えていた。だが、繰り返し論じたように、サンフランシスコ講和条約や財産請求権交渉とその結果締結された財産請求権協定はその暴力の責任を不問に付したことにより、植民地支配や戦争の暴力そのものを維持し続けた。

このように考えるならば、植民地支配・戦争の被害者にとって財産請求権協定という法—条約は、もうひとつの暴力だったと言ってもよい。植民地支配の責任を不問に付したサンフランシスコ講和条約や、それに基づいて行なわれた財産請求権交渉、その結果として締結された財産請求権協定という条約—法の暴力という問題こそが問われなければならない。

そしてその上で、条約—法の暴力によって排除されてきた被害者の声を組み入れた、条約—法の作り直し（解釈のし直し）[51]や、条約—法の脱暴力化の問題が検討されなければならない。

五　エピローグ―危機の中で対話を続ける

以上、植民地支配・戦争責任を問わない「財産」「請求権」という枠組み、冷戦下の「経済協力」、もう一つの「暴力」という三つの問題について検討してきた。その結果、一九五二年から始められた財産請求権交渉と一九六五年に締結された財産請求権協定は、日本の植民地支配・戦争責任を問うものではなく、それを覆い隠すものだった。さらに言えば、財産請求権協定では、日本軍「慰安婦」や強制動員された労務者・軍人軍属など植民地支配・戦争による被害の真実究明、責任追及、それにもとづく謝罪や補償などの「過去の克服」はなされなかったのである。

ところが今日、「解決済み」論は強化されているようである。そのことは、二〇一五年八月に安倍首相が「戦後七〇年」に際して発表した内閣総理大臣談話（「安倍談話」）にも現れている。「安倍談話」の「植民地支配」と「侵略」への言及は次のようなものである。

「植民地支配」については、西欧の植民地支配への「危機感が、日本にとって、近代化の原動力になった」、あるいは「植民地支配から永遠に決別し、すべての民族の自決が尊重される世界にしなければならない」と言っているに過ぎない。日本の植民地支配の責任を認める内容が見当たらないだけでなく、日本の植民地支配問題に言及すらしていない。

「侵略」についても、「いかなる武力の威嚇や行使も、国際紛争を解決する手段としては、もう二度と用いてはならない」と侵略一般は否定したが、日本が侵略戦争を行ったという文脈では使っていない。(52) 別のところでは「何の罪もない人々に、計り知れない損害と苦痛を、我が国が与えた事実」は認めているが、そのすぐ後では「歴史とは実に取り返しのつかない、苛烈なもの」だと書かれ、「損害と苦痛」の責任を「歴史」に転嫁したような言い方となっている。

つまり「安倍談話」は、日本の植民地支配・戦争責任を問おうとしたのではなく、むしろそれを曖昧にしたのである。「解決済み」論に関連づけて言えば、一九九〇年代から出されてきた「河野談話」（一九九三年）、「村山談話」（一九九五年）、「菅談話」（二〇一〇年）は、基本的には「解決済み」論に立っていたが、植民地支配・侵略戦争に対して日本政府の反省とお詫びを表明したことにより、「解決済み」論が修正される可能性を内包していた。それに対して「安倍談話」は、日本の植民地支配・戦争責任を曖昧にしたことにより「解決済み」論を強化した。

「安倍談話」における植民地支配・戦争責任の曖昧化は、「過去の克服」をめぐって日本社会が危機に直面していることを示している。しかもその危機は、単独であるのではなく、戦争（安保）法の強行採決や沖縄辺野古への基地移設、原発の再稼働、新自由主義的な経済システムの拡大など、いくつもの危機と併存している。

そうしたいくつもの重なり合う危機に対して、私たちは怯えたり委縮したりするのではなく、危機の場には可能性があり、それが未来に開かれていることを、まずは想起する必要がある。(53) そしてその場において、真実の究明、責任の追及、謝罪、被害者の支援、歴史記憶の継承などを内容とする「過去の克服」について、執拗に丁寧に考え、対話し続けていくことである。

植民地支配・戦争は、その後の朝鮮半島と日本の支配者、被支配者双方に少なからぬ影響を及ぼしてきた。アジアや世界においても、植民地支配・戦争に起因する国家暴力や人権侵害が、その後の人種主義、人種差別、排外主義の源泉となっており、今日においてもそれらが形を変えて存在し続けている。

また、植民地支配・戦争被害について考え対話し続けることは、地域や職場、家族などの日常生活において、外国人労働者や移民、女性、少数民族、性的少数者などへの暴力や人権侵害について考えることにもつながる。「過去の克服」は、普遍の課題であるとともに、現在および未来の課題であるということをもう一度確認しておきたい。

〔付記〕
本稿は、同志社大学アメリカ研究所部門研究七「戦後日本における植民地支配責任論の系譜と米国の存在」の研究成果の一部である。

【注】

（１）この小稿は、二〇一五年六月二〇日に在日韓国ＹＭＣＡで開催されたシンポジウム「日韓つながり直し一九六五→二〇一五―日韓条約五〇年 過去清算でつながろう！」（主催：日韓つながり直しキャンペーン２０１５）での報告「それでも「解決済み」論を批判する」を整理しなおしたものである。

（２）一九六五年六月、日韓間に、基本条約と、財産請求権協定、在日韓国人法的地位協定、文化財協定、漁業協定の四つの協定が締結された。しばしば、基本条約のみが条約で四つの協定は基本条約の中の規定だと理解される向きがあるが、それは誤解である。確かに基本条約は包括的な条約だと言えるが、四つの協定もそれぞれ独立した条約である。それゆえ筆者は、基本条約と四つの協定を総称する場合は「日韓基本条約」ではなく、「日韓条約」とした方がよいと考えている。

(3) 法務省出入国管理局出入国管理統計表（二〇〇八年一〇月三一日公表）、http://www.e-stat.go.jp/SG1/estat/List.do?lid=000001035550、大韓民国法務部出入国外国人政策本部ホームページ統計資料室統計年報、http://www.immigration.go.kr/HP/COM/bbs_003/BoardList.do、いずれも二〇一四年九月二六日に接続。

(4) 奥田聡「第四章　日韓貿易関係の発展」安倍誠・金都亨編『日韓関係史　一九六五―二〇一五　II経済』東京大学出版会、二〇一五年、一〇六頁。

(5) 二〇一三年七月、ソウル高等法院（高裁）および釜山高裁で、強制動員被害者に補償を命ずる判決が出されたことに対して、日本の全国紙を含む大手メディアのほとんどが批判的に論評した（拙著「もはや〝日韓請求権協定で解決済み〟ではすまされない」『世界』二〇一三年一〇月）。

(6) その対立は、国家対国家の対立の構図におさまるものではなく、政府、関連企業、メディア、被害者および遺族、支援者の間で、複雑な様相を見せている。

(7) とくに日韓市民によるNGO「日韓会談文書・全面公開を求める会」の文書公開運動により公開された約六万枚の日本側外交文書。それらの文書は「求める会」のホームページ（http://www.f8.wx301.smilestart.ne.jp/nihonkokai/nihon.html）で閲覧できる。以下、『日本外務省文書』とする。

(8)『官報』大蔵省印刷局、号外第五〇号、一九五二年四月二八日。

(9)『官報』大蔵省印刷局、号外第一三五号、一九六五年一二月一八日。

(10)「割譲地に関する経済的財政的事項の処理に関する陳述」（二十四、十二、三）「割譲地の経済的財政的事項の処理に関する陳述」外務省編『日本外交文書―サンフランシスコ平和条約準備対策』二〇〇六年、四四三～四四五頁。

(11) 同上。

(12) 文書番号（以下、省略）一五五九「朝鮮における債務の処理について」一九四九年三月、『日本外務省文書』。

(13) 一三〇〇「日韓請求権問題に関する分割処理の限界」一九五二年、『日本外務省文書』。

(14) 当時外務省に対して賠償問題の理論面で影響力を持った国際法学者の山下康雄（名古屋大学教授）は、「国際法上に謂う分離」論に依拠して「財産」「請求権」について論じている。外務省が「分離」論を主張するようになった背景には、山下の理論的影響があったと考えられる（拙稿「二つの講和条約と初期日韓交渉における植民地主義」李鍾元・木宮正史・浅野豊美編『歴史としての日韓国交正常化II　脱植民地化編』法政大学出版局、二〇一一年、三四頁）。

(15) 拙稿「二つの講和条約と初期日韓交渉における植民地主義」三〇～三五頁。

(16) John Foster Dulles, *War or Peace* (New York: the Macmillan Company, 1950). 邦訳は同じ年に出された（藤崎万里訳『戦争か平和か』河出書房、一九五〇年）。詳細は、註14の拙稿「二つの講和条約と初期日韓交渉における植民地主義」（二八～二九頁）を参照。
(17) 拙稿「二つの講和条約と初期日韓交渉における植民地主義」（二八～二九頁）より再引用。
(18) 駒込武は「日本の植民地主義への批判を遂行するためには、植民地主義をめぐる「グローバル・スタンダード」そのものを批判の俎上に載せる」必要があり、「日本と欧米の植民地主義を串刺しにして批判するような観点の構築が求められている」と述べている（駒込武「『帝国のはざま』から考える」『年報・日本現代史　「帝国」と植民地―「大日本帝国」崩壊六〇年―』第一〇号、二〇〇五年）。
(19) 拙稿「〈資料〉日韓会談文書全面公開を求める裁判に対する陳述書」『歴史学部論集』（佛教大学）第五号、二〇一五年三月。
(20) 一九〇九―一九九九。東京帝国大学法学部卒業。外務省に入り、戦前は、在南京大使館一等書記官、在青島領事、戦後は、賠償庁秘書課長兼総務課長、警察予備隊総隊副総監、外務省連絡局長、法務省入国管理局長、外務省アジア局長、駐オランダ大使、インド大使などを歴任（『二〇世紀日本人名事典』二〇〇四年）。
(21) 一九一四―。東京大学法学部卒業。一九四八年に外務省に入り、アジア局参事官、駐中国公使、アジア局長、外務審議官、外務事務次官などを歴任（『新訂現代日本人名録二〇〇二』日外アソシエーツ、二〇〇二年）。
(22) 柳谷謙介、伊関佑二郎、前田利一座談会（実施日不明）の添付資料「対韓経済技術協力に関する予算措置について／昭三五・七・二二／北東アジア課」（「貴重資料一九／封筒（外務省）」『森田芳夫文庫』九州大学付属図書館）。この資料の閲覧に際して、九州大学大学院人文科学研究院の浜田耕作氏にお世話になった。感謝したい。なお、『日本外務省文書』の五〇五「日韓国交正常化交渉の記録　総説七」（五三～六二頁）にも筆写された文書が掲載されている。
(23) 柳谷謙介、伊関佑二郎、前田利一座談会（実施日不明）「貴重資料一九／封筒（外務省）」『森田芳夫文庫』九州大学付属図書館。
(24) 一四〇八「第五次日韓会談に臨む日本側態度決定のための第三回各省代表打合会議概要」（三五・一〇・一四／北東アジア課）、『日本外務省文書』。
(25) 拙稿「日韓会談文書公開と「過去の克服」」『歴史学研究』九〇八号、二〇一三年八月。一七五七「日韓間の請求権問題に関する宮川代表発言要旨／昭和三七年三月一二日」『日本外務省文書』、「日韓交渉関係法律問題調書集／昭和三七年七月／外務省条約局法規課」『日本外務省文書』六三頁でも同様に解釈、説明されている。
(26) 拙著『日韓交渉―請求権問題の研究』クレイン、二〇〇三年、一三三～一四三頁。
(27) 李鍾元「韓日国交正常化の成立とアメリカ―一九六〇～六五年―」『年報・近代日本研究・16―戦後外交の形成』一九九四年一一月。
(28) M.F.ミリカン、W.W.ロストウ（前田寿夫訳）『後進国開発計画の諸問題』日本外政学会、一九五八年、六一頁。原書は、M.F Milikan/W.W.Rostow, *A PROPOSAL-Key to an Efective Foreign Policy*, Harper & Brothers, New York, 1957.
(29) 五〇六「日韓国交正常化交渉の記録　総説八」（作成年

不明)、一八頁、『日本外務省文書』。

(30) 註22に同じ。

(31) 永原陽子「序 「植民地責任」論とは何か」永原陽子編『植民地責任』青木書店、二〇〇九年、一二頁。

(32) 渡辺司「アルジェリア戦争と脱植民地化—「エヴィアン交渉」を中心にして」永原陽子編『植民地責任』青木書店、二〇〇九年、三二一~三二三頁。

(33) 一八二四「大平大臣・金鍾泌韓国中央情報部長会談記録要旨」(三七・一〇・二〇/アジア局)、『日本外務省文書』。

(34) 一三四〇「大平大臣渡米資料」(三七・一一・三〇)、『日本外務省文書』。

(35) 一八二五「池田総理・金鍾泌韓国中央情報部長会談要旨」(37.10.23/アジア局)、『日本外務省文書』。

(36) 岡倉古志郎・蝋山芳郎編著『新植民地主義』岩波書店、一二五一頁。

(37) 拙著『日韓交渉—請求権問題の研究』、二六五頁。

(38) 『官報』大蔵省印刷局、号外第一三五号、一九六五年一二月一八日、六頁。『官報』公報部、号外、一九六五年一二月一八日、二七頁。

(39) 内海愛子『朝鮮人ＢＣ級戦犯の記録』岩波書店、二八八頁。この文献では「韓国出身元ＢＣ級戦犯者同進会」と記されているが、本稿では註42の文献にもとづき「韓国出身者戦犯者同進会」とした。

(40) 同前、iii~iv頁。

(41) 拙著『日韓交渉—請求権問題の研究』三〇六~三〇八頁。新装新版で詳細に叙述した(三一〇~三一二頁)。

(42) 韓国出身者戦犯者同進会「第三国人戦犯者(韓国)の国家補償要請について(昭和三十一年八月二十五日)」学習院大学東洋文化研究所東洋文庫所蔵、一〇~一二頁。

(43) 同、九頁。

(44) 内海愛子前掲書、二九五頁。

(45) 同、三〇三頁。

(46) 郭貴勲『私は韓国人被爆者だ』民族問題研究所(ソウル)、二〇一三年、一四二頁。

(47) 平岡敬「被爆朝鮮人の怒りと悲しみ」竹中労編『見捨てられた在韓被爆者—日・韓両政府は彼らを見殺しにするのか』日新報道、一九七〇年、一一六~一一七頁。

(48) 拙著「二重の被害をめぐる政治—日韓国交樹立と在韓被爆者—」『歴史評論』第七八八号、二〇一五年一二月。

(49) 拙著『新装新版 日韓交渉—請求権問題の研究』クレイン、二〇一五年、三三一頁。

(50) ヴァルター・ベンヤミン(野村修編訳)『暴力批判論他十篇』岩波書店、一九九四年、四二~四四頁。

(51) 阿部浩己氏の報告「国際法を見つめ直し、国際法でつながり直す」(シンポジウム「日韓つながり直し 一九六五→二〇一五—日韓条約五〇年 過去清算でつながろう!」〈二〇一五年六月二〇日、主催:日韓つながり直しキャンペーン２０１５、場所:在日本韓国ＹＭＣＡ〉)。

(52) 山室信一のコメント「日本中心のアジア観反映」『朝日新聞』二〇一五年八月一五日、一一面。

(53) こうした考え方は、「一切が崩壊した状態は、何でもありうる未来に開かれた事態なのであり、レベッカ・ソルニットの言葉を借りればそれは、「変わる可能性のある現在(transformative present)」なのだ」という冨山一郎の叙述から連想したものである（冨山一郎「「開発言説」再考―日本の戦後復興から考える―」『アジア・アフリカ地域研究』第一三―二号、二〇一四年二月）。

第2章　用意周到に準備されていた会談の破壊
――「久保田発言」と文化財協定合意議事録にある「勧奨」の真意

李　洋秀

一　「久保田発言」による日韓会談の決裂

一九五三年、「請求権問題に関連し、一〇月一五日の請求権部会および一〇月二〇日、二一日の本会議で、久保田代表の発言を不当とする韓国側の立場により、第三次会談は決裂に終わった」[1]。

その結果、再開までに五年もの歳月を要したことは、よく知られていて先行研究も多いので、ここにその全文を掲げるような愚は避ける。また日韓の市民団体が裁判闘争で勝訴・和解した結果、両国の外交文書が多く公開されたので、双方の記録を直接対比して閲覧することもできる[2]。

久保田発言のどこが問題だったのか、当時の駐日公使金溶植代表が日本側に対して読み上げた、釈明要求は次の通りである。

(1)韓国が平和条約成立前に独立させられたことは、国際法違反である。

(2)連合国の戦後処理の一である日本人の朝鮮からの引揚は国際法違反である。

(3)在韓米軍政府の日本財産処理は国際法違反であるし、米国務省の見解もまた国際法違反である。

(4)ポツダム宣言受諾により日本も間接的に受諾しているカイロ宣言に用いられている朝鮮人民の「奴隷状態」という語は、連合国が戦時の興奮状態にあったために用いられたものに過ぎない。

(5)日本の三六年間の統治は朝鮮にとって恩恵的であった[3]。

会談決裂直後の国会に呼ばれた久保田本人の発言を、筆者の視点から重要と思われる個所を抜粋してみる[4]。発言のどこに注目するかは読者の自由なので、関心のある方は国会議事録を参照して欲しい。二万字以上あり、全文掲載は不可能である。

第一六回国会　参議院水産委員会 昭和二八年一〇月二七日

（筆者注：「っ」が、大文字の「つ」で表記されているのは議事録原文のママ。また、カッコ付の文言及び強調は筆者による）

○説明員（久保田貫一郎君）日韓会談の決裂の原因と韓国側で言つておりまする私の委員会の席上の発言につきましては、韓国側にも委員会の席上で言つたのでありますけれども、前後の関係がわかりませんと人の発言の本当の意味というものはわかりませんからして、**一部分だけを捉えて新聞なんかで言つてもらつては困る。**・・・韓国側のほうでは**朝鮮総督の三六年間の統治に対する賠償を要求した**であろう、そう出て来たわけでございます。・・・若し韓国側のほうでそういう要求を出しておつたなれば、**日本側のほうでは総督政治のよかつた面、例えば禿山が緑の山に変つた。鉄道が敷かれた。港湾が築かれた、又米田……米を作る米田が非常に殖えたというふうなことを反対し要求**しまして、**韓国側の要求と相殺**したであろうと答えたわけでございます。そういうところからいわゆる朝鮮総督府の政治のことが出て来たわけでございまして、それがまあいわゆる新聞で久保田発言と申されましたものの始まりでございます。・・・第一点は総督政治の問題、第二点はカイロ宣言・・・**私は、カイロ宣言は、戦争中の興奮状態において連合国が書いたものであるから、現在は、今連合国が書いたとしたならば、あんな文句は使わなかつた**であろうと一言答えたわけであります。・・・第三点は、つまり韓国にありました日本の私有財産が没収されてないのだという解釈をとれば、これはアメリカの軍政府のやつた措置というものは国際法に合致しているのだけれども、仮に韓国のように、日本の私有財産は没収されておるのだという解釈をとれば、米国が国際法違反をやつたということになる。日本としてはそういう解釈はとりたくないのだ、そう申しましたのでございます。・・・第四点、日本から見れば、**韓国の独立したのはサンフランシスコ条約の効力の発生したとき**なんだから、その前に独立したということは、たとえ連合国が認めておつても、それは**日本から見れば異例の措置**である、そう答えたわけであります。・・・第五の点、占領軍の政策の問題で、国際法の違反であるともないとも言わないと、それが大体一五日の請求権委員会におけるいわゆる私の発言というもののいきさつの大要でございます。・・・日本におりまする人々の中には**半島のむしろ北の人が多いわけ**（筆者注：事実無根）でありますので、今度は話合いは条約を起草するまでに行きませんでしたから、未解決で残りました

○**委員長（森崎隆君）** 一五日の日にあなたの例の発言が、或る意味で（筆者注：韓国側から）引出されて来たという、話の経過全体を見まして、計画的に、と言うと語弊があるかも知れませんが、あらかじめ（筆者注：韓国側が）こういうことを意図してあなたのこういう質問を出すようにだんだんと向けて来たというようなところはございませんか。そういう点は感じられますか。偶然にああいう話になつてあそこへ行つてしまつたというように御解釈していられるのか、或いは考えて見ればどうも**大体準備しておつたところがあつた**というようなところはございませんでしょうか。

○**説明員（久保田貫一郎君）** 今度開かれましたのは一〇月の六日でございますが、そのときに（筆者注：韓国側が）こういう戦略と言いますか、戦術と言いますかを想定しておつたと私は考えられないのであります。一五日の先日の委員会でたまたまそういうふうに話が進んで行つたものですから、この次のいわゆる第三回の本会議の二〇日、それから第四回本会議の二一日、この両回は（筆者注：韓国側が）もう私の一五日の分科会の発言を捉えて、やろうと思つたことは明らかでございます。従いまして一五日の会のあつたあと、そういう戦略というものを編み出して、これで以て**日本側に全責任をおつかぶせて処置してしまおうという作戦に出て来た**ということはほぼ明らかだと思います。

○**委員長（森崎隆君）** 一五日の議論は、お互いに予想せずして結局こういうような不当なやりとりになつて来たわけでございますね。

○**説明員（久保田貫一郎君）** そうでございます。

二　手際が良すぎる外務省情報文化局長の「久保田発言」擁護

会談決裂とほぼ同時一〇月二一日に外務省情報文化局長が、久保田発言を援護し責任をすべて韓国側に転嫁する談話を発表する。(5)「盗人猛々しい！」

外務省情報文化局長談「日韓会談について」

昭和二八年一〇月二一日

一〇月六日再開以来の日韓会談は**韓国側の理不尽な態度に**

より本日継続不能に陥った。・・・韓国側は、請求権部会において、議題と関係なき問題を取上げ、これに対するわが方の応答を**故意に曲解**し、二回に亘る本会議に於けるわが方**説明をも了解しようとせず**、剰《あまつさ》えその**撤回と**、その**非なること**を認めしめんとし、これに応ぜざる場合は、**会談の続行を拒否する態度**に出でた。・・・会談の非公式な一部会における**些々たる言辞を殊更に歪曲し**、**会談全般を一方的に破壊**した責任は挙げて韓国側にありと言わざるを得ず、遺憾に耐えない次第である。

翌二二日にもさらに長い次の外務省情報文化局長談が発表される。(6)

日韓会談は昨日不幸にして不調に終った。これは**韓国側の予定の計画**のようである。・・・韓国代表の議論は、抽象論に終始した。曰く、韓国は日本が韓国を三六年間占領し、韓国人を奴隷としたことに対し、賠償を要求すべきであったと。これは日本代表から日本の朝鮮統治は悪ばかりではなかったとの表現を誘発した。韓国代表はこの表現に異議を挿み、日本代表がかかる「傲岸」なる態度を持する限り、会談の**続行は不可能なりとして**、**会談打切を宣言**した。日本は彼等に対し会談続行を哀願する地位にいないのである。

（外務省の）前田（利一）事務官は、この二二日の発表文について「これは当時の奥村次官が自ら起案されたもので、竹内課長がその案をわれわれに示したが、あまりに語調が強いので、ワーディングをもう少しやわらかくした方がよいのではないかと申上げたが、事態はもっと深刻だということで結局そのまま出されたように覚えている」と述べている。
（前田「日韓問題と私」(7)）

「日本は善隣友好を望む」　一一月一日外務省情報文化局第一課(8)

去る一〇月六日から再開された日韓会談は、**韓国側の態度のため**に、一〇月二一日**とうとう決裂**してしまった。会談を始めてから約二週間、日本側がいよいよ具体的な提案を出して交渉の妥結を進めようとした矢先、日本側の考え方は**怪しからん**というような、全く**建設的でない口実をつくって、韓国側は会談をつぶしてしまった**、察するに、韓国側は**もともとわが国との会談をまとめる考えがなかった**ものと思われる。・・・結果としては、日韓親善友好関係を望んだわれわれの熱意は不幸にして報いられず、**誠意に欠けた韓国側の態度**のため、一〇月二一日ついに会談は決裂させられてしまった。ここにわが国は、今ひとたび韓国側の誠意を待機しなければならなくなった。

岡崎外相は、一〇月二八日の衆議院外務委員会で「日韓会談等に関する報告」を行い、「われわれとしては**何も間違ったことを言っているわけでもないし、あやまる理由は一つもない**」と断言し、**日本政府は久保田発言を全面的に支持**した。野党もこれを黙認した。新聞の社説や投書では久保田発言を批判するものもあったが、それらは少数であり、大部分の日本人は李承晩《イースンマン》の交渉態度を批判するか無関心であった。(9)

これに反発して韓国側は当然、強く抗議するが、日本側が全く聞く気のないことは説明を要しないだろう。

一〇月二三日、韓国代表団スポークスマンは次の声明を発表した。(10)

「日本政府の声明は**歪曲と虚偽にみちた**ものであって、これにより**会談決裂の一切の責任を韓国側に転嫁**することに全力をあげた。・・・日本は韓国全財産の八五％以上を公然と要求、さらに韓国戦争中に同財産の蒙った損害を賠償せよと要求している。これは事実上、韓国国民の財産をことごとく日本に差出せと要求するものであり・・・たとえ冗談にもせよ口にすべきことではない。・・・われわれは、日本こういう不誠実な態度を、会談決裂の責任を韓国側に転嫁し、それによって、韓国に反対する世論をつくり出すために、はるか以前から計画した意図を明かにしたものとみなしたい。」

三　四ヵ月も前に提案・検討・吟味されていた会談の決裂

久保田発言直後の外務省情報文化局長談にあるように、日本政府は「会談決裂の責任は全て韓国側にあり、かねてから予定された計画」と韓国側を非難して来た。しかし会談決裂のはるか四ヵ月前、久保田代表が日韓会談継続の必要なしと会談の「無期休会」案を作成提出し、アジア局第二課と下田条約局長が即時、それに賛意を示したことが、最近出された日本側文書から明らかになった。

「日韓会談無期休会案」(11)

久保田代表　一九五三年六月一三日

「日本外交の基調は国連協力である。従って李大統領が国連の休戦案に反対の態度を持するに於ては、現在の日韓会談は、当分休会せざるを得ない。

理由

1．休戦の結果、統一政府が出来るか、反対に南北両政府

の事実上の対立となるかは当分、事態は判然としない。其前に**取急いで話を纏める必要性に疑問**あり

2．李大統領の従来の**反日的態度**に鑑み、此案**一矢酬いる**こと無意味に非ず

3．茲で我方、一応、強硬態度を示すことは、将来交渉再開の際有利である。

4．日韓会談は戦争拡大の陰謀であるとの、北鮮（ママ）系の抗議を正当化したくない。

5．万一、**李が没落すれば、知日派の台頭**する可能性あり。此場合、会談は有利に展開する。

6．李は現在、**世界を通じ自由、共産双方から見放され**んとしておる。其を日本丈が支持することは一幅の**国際的漫画風景**であって、国会で非常な反対に遭うであろう。

（以上）」

「日韓会談無期休会案（私案）[12]」

一九五三年六月二一日　久保田参与

「・・・日韓会談の進行概況及び見透しであるが、・・・李大統領の休戦反対、北鮮（ママ）俘虜二万五千名の独断釈放問題が起り韓国は公然、国連に反逆の態度を採ることとなった。この新事態にも拘わらず、**日韓会談を予定通り続行することは大局上から見て、左の通り好ましくない。**

（一）**国連の政策に反対**するのみならず、**実力を以て之を困難に陥れつつある李政府**と話合を続行することは、**国連協力の我が基本方針と反する**こととなる。

（二）李は好んで**世界の孤児たらんとするが如き政策**をとり、其の大胆にして軽率な行動は世界の指弾を招き、**遠からず引退**を余儀なくさせしめられることも予想出来るが、其にも拘らず条約を結べば、政府は国会ではげしく非難されるだろう。

（三）近い将来、朝鮮に南北統一政府が出来るか、又は反対に南北二つの政権が事実上対立することとなるか、今少し情勢を見極めるべきで急ぐ必要はない。

（四）李のあとに誰が出ても、李以上反日的であり得ない。或は知日派が抬頭する可能性も無いではない。故に没落せんとする李の支柱となる如き会談の続行は考えものである。」

続いて「会談を続行しない場合に生じる不利」について、「漁船拿捕問題、強制送還者の受取り拒否、日本大使館の設置問題、復興特需での不利益」等のリスクを論じた後、「以上会談の現状、見透し、国際情勢、最近の李大統領の態度等を勘考し、且つ利害得失を検討した結果、此際、本件会談は無期休会（決裂と言わず＝〔筆者注：ここでは敢えて「決裂」という語を避けている〕）すべきであると考える」と結論付けた。

久保田の「日韓会談無期休会案（私案）」私案の日付が六

月二一日、「日韓会談無期休会案」でも一三日。それに賛成する下田条約局長の「無期休会案に賛成の理由」が二三日付で出ている。その余りにもの**手際の良さ**に、どう見ても久保田の案が一三日に初めて提案されたものとは考えられない。特に二二日や二一日付の外務省文書は、休会すべきか、続けるのか、休会した場合のリスクについても詳細に検討した後、色々な可能性を羅列してある。外務省内部の意見が必ずしも一致していなかったようにみられる。

「日韓会談継続の可否について（案）」[13]

一九五三年六月二二日　アジア局第二課

諸般の情勢にかんがみ、日韓会談の可否につき検討を要するものあるところ、その妥結を図る場合と、休会とする場合の利害損失につき、日韓関係全体として見た面と会談の議題より見た面に分ち、対照して示せば、つぎのとおりである。

⑴日韓関係全体として見た面

	（妥結を図る場合）	（休会とする場合）
⒜李大統領の地位	李大統領の地位は当分続くと思われるが、近く引退の可能性もある。しかしながら後継者が何人になるかを問わず、日韓交渉におけるその実際的要求は、従来に比し**弱まるものとは思われない**。	李大統領は近く国連又は米国の圧力によるか、反李承晩派の策動によるかして、引退する可能性がある。**後継者は**何人になるかにかかわらず、**より親日的**であろうから、その際は**わが方に有利**に解決し得る公算が大である。
⒝休会の理由	会談を再開した以上、休会するについては、韓国側がわが方の公正なる態度を理解せず、あくまで不合理な要求を撤回しないというごとき事態にでもならない限り**大義名分が立たない**。	李政府が国連の政策に反し、休戦の成立を妨害しているがごとき現状においては、国連協力を旨とするわが国として、**交渉を続行する事由に乏しい**。かかるときに際し、韓国と協定を結べば、**国連諸国の蔑視を買う**おそれがある。
⒞韓国復興特需	全体として日韓関係が正常化されるのであるから、将来韓国の**復興特需は日本に発注**されることが期待される。	特需といえども商取引である以上、価格が安ければ日本に需要が来る。ただし、**韓国のこと故、その間種々のいやがらせは充分ある**と思わねばならない。

⑵会談の議題より見た面

	（妥結を図る場合）	（休会とする場合）
⒜　基本関係	外交関係が設定され、爾後友好的状態の下において**諸種の交渉を促進させる便**がある。韓国の実情もよく分るようになる。	在外事務所も設置されず、種々の**トラブルを解決するに不便**である。将来コリアン・ミッションを通じ円滑に解決したケースは少い。**韓国の実情は依然分らぬ**こととなる。
⒝　在日韓人の国籍処遇関係	在日韓人の地位が確定される結果、一時北鮮系の策動はあるとしても、わが方官憲ははっきりした態度で取締り得る。また一部**尖鋭分子、悪質分子の強制送還が可能**となる。一般韓国人は安定した生活ができるようになる。	現状と同じ。在日韓人の強制送還ができないため、**常に治安に支障**があり。大村収容所の抑留者の処理に困難を来す。また生活補助、教育問題、庶民金融等、種々の困難は絶え間がない。
⒞　漁業関係	漁業について実際的の案ができるから、わが国漁業者はともかく安心して漁業ができ、**拿捕等の紛争はなくなる**。	韓国側の**拿捕、抑留者等、不法行為が再び頻繁に起る**公算が大である。
⒟　財産請求権関係	請求権を相殺した場合、朝鮮に財産を残置して来た者の不満が起き、**国内補償の問題**がやかましくなるであろう。しかしながら朝鮮に残してきた財産を回収することは、現実問題としてどの道、不可能であることが想起されねばならない。	一応現状どおりであるが、利害関係者が早期返還を実現する等、**救済措置をとるべしとして、政府に迫る**ことは予期される。
⒠　船舶関係	若干の古船を与えなければならないが、今後海運関係が**改善される希望**はもてる。	今後とも韓国側がその海運政策運営にあたり、わが国に対し**差別待遇的取扱をする公算は大**である。

久保田案に、諸手を挙げて賛意を示した一九五三年六月二三日、**下田（条約局長）**の「**無期休会案に賛成の理由**」[14]。

一、日韓会談をたとえ纏めたとしても、その結果作成される日韓条約につき国会の承認を求める際には、恐らく客年日華平和条約の審議の際以上の紛糾を来すであろう。**益々地位の低下して行く李承晩政府**を対手とし、然も積極的に**わが方に有利な面のない条約の締結**については、改進党の同調を求めることも極めて困難とならざるを得ないだろう。然りとすれば、国会を通過するか否かの見透しも付かない條約を纏めるため、請求権、船舶問題等につき相当の譲歩を行う腹をこの際無理に決めてまでして、**交渉の継続を計るのは意味のないこと**のように思われる。

二、交渉を休会することとする場合、問題となるのは如何なる理由を附して休会を申出るべきかの点であるが、これについては近く休戦協定成立という新事態が、**絶好の口実**となり得るのではないか。すなわちこの新事態を前にして、日本政府としては日韓交渉の全議題につき新たな角度よりのアプローチを必要とするに至ったとし、そのため日本側は各議題につき新しい提案を行いたい所存であるが、案の作成には多少の時日を要するので、**暫く会議を休会**することとしたい、との趣旨で休会を申出るのが適当ではないかと思はれる。

三、休会中、日本側においては事実、新提案を準備することとし、（従来の観点に執らはれず、戦争善後処理中心の考え方から将来に眼を転じて、多くの積極面を附加した案とする。）しかして、

（イ）李政府が仮りに長く持続して日韓会談を休会の儘、放置し得なくなった際は、交渉を再開し右新提案を行う。（新提案を先方が受付けざる場合は、**交渉の本格的決裂をも辞せず。**〔筆者注：ここになって「決裂も辞さず」という強い語が表れる〕）

（ロ）**李政府が次第に没落の過程を辿り行く**場合は、交渉を**無期限に休会の儘**とし、朝鮮における事態の成行をもっぱら観守することとする、のが適当ではないか。

四、叙上の見地より、いずれにするも日韓会談はこの際**一先づ休会**とし、将来に備えてわが方の行動の自由を確保すべき**時機が到来した**もののように考えられる。

このような援護射撃を貰っても会談決裂の方向に動かない政府に対して、久保田は不満を隠さない。

久保田代表は、のちに当時を回想して次のとおり語っている。

第二次会談の際の私の　休会意見に対しても首脳部の方は熱意がなく、真相を研究して、これはだめだからやめるとか、ここはまだこらえていけとかいうような指示をすることもなく、ただ何とか話を続けていけばいいじゃないかという態度だった。……私が主計局長などと話して決められるものではない。あの時、下田条約局長は代表の一人として真面目に考えて私を助けてくれた。

一〇月二六日、久保田代表は自ら『日韓会談無期休会案』を草して大臣まで回覧した[15]。

四　政府の援護を受け、李承晩打倒まで打ち出した久保田

「日韓会談決裂善後対策[16]」一九五三年一〇月二六日　久保田

一、日韓会談は表面、**韓国側の詭弁的・非外交的態度に依り決裂**の余儀なきに至った。このことは遺憾である。然し、此の韓国の態度の根底を為すものは左の二つの考え方であって、これが改められない限り、将来も会談の円満な解決は至難である。

（イ）三六**年間に亘る総督政治は**韓国のあらゆる方面に**害のみ**を与えた。日本がフィリピンに僅か数年居ただけで巨額の賠償を要求されているではないか。朝鮮はフィリピン以上に賠償請求権がある筈ではないか。

（ロ）被抑圧民族（朝鮮）の解放と独立は、第二次大戦後の最も高い国際法の新原則である。此のより高い原則の為に、従属的な私有財産尊重の原則も変更され、その結果日本の在韓財産は私有財産も含めて一切没収されたのである。講和条約前に朝鮮の独立が認められ、朝鮮から日本人が裸で放逐されたのも、此の新原則の適用である。

このような考え方の結果、朝鮮人は、第二次大戦の寵児として、あたかも日本に対し**戦勝国**であり陳謝を要求すべきであるかの如き**錯覚**を今尚持っている。彼等がこの**思い上った雲の上**から、**国際社会の通念と外交会議の常識の適用するレヴェル**迄降りて来ない限り、日韓問題の真の**解決はあり得ない**。此の大前提の下に対策を考えてみる。

二、速時的（ママ）対策

（一）漁業

鯖の漁期が終ったが、これからトロール及び底曳が始まって来年四月迄がその漁期である。所謂李ライン内へ全然出漁を許さないとすると、最高年額１３０億の損害となる。関係する者には零細漁民が多いから、補償を考えなくてはならぬ。多種の漁業に船を転用も出来るから、補償額は五〇億以下であらう。

業界、水産庁は不当な所謂李ラインを認めないとの立場から言っても、出漁強行を希望する。此の場合、当然海上保安庁、保安庁警備隊の保護を必要とする。

これに反し、海上保安庁や警備隊では彼我の間に砲火を交えるに至る場合を懸念し、外交交渉、又は政治的解決を期待している。

勿論出漁強行の場合は、彼我の実力衝突の恐れがあるから慎重を期すべきではあるが、韓国の無法を前にして引込み続けることは、彼の無法を実績化する虞れがあるから、所謂李ラインを一部突破し、余り深入りせず集団出漁を強行し、これを護衛する方策を講ずべきである（と一応考へられる。）……然し之を実行し武力衝突となると、国際輿論の前には日本は不利となり、結局李政権の強化となるべきを以て、之を実行に移す場合、政府は最も慎重に各般の利害得失を考慮計量し、重大な決意を固める必要がある。

（二）韓国代表部の否認

代表部は双互的に置くべきであるから、此際直に、我方代表を京城と釜山（支部）に置くべきことを（筆者注：一方的に？）通告し、若し先方、これに応じない時は東京の韓国代表部、大阪及び福岡の支部の閉鎖を要求し、部員の退去を要求すべきである。

（三）米国の斡旋依頼

表向きに出すべきではなく、又直ぐに多くを期待できないが、打つべき手である。

（四）漁業問題だけの話合い再開を申入れること

これは業界の強い要望であるが、当分見込みはない。

（五）政府大官又は民間要人の派遣

冒頭述べた韓国側の心理状態に鑑み、我方が陳謝の肚を決めるか、一方的な大譲歩を持って行かぬ限り、成果を期待し得ない。（筆者注：誰がこんな事態に陥れた？）

（六）経済的報復措置

（イ）韓国から生魚、のり、寒天等を買わぬ。

（ロ）漁網、古漁船を売らぬ。

（ハ）日本水域で韓国の船を拿捕する等のことが考えられるが、何れも採るべきでない。（筆者注：だったら書くな!!　と言いたい）報復は報復を生み、結局我方の損となる。（我方の対韓貿易は常に出超である。）又朝鮮復興特需に悪影響を与える。

（七）在日韓人に対する圧迫

強制送還、生活保護法の準用（年に一〇億）の停止など考えられるが、結局治安の上に悪影響を生み逆効果であり、又人道上の立場から輿論の前に日本を不利に陥れる。

（八）北鮮（ママ）系の北鮮への送還

希望者は北鮮へ帰れるよう実際的な方策を考えてやるべきである。南北鮮統一は見込み薄（筆者注：残念ながらこの憶測は当ってしまった）で、北鮮は相当長期に亘り政治単位として残るであろうから、その方前提の下に物を考える要がある。

三、長期的対策

（一）輿論喚起、特に対外啓発に一層力を入れ、日本の主張の合理性を強調する要あり。特に所謂李ライン問題に関して。

（二）国連又は国際司法裁判所への提訴

所謂李ライン問題、竹島問題に付いては提訴の方針を決すべきである。韓国は承諾すまいが、それでもよろしい。我方の主張に分のあることのよい宣伝となる。

（三）実力増強

輩頭（ママ）、韓国の思い上った態度は、我方に実力のないことに依って、一層助長されている。元来時代主義的な韓人（筆者注：自分のことでは？）は強き者には屈し、弱き者には横暴である。竹島問題、所謂李ライン問題の如き、我方の完全に正当な主張は、実力の裏付を以て（筆者注：宣戦布告の意？）しても貫徹出来る位な武力はあって然る可きである。武力が政治を支配する時、国が亡びること胆に銘ずべきである（筆者注：まだ敗戦から八年）が、政治の支配下にある武力は一国国運の正常な伸長に必要である（筆者注：戦争できる国の意？）ことを覚るべきである。

（四）李承晩政府の打倒

李は大統領になってからも従来の反日思想を其まゝ持続けるのみならず、之を公に声明して、自己独裁政権維持の具に供している。彼が居る間は日韓の親善も結局口頭禅に終り、又、南北鮮の統一もあり得ない。

米国が李の如き者を庇護するはデモクラシーの恥辱でもある。米国は今に其の事を十分きづくであらうが、其時を待たず我方としては李打倒の努力を開始すべきである。（以上）

五　久保田発言の発端だった文化財返還問題

ここまで一九五三年の久保田発言による会談決裂の経緯を説明して来たのに、文化財返還問題になるとテーマが違うのではと当惑する人がいるかも知れない。だが一〇月一五日請求権部会においての言い争いは、そもそも文化財返還問題から始まったのである。当日の会議録冒頭部分を紹介して、それからどのようにして文化財協定が結ばれたのか、また合意議事録に意味不明な「勧奨」なる語が挿入されたのか、当時の原文を元に検証してみたい。

「韓日会談　財産及び請求権分科委員会　第二次会議　報告書[17]」一〇月一五日

古書籍に関する照会追加と返還の根拠

韓国側から、前回の会議（今春の会議）において韓国側で提出した請求権項目から照会事項に対する追加分として、**韓国の国宝である古書籍目録**（第二次分）を提示したことに対して

日本側が「それは請求権の内容として提示するのか」と問うたことが動機になり、

韓国側から「それはRestitutionの範疇に入るものである。第二次本会議においての金公使の発言の内、Restitution（賠償）に対する返還項目として清算関係を含めたものだ」と説明すると

日本側からは「今春の会議で提出された古書籍目録を貰って調査した結果によると、ほとんど大部分が**正当な手段で取得**したものだった。韓国側の目録は明治二三年（一八九〇年）、或いは昭和一六年（一九四一年）の内閣調査を資料にして作られたと思料される。このように正当に取得したいわゆる韓国の国宝をことごとく返還せよということは、まるで**米国ボストン博物館にある日本の浮世絵を、そこにあることだけを理由にして返還せよというのと同じ**ものである。万一当時総督の強権で搬出されたものがあるならば、いくらでも返還する。無償で取得したものはまったくないと思う」と主張するので、

韓国側では柳参事官個人の家宝、または古書籍搬出に関する実例を挙げて、「当時中枢院から、研究すると言いながら、道知事または警察署を通して搬出され、その後に返還されなかった。このような**強制搬出の現象は全韓国に亘って発生した**ものである」と説明しながら、「**無償で奪取した**ものだ」と反駁した。

これに対して日本側から「宮内庁または国会図書館の責任者が言明した所によると、搬出図書は韓国に置いて来たと言

文化財返還問題に関しては一九五二年二月二一日第一次韓日会談請求権分科委員会で、初めて韓国側が提出した有名な対日請求八要項[18]の筆頭に「一、**韓国より運び来たりたる古書籍、美術品、骨董品、その他の国宝**、地図原版及び地金と地銀を返還すること」とあり、日本側の度肝を抜いた。

具体的な文化財返還要求目録は数度出されたが、ここでは「一九五三年八月一五日外務部政務局発行「対日賠償要求一覧表[19]」を紹介する。（次頁　表参照）

う。古書籍取得において、**何ら不当性がない**ので**義務として返還するものはない。**したがって請求・返還という範疇として取扱わず、特に李大統領が関心を持っているもの位は、贈呈の形式でするなら別途考慮する」と説明するので、

韓国側から「今までこの分科委員会では、韓国側からも返還要求の根拠を明かさずに、とにかく古書籍と美術品に限っては、日本側から自発的に返還するという雰囲気で作業を始めたのである。万一、日本側から今更事新しくこの問題に対する態度を直して、義務的に返還するものはまったくない、**全部が合法的に取得した**と主張するなら、ここで韓国側としても法的見解をはっきり主張する。元来韓国所有だった古書籍、その他の国宝が現在日本にあるということだけをわれわれが立証すれば、三六年間の日本の権力機構の中でそれが**全部不法に日本に搬出取得されたと推定**されなければならないので、それが**正当に取得されたということは日本側が一々立証しなければならない**だろう。だからわれわれは韓国所有と日本所在の事実だけ立証し、ここでその返還を強硬に主張するものであると追求して反駁すると、

日本側は「例え、韓国のそういう主張が正当だったとしても、韓国側の古書籍目録に**徳川時代に持って来たものが含まれているのは不当**だ」と主張した。

韓国側は「そういうことはわれわれが立証する」と答えた。

「第一部　現物返還要求之部」から文化財関係の抜粋

項目		数量	添附説明書号数	備考
三、	書籍	二一二種	二号	冊数は説明書に表示
	一、蓬左文庫所蔵　朝鮮書目	一四二種		〃
四、	美術品及骨董品	八二七種他	三号	
	一、日本帝室博物館所蔵韓国美術工芸品	四五六種		
	カ　歴史部	三四九種		
	ナ　美術部	一六種		
	タ　美術工芸部	九一種		
	二、韓国古美術品個人占有調書	二一種		
	三、公州百済時代美術品個人占有者調書	多量		
	四、東京帝室博物館所蔵韓国美術品広口坩其他	九四種		
	五、東京大倉集古（館）所蔵韓国美術品	一種（筆者注：利川の五重石塔？）		
	六、日本各地所在韓国鐘目鐘	五〇種		
	七、在東京戸田利兵衛所持韓国古美術骨董品	五二種		
	八、園田裕所蔵夢遊桃源図（筆者注：現在、天理大学付属図書館所蔵、重要文化財）	九枚		
	九、国宝鉄彩自絵唐草文瓶	一個		

六　会談再開に際して秘密裏に文化財一〇六点を贈呈

しかし久保田発言で第三次会談が決裂するまでの日韓会談には、文化財専門家も参加しなかったし、小委員会も開かれなかった。五年ぶりにやっと会談が始まった一九五八年四月一六日日本側は再開する第四次会談の潤滑油にと手土産に「韓国慶尚南道昌寧郡昌寧面出土の美術品一〇六点を寄贈したのだ。だがこれが秘密裏におこなわれたため、「韓国に抑留されている日本人漁夫との引替えの裏取引」と、マスコミや野党から追及・非難された[20]。また韓国の専門家からも酷評された。

「一九五八年七月七日　林炳稷《イムビョンジク》首席代表宛、黄寿永《ファンスヨン》専門委員の調査報告[21]」

1、考古資料としての評価……種類と数量から判定して同代古墳の中でも小規模のものであり、出土した遺物の資料価値も大きいとは言えません。

2、金銭評価に対して……**ほとんど換価の対象物にはならず**、陶器土器類においては大形の陶製長頸壷二個がそれぞれ**日本円二万円内外**の評価で、その他は一個について**日本円数百円から最高数千円程度**。したがって一〇六**点全部の金銭評価**は現在、日本東京で売買されている高麗磁器優良品一個の**市価二〇万円ないし三〇万円**と推定。」

「李弘稙《イーホンジク》『日韓会談と文化財返還問題―その経緯と日本側の野心―』（韓国の雑誌**『新世界』一九六三年二月号**[22]）」

から返還されて来たこの一〇六点という遺物の中で、品物らしい品物は純金の耳飾一対で、それも新羅の古墳から出てきたものとしては、**つまらない貧弱なもの**で、それ以外の八〇余点は首飾の**小さな玉を一つ一つ数えた点数**であり、残りは**土器のかけら**であった。それのみならず、これがどこから出て来たものだという説明もなしに送られている。・・・何らの説明もなく見かけのよい包装をして貴重品を装って送って来たのは、あまりにも**恥知らずの仕業**で、**韓国を蔑視する態度**であった。韓国にいくら考古美術専攻家がいないといっても、それがどこからでて来た物品でいつ、どのようにして日本に持って行ったかを識別する人が一人もなく、ただなんでも**貰いさえすれば感謝感激する**とでも思っていたのだろうか。……一〇六点の返還は非専門家の学のないのを暴露した処置であり、わが国の無知な一部新聞人は知りもしないのに**『国宝一〇六点を貰った』**と大書特筆した。

再開された第四次会談では文化財問題の小委員会や専門家会議が開かれ、韓国側は黄寿永元国立博物館長・東国大学校総長や李弘稙高麗大学教授・中央図書館長等、東大出の専門家を派遣したのに、日本側は外務省職員が対応するだけで文部省や文化財保護委員会の中心人物は会談に出席しなかった。

第六次会談では一九六二年二月二八日に「返還請求韓国文化財目録」を改めて提示して、それについて歴史専門家が説明を続け、これに対し日本側からは「文化交流の一環として、ある程度の国有文化財を寄贈する」という意志を表明する。

「返還請求韓国文化財目録[23]」

(1)朝鮮総督府により搬出されたもの

1. 慶南梁山夫婦塚出土品
2. 慶州路西里第一六号古墳出土品
3. 慶州皇吾里第一六号古墳出土品
4. 平南大同郡大同江面貞栢里一二七、二二七号墳出土品
5. 平南大同郡大同江面石巌里二〇一号墳出土品
6. 平南大同郡大同江面南井里一一六号墳出土品
7. 平南大同郡大同江面王盱《ワンウ》墓出土品

(2)統監および総督等により搬出されたもの

1. **伊藤博文　高麗磁器　約一〇〇点**
   （一九六五年の協定で返還された。）
2. 曽祢荒助　韓国典籍
3. 寺内正毅　典籍書画仏像
4. 統監府蔵書
5. 河合弘民蔵書（官府記録）

(3)日本国有のつぎの項目に属するもの

1. 慶尚南北道所在墳墓その他遺跡から出土したもの
2. 高麗時代墳墓その他遺跡から出土したもの
3. 逓信関係文化財

(4)指定文化財（小倉武之助蔵品およびその他）

(5)

1. 谷井済一　所蔵品
2. 小倉武之助　所蔵品
3. 市田次郎　所蔵品
4. 石造美術品

(イ) 石造多羅菩薩座像	一
(ロ) 獅子	二
(ハ) 慶州石窟庵石仏座像	二
(ニ) 〃 石塔	一
(ホ) 慶州仏国寺多宝塔獅子	三
(ヘ) 平南大同郡栗里八角五層石塔	一
(ト) 八角逸名浮屠	一
(チ) 五層石塔	一
合計	一二

同年一二月二四日付で北東アジア課は「韓国文化財の現状等に関する調書[24]」を作成し、出土の南北鮮の別、国有民有の別、現状などについての調査結果をまとめていた。[25]

七　贈与すると目録を渡しておいて結局、大部分は反故に

「日韓文化協力の一環として韓国側に贈与することを考慮すべき品目」（外務省試案[26]）

（東京国立博物館所蔵）　一九六五年三月六日

三七年（一九六二）二月二八日付韓国側提出の「返還請求韓国文化財目録」中、東京国立博物館所蔵については下記のものを選定し贈与する。

（下記項目番号は同目録による）

⑴朝鮮総督府により搬出されたもの

１．慶南　梁山夫婦塚出土品全部

３．慶州皇吾里第一六号墳出土品全部

⑵統監および総督等により搬出されたもの

１．伊藤博文　高麗磁器　約一〇〇点

⑶日本国有のつぎの項目に属するもの

１．慶尚南北道所在墳墓その他遺跡から出土したもの　大部分

２．高麗時代墳墓その他遺跡から出土したもの　大部分

⑸

４．石造美術品

（イ）石造多羅菩薩座像

（ロ）獅子

付記　東京博物館以外にある国有の考古品

⑷指定文化財　金錯狩猟文様銅筒（東京芸術大学）

ところが同じ月の次の外務省と**文部省文化財保護委員会**の打合せ会で、慶南梁山夫婦塚の出土品は絶対に渡せないと方針転換する。[27]

一九六五年三月一二日　外務省文化事業部長室での協議（日本側の内部検討文書）

出席者

文部省文化財保護委員会宮地事務局長、同平間次長、同松下美術工芸課長、東京博物館三浦庶務部長、同蔵田工芸課長、外務省針谷文化事業部長、北東アジア課森田事務官、同田島事務官、同掘事務官

宮地事務局長は「韓国側要求品目中の梁山夫婦塚出土品を**出せない理由**は

（イ）日本における学術研究上、他にこの類のものがない。

（ロ）夫婦塚出土品のうち、日本に来ているのはその三分の一であり、残りの三分の二は韓国にある。また韓国にこの種の古墳の出土品は多い。

（八）一九五八年四月に韓国側に梁山夫婦塚四八九点のリストを渡してしまっているが、当時このリストは外務省に渡したまでで、文化財保護委員会がこれを返還し得るものとして外務省に渡したものではないのに、**外務省が一人がてんして韓国に渡した**ようだ。」と述べ、

これに対し、針谷部長から「当時の関係者にきいてみると、『引渡した一〇六点のほかには梁山夫婦塚のものだけを渡すようになるであるとの意味でリストを渡したもので、他に及ぼさない趣旨であった』という。今度は他のものを渡すようになるので事情は変わっている」と述べたとある。

「文化財に関する打ち合わせ会」

昭和四〇年（一九六五）三月二〇日(28)

1. 梁山夫婦塚出土品

（文部省保護委員会事務局）松下（美術工芸）課長から「本出土品は任那と日本との関係を説明する貴重なものであり、韓国にこの種のものは他にあるが、日本には他にない」という学問的理由をのべ、（東京博物館）田中（考古）課長からその入手経路について「朝鮮古蹟研究会の手で本古墳を発掘するに際し、日本学術振興会が年二万円づつ六万円、宮内庁が五千円、李王家から三千円の金が支出された経緯があり、そのお礼の意味で、その出土品の三分の一が東京博物館に寄贈されたものである。またこの発掘にあたっては、その土地の所有者に対し、二年ないし三年の作物に相当する金が総督府の手から渡されており、この出土品は総督府の権力で強奪したものの部類に入らない」と説明した。

これに対し（北東アジア課）森田事務官から「これについて**従来リストを韓国に渡した経緯**があり、昨年の三月の韓国の**新聞をみると、当然これは返還されるもの**と書いておる。またその三分の二が韓国に残っているとなると、**古墳出土品の一括保存という立場から、韓国側は返還を強く主張しないか**』と述べたのに対し、松下課長は「今次の贈与は日韓修好が目的である。古代の日韓文化交流を説明する貴重な資料を失うことは、反って日本の朝鮮研究者の反発を買うことになる。また**一括保存という建前なら、むしろ先方にある3分の2も、日本側に貰いたい位**である」とのべた。（中略）

2. 柳谷事務官から、日韓会談全般の動きを説明し、四月に入って文化財関係の委員会も開かれる見通しであるとのべた。

松下課長から「文化財の贈与には、絶対に政治的圧力で出せということのないようにして欲しい。もしそれが

予想される位なら、自分の方では夫婦塚出土品を分割して一部を韓国に渡すことを考える」という意見を述べた。田中課長から、伊藤博文の高麗磁器は重要美術品に指定されていないことを説明し、

また松下課長から慶州仏国寺多宝塔の獅子の所在は、誰にきいても分らない。日本のどこかにあれば、かならず自分らの耳に入る筈だ。あるいは土に埋まっているかもしれないとのべ、また韓国側リストにある**大倉集古館にある石塔、根津美術館にある石塔は立派なもので、あるいは話をしてみれば、韓国に贈与してもよいというかも知れない**と語った。

返還運動が起きている五重の石塔

これが今韓国京畿道利川市で返還運動が起きている大倉集古館裏庭にある五重の石塔であることは説明を要しないだろう。

二月二八日に提出された「文化財返還要求の韓国案」に対する「日本側の品目案」は、四月二八日の文化財委員会で提示すると約束しておいて、実際に渡されたのは六月一一日だった。

後宮アジア局長は「日韓交渉における若干の回想」の中で次のとおり述べている。

「**わが方の引き渡しリストは相当早く完成**しており、かつ、これの提示を早期にすべき旨の意見が合ったにかかわらず、漁業交渉の進捗状況と睨み合わせながら、**交渉の最終段階において提示**することにより、**みみっちい**品目別の駆引きに深く巻き込まれることなく、迅速に話し合いをまとめることができたことは、交渉技術上も効果的であったと思われる」[29]

…と自画自賛するに至っては、「みみっちい」などの品のない言葉と併せて、このような姑息な手法はまさに「盗人猛々しい」としか言いようがない。

ヒルトンホテルにおける交渉—品目の決定[30]

「六月一七日、ヒルトンホテルで夜を徹して文化財引渡し品目についての交渉が行われ、韓国側の強い要望がくり返され、ことに午前四時に中断する際には、韓国側は梁山夫婦塚への

執着から**非常に感情的に**なり、……」

日本側専門委員松下隆章氏（文化財監査官）の「ヒルトンホテルにおける日韓会談文化財問題についての交渉メモ」[31]

一時中断して日本側代表の意見を聞くべきであると述べたところ、李・黄両氏は**色をなして以後交渉は一時中断し**、韓国代表は**ホテルにひきあげる仕儀**となった。松下はこれまでの経過からみて、韓国側に会談を**中止するような強い意思はなく**、引き上げは**一種のヂェスチャー**であり、夫婦塚一括遺物を引渡さなくとも、先方は諒解するであろうとの見通しを述べて針谷代表に再開を要請した。再開後は、再び李・黄両氏との品目交渉がつづけられ、最後に松下が**夫婦塚は引渡さない**旨念をおして、李・黄両氏と握手したのは翌一八日の早朝であった。

ふりかえってみて、一九五八年四月に日本側から梁山夫婦塚一括遺物四八九点のリストが韓国側に渡されていたことは、たとえその段階において必ずしもそれが引渡しをコミットした意味ではなかったとしても、**最終的にこれを拒否した**ことは**交渉の終結時において韓国側を刺激したことは無理からぬ**ことである。

八　文化財協定合意議事録にある「勧奨」とは？

一九六五年六月二二日、日韓基本条約、請求権、法的地位等諸協約（正式名称は長いので省略する）が結ばれた。その中で文化財協定には請求権協定にある「完全かつ最終的に解決」などの表現は見当たらず、代わりに合意議事録が付けられた。その全文を紹介する。

文化財及び文化協力に関する日本国と大韓民国との間の協定についての合意された議事録　（略称）合意議事録

韓国側代表は、日本国民の私有の韓国に由来する文化財が韓国側に寄贈されることになることを希望する旨を述べた。

日本側代表は、日本国民がその所有するこれらの文化財を自発的に韓国側に寄贈することは日韓両国間の文化協力の増進に寄与することにもなるので、政府としてはこれを勧奨するものであると述べた。

一九六五年六月二二日に東京で

E.S.（椎名悦三郎）　T.W.L.（李 東元）

しかしこの中にある「勧奨」という単語に初めて接した時、

とても居心地の悪い違和感を覚えた人は、多いのではないだろうか。最近では「肩叩き」を意味する「早期**勧奨**退職」と か、福島原発の積算放射線量が基準値を超す「特定避難**勧奨**地点」等の使われ方をしているが、どちらにせよ余り良い意味で使われていないようだ。だが当事者である外務省自身は、一九五三年六月一一日アジア二課作成の「貧困者たる在日韓人の引揚勧奨措置について」[32]で、「勧奨」という言葉を既に題目に使っていた。それも「貧乏な朝鮮人は早く出て行け」という内容なので、やはりそう品のある言葉ではなさそうだ。

当時、どのような経緯からこんな異様な言葉が出て来たのか、日韓会談の日本側内部文書が開示された中で色々と明らかになった。まず「この『勧奨』の語は今までの条約・協定に使われた例はない」[33]とまで、外務省の条約課長が言い切っているのだから、一般には耳馴染まないのが当然だったことが、初めて証明された。

「勧奨」が出て来た経緯等を含み、文化財保護委員会の反対で「日本国政府ができる限りあっせんを行なう」部分が削除される過程が、実に生々しいので以下、原文を示す。

⑺私有文化財の引渡しについての議事録[34]

韓国側代表は最後まで私有文化財の引渡しを強く主張し、私有文化財に対する韓国民の関心が強く、その引渡しについて何らふれることなく調印することは代表としてきわめて困難な立場に置かれることを述べ、その後、一八日に韓国側の次の案が提示された。

「文化財及び文化協力に関する大韓民国と日本国間の協定についての合意議事録（案）

大韓民国政府代表及び日本国政府代表は、本日署名された文化財及び文化協力に関する大韓民国と日本国間の協定に関して、つぎの了解に到達した。

日本国政府は日本国国民の私有の下にある韓国文化財が大韓民国側に寄贈されるように**積極的な指導を行ない**、特に次の文化財が優先的に含まれるようにする。」

これについてヒルトンホテルで討議を行ったが、韓国案は私有文化財の韓国への寄贈について日本政府の積極的な指導を強く要望している点が**日本側で納得できず**、一八日夜にそれを修正した次の日本案が提示された。

「文化財及び文化協力に関する大韓民国と日本国間の協定についての合意議事録（案）

大韓民国側代表は、日本国民の私有の韓国に由来する文化財が大韓民国側に寄贈される（よう**日本国政府ができる限りあっせん**を行なう）ことを希望する旨述べられた。

日本側代表は、これらの日本国民がその所有する文化財を自発的に韓国側に寄贈することは日韓両国間の文化協力の増進に寄与するもの（として**歓迎すべき**こと）であるので、政府としてはこれを勧奨するものであると述べた。

（注）（　）内は六月一九日に**文化財保護委員会側の意見により削除**」

この案をめぐる韓国側との折衝について松永条約課長は次のとおり述べている。（「日韓交渉の回顧」―条約課の立場から）

「文化財協定の合意議事録で、私有文化財を韓国に寄贈することは『政府としてはこれを勧奨するものである』ということになったが、この勧奨の語は今までの条約・協定に使われた例はない。その時の交渉のいきさつは、六月一八日夜ヒルトンホテルで、韓国側の方《パン》公使と金正泰《キムジョンテ》参事官のいるところで、私はこういう説明をした。『私有財産権は、戦時体制下にある韓国では日本の場合よりは制約があるにしても、日本の憲法の下においては、私有財産に対する権利は強く保護されており、侵害されない。……そのことを韓国側は認識しているか』といったら、『それはよく知っている』といった。『だから、ここでいっている「勧奨するものである」ということは、日本政府としては**「結構なことです」という立場をとるだけ**であって、**何らこれによって措置をとることはない**し、また**できもしない。**』と説明した。

韓国側は『それで結構なのです。韓国側も「韓国側に寄贈されることになることを希望する」といっているので、それを**是非してもらわなくてはいけないと要求しているわけではない**。日本側の説明は、法律的には、そのとおりだと思うし、ここは単に韓国側がそういう希望を表明し、日本側も「**そういうことになれば、それは結構なこと**です」ということでいい』といって、こういう文になった。」

一九日、針谷文化事業部長は宮地文化財保護委員会事務局長に電話をもって交渉した。その際、宮地代表は「勧奨」の字句を入れたことに反対したが、これについて針谷部長は、**これは外交辞句**（辞令の意？）**であり「結構である」の意味**であること、また「個人が自発的に行なうということではない」と説明し、若干の修正意見が付加されて了承を得た。宮地局長は二〇日に河原文化財保護委員会委員長に対し針谷部長からの上記申入れを説明したところ、河原委員長は「勧奨する」という字句に拘泥しつつも、「この議事録をつけなければまとまらないというのであれば、やむを得ないであろう」と述べた。

このようにして締結された文化財協定だったが、「勧奨」とはただ「結構なことです」という立場をとるだけであって、何らこれによって措置をとることはないし、またできもしない」し、「そういうことになれば、それは結構なことです」という意味に過ぎなかったことが、文書が公開されることで初めて明らかになった。

九　今後の見通しは――結びに代えて

「文化財」という概念の定義もなしに締結された一九六五年の協定に関しては、双方で正反対の意見が出たまま、宙ぶらりんの状態である。

日韓文化財協定が締結された当時、専門家でない門外漢の外務省担当者が進めた文化財問題小委員会等、対等な外交交渉でもなかった。また「合意議事録」にある「日本は日本国民の私有文化財を自発的に韓国に寄贈するということが、韓日両国間の文化協力の増進に寄与するようになるから、これを勧奨する」という文言には、何の強制力も、また後日、その実行を点検すべき義務すらなかった。

その後、世界的な基準となる一九七〇年のユネスコ条約に加入するまで日本は三三年間も要したし、一九九五年の「盗難及び不法輸出された文化財に関するユニドロワ協約」には日韓両国ともまだ加入していない。このように盗難文化財の返還、もしくは原産国へ移管、または永久貸与等の世界的潮流に日本は乗り遅れているし、韓国もこれまでの努力が決して充分ではない。

文化財に関して門外漢である外務省が「文化財協定」を主導する愚については前で触れたが、当時「文化財」とは何かという定義すらされなかった。これに関してはユネスコ条約第１条でハッキリと定義されており、これを受けて昨年交された韓米間の覚書でも第一条で定義されている。日本はユネスコ協約によって盗難美術品という証拠があれば、それを法的所有者に返還する義務が生じた。しかし遡及できる時効は三〇年に過ぎない。ユニドロワ協約でも五〇年である。

「請求権協定」で文化財問題まで、「完全かつ最終的に解決した」という日本側の拡大解釈は詭弁に過ぎない。それなら初めから「文化財協定」を締結する必要すらなかったことになる。在日の「法的地位協定」は最初から三世以降については二五年後に先送りされ、一九九一年一一月「特別永住」制度の新設で、六五年からの「協定永住」制度は消え去った。つまり協定が「永遠に有効」どころか、たった二五年で消滅したのである。「漁業協定」も一九九九年一月に新協定が発効した。

つまり六五年の協定は日韓が国交を結んだだけで、問題解決をほとんど棚上げにしたまま先送りしたのである。日本軍「慰安婦」問題、在韓（北朝鮮も）被爆者問題、サハリン残留韓国人問題、シベリア抑留者問題は会談でふれられることすらなかった。ＢＣ級戦犯問題は「別個の問題だから別途研究する」とされ、以後今まで放置されたままだ。

そもそも「基本関係条約」で一九一〇年の日韓併合、韓国から見たら半島全体に対する日本による植民地化が合法だったかどうかについて、「already null and void（もはや無効）」などという訳のわからない用語で誤魔化し、日韓双方が解釈を異にしたまま協定が結ばれ、その解決のための努力を五〇年間も怠って来たツケが今、噴出しているのである。新たな協定の締結に対する提言は、今後よく検討されるべきであろう。

文化財返還問題は二国が衝突する紛争の原因ではなく、友好親善の潤滑油に変えて行く発想の転換が必要であろう。偏狭な国粋主義に振り回されず、人類共通の財産という認識が重要だ。東北アジアと世界の平和のために。

【注】

（1）日韓会談日本側文書番号一九一五「日韓国交正常化交渉の記録総説三」一五六頁（表記上は三―一五五頁）。

（2）日本側文書番号一七四「日韓交渉報告」（請求権部会第二回会議状況）全四二頁、韓国側文書番号九七「第三次韓日会談：請求権委員会会議録、第一―二次」全八二頁及び韓国側文書番号九五「第三次韓日会談：本会議会議録及び第一―三次韓日会談決裂経緯、」全四〇頁。

（3）日本側文書番号一九一五、一七九～一八〇頁（表記上は三―一七八～一七九頁）。

（4）参議院会議録情報 第一六回国会 水産委員会 第一〇号 http://kokkai.ndl.go.jp/SENTAKU/sangiin/016/0796/01610270796010a.html

（5）日本側文書番号六四〇「日韓会談のいきさつ 外務省情報文化局世界の動き特集号六」一五～一六頁（表記上は二七～二八頁）。

（6）日本側文書番号六四〇、一六～一七頁（表記上は二八、三〇頁）。

（7）日本側文書番号一九一五、二一八頁（表記上は三―二一七頁）。

（8）日本側文書番号六四〇、二頁と四頁（表記上は一、四頁）。

（9）太田修『日韓交渉　請求権問題の研究』二〇一五年、クレイン社、一一一頁。

（10）日本側文書番号一九一五、二一九～二二〇頁（表記上は三―二一八～二一九頁）。

（11）日本側文書番号一〇五四「日韓会談無期休会案（私案）」

一～四頁。
(12)日本側文書番号一〇五四、一三～一七、二〇頁。
(13)日本側文書番号一〇五五「日韓会談継続の可否について(案)」二～七頁。
(14)日本側文書番号一〇五四、二一～二五頁。
(15)日本側文書番号一九一五、二二三～二二四頁(表記上は三一二二～二二三頁)。
(16)日本側文書番号一〇六二「日韓会談決裂善後対策」、一～二〇全頁。
(17)韓国側文書番号九七、二〇～二四頁。
(18)韓国側文書番号八七「第一次韓日会談請求権関係資料」二五八頁、韓国側文書番号九二「第二次韓日会談：請求権委員会会議録、第一―三次」四～五頁。
(19)韓国側文書番号八七、一六四～一六五頁。
(20)一九五八年四月二四日「東京新聞」、五月一日「毎日新聞」。
(21)韓国側文書番号一〇二「第四次韓日会談文化財小委員会会議録及び文化財返還交渉、一九五八」、一九四、一九六頁。
(22)日本側文書番号五九八、一四～一七頁　韓国雑誌「新世界」一九六三年二月号を外務省で翻訳したもの。
(23)日本側文書番号四五八「文化財会合記録(引渡し品目)」一九、二一頁。
(24)日本側文書番号五九一「韓国文化財の現状等に関する調書」一～一五頁。
(25)日本側文書番号一三一六「日韓国交正常化交渉の記録総説十三」二七九頁(表記上は一三―五五二頁)。
(26)日本側文書番号五八二「日韓文化財問題についての問題点」一〇頁、若しくは文書番号一三一六の二九四～二九六頁(表記上は五六七～五六九頁)。
(27)日本側文書番号五八一「文化財小委員会に関する打合せ」一〇頁、若しくは文書番号一三一六の三〇〇～三〇一頁(表記上は五七三～五七四頁)。
(28)日本側文書番号五八一、一六～一八、二二～二四頁(表記上は二～四、八～一〇頁)。
(29)日本側文書番号一三一六、三一四頁(表記上は五八七頁)。
(30)日本側文書番号一三一六、三二四頁(表記上は五九七頁)。
(31)日本側文書番号一三一六、三二八～三三〇頁(表記上は六〇〇～六〇二頁)。
(32)日本側文書番号八五七のタイトル。
(33)日本側文書番号一三一六、三五〇頁(表記上は六二二頁)。
(34)日本側文書番号一三一六、三四六～三五三頁(表記上は六一八～六二五頁)。

第Ⅱ部　請求権協定・その論点

日韓会談に反対する韓国の学生デモ（出典：1964 年 3 月 26 日　京郷新聞）

第3章　韓日過去清算、まだ終わっていない
―「請求権協定」を中心に[1]

金　昌禄

一　はじめに

韓日国交正常化五〇周年である二〇一五年も残り少なくなかった一二月二八日、韓日両国政府は外相「合意」を発表し、日本軍「慰安婦」問題が「最終的かつ不可逆的に解決される」と宣言した。それに対して、韓国の被害者たちからは直ちに「拒否する」という怒声が上がり、市民団体は「無効化」のための行動に突入した。国交「正常化」五〇周年に勃発したこの「非正常」な事態こそ、韓日過去清算という大きな課題の底には根源的・歴史的な葛藤の壁が立ちはだかっていることの証である。

その葛藤の中心に位置しているものは、一九六五年に作られた韓日関係の法的枠組みである「一九六五年体制」、その二つの柱である「日本国と大韓民国との間の基本関係に関する条約」（以下「基本条約」）と「財産及び請求権に関する問題の解決並びに経済協力に関する日本国と大韓民国との間の協定」（以下「請求権協定」）、中でも特に後者をめぐる対立である。

「請求権協定」はなんだったのか。「請求権協定」をめぐって去る五〇年間何があったのか。そして今何が求められているのか。ここでは、これらの質問に対する答えを探ってみることにしたい。

二　一九六五年の「合意」

「請求権協定」の内容

韓日両国は、一九五一年一〇月の予備会談からはじめ一四年近い長い会談を続けた結果[2]、一九六五年六月二二日に「請

求権協定」を締結した。その主な内容は次のとおりである。

まず前文では、「日本国及び大韓民国は、両国及びその国民の財産並びに両国及びその国民の間の請求権に関する問題を解決することを希望し、両国間の経済協力を増進することを希望して、次のとおり協定した」と規定された。第一条では、日本が韓国に三億ドルの価値を有する「日本国の生産物および日本人の役務」（以下、「協定資金」）を無償で供与すると規定され、第二条では、「請求権に関する問題が、……完全かつ最終的に解決されたこととなることを確認する」、請求権に関しては「いかなる主張もすることができないものとする」と規定された。

また、「請求権協定」の「合意議事録（一）」では、「請求権協定」第二条にいう「完全かつ最終的に解決されたこととなる両国及びその国民の財産、権利及び利益並びに両国及びその国民の間の請求権に関する問題には、日韓会談において韓国側から提出された「韓国の対日請求要綱」（いわゆる八項目）の範囲に属するすべての請求が含まれており、したがつて、同対日請求要綱に関しては、いかなる主張もなしえないこととなることが確認された」と規定された。そして、その「韓国の対日請求要綱[3]」には、「朝鮮銀行を通じて搬出された地金および地銀」、韓国人の「貯金」・「保険」、「日本国債、公債、日本銀行券、被徴用韓国人の未収金、保証金およびその他の請求権」などが規定されていた。

すれ違い

ところで、「請求権協定」をめぐっては、その第一条の協定資金と第二条の請求権問題解決との関係について、韓日両国政府は出発線上から相異なる主張を提示した。つまり、韓国政府は、第一条の協定資金は「請求権問題を解決し経済協力を増進するための目的で[4]」提供したもの、すなわち第二条の請求権問題の解決と関係のあるものであると主張したのに対して、日本政府は、「経済協力の増進と請求権問題の解決は、同一の協定の内容となっているが、……両者の間にはなんら法律的な相互関係は存在しない[5]」のであり、協定資金はただ「新しい国の出発を祝う[6]」気持ちで、つまり「独立祝賀金」として与えるものであると主張して、互いに対立した。

要するに、韓国政府は問題解決の対価をもらったと主張したのに対して、日本政府は対価を与えたことはないと主張したのであるが、これは通常の債権・債務関係では考えにくい異例のことであった。その背景には、韓国政府としては問題の解決に合意する代わりに対価をもらったと主張する必要があったのに対して、日本政府としては何か対価を与えるべき問題はそもそもなかったと主張する必要があった、というそれぞれの国内的な事情があった。

　ところで、この事情は「基本条約」第二条をめぐる対立と関係がある。韓日両国は「基本条約」第二条を通じて、「一九一〇年八月二二日以前に大日本帝国と大韓帝国との間で締結されたすべての条約及び協定は、もはや無効（already null and void、이미 무효）であることが確認される」と合意した。ところが、法的には「最初から効力がない」ことを意味する「null and void」のまえに、意図的に「already」という曖昧な表現を付け加えておいた[7]この「合意」について、韓国政府は、韓国皇帝が日本国皇帝に韓国に関する統治権を譲与することを内容とする一九一〇年のいわゆる「併合条約」が、「過去日本の侵略主義の所産[8]」であるので「当初から」「遡及して無効[9]」であると主張したのに対して、日本政府は、「併合条約」は「対等の立場で、また自由意志で[10]」締結されたものなのでもともとは有効であったが、「韓国の独立が行われた時期、すなわち、一九四八年八月一五日に失効した[11]」と主張した。一九一〇年から一九四五年までの日本による韓半島支配は、韓国政府の主張によれば「不法強占」になり、日本政府の主張によれば「合法支配」になる。韓国側としては何かもらうべきであるということになり、日本側としては何も与えるべきではないということになるのである[12]。

　しかしながら、そのような背景はともかく、ひとつの協定に対してそれを締結した両国政府が相異なる主張を提示したということは、「請求権協定」が出発線上から不十分・不安定なものであったことを意味するのにほかならない。

一致

　一方、一九六五年当時、韓日両国政府は、「請求権協定」によって解決された請求権が何かについては同じ主張を提示した。韓国政府は、「我々が日本国に要求する請求権を国際法に照らしてみれば、領土の分離・分割に伴う財政上および民事上の請求権の解決の問題」であり、「植民地的統治の対価」は対象ではないと主張し[13]、日本政府も、「サン・フランシスコ平和条約第二条(a)[14]に定めるわが国による朝鮮の分離独立の承認により、日韓両国間において処理を要することとなった両国および両国民の財産、権利および利益ならびに請求権に関する問題」が解決された[15]と主張した。要するに、「請求権協定」は「領土の分離」によって発生した請求権の問題を解決するためのものであるという点に両国政府の間に意見の一致があったのである。

　ところで、ここでの「領土の分離」は、分離される前の領土の「不法性」、つまり日本による韓半島支配の「不法性」を前提とするものではない。実際に、「請求権協定」によって解決された韓半島人民の「貯金」・「保険」などに対する請求権は、その「貯金」・「保険」などが「合法的」なものであったことを前提とする。「被徴用韓国人の未収金」も、「国家総動員法」(一九三八年法律第五五号)や「国民徴用令」(一九三九年勅令第四五一号)に基づく「合法的」なものである。それだけでなく、韓日両国が韓日会談の出発点とした「日本国との平和条約」(「サンフランシスコ講和条約」)が「植民地支配責任」をまったく問題視しなかったことや、韓日会談の過程で日本政府が「植民地支配責任」を否定しながら絶えず[16]「法的な根拠」を求めたことも、「請求権協定」の解決の対象に領土の「不法性」を前提とする「植民地支配責任」は含まれていなかったことを裏付ける。

要するに、「請求権協定」については、たとえ韓日両国政府の間に上述のようなすれ違いはあったが、「植民地支配責任」がその対象ではなかったということには合意が存在したのである。

ちなみに、このような理解によれば、「基本条約」第二条との関連では「不法強占」を主張した韓国政府が「請求権協定」との関連では「合法支配」を前提としたということになるが、これはどういうことなのか。それは、韓国政府が、「名目」に関する「基本条約」については「不法強占」を主張しえたが、「実利」に関する「請求権協定」については、その名目を貫けられる力がなかったためであろう。また、「請求権協定」に関しては韓国政府が「合法支配」を前提としたので「不法性」の問題を気にする必要がなかった日本政府が、それにもかかわらずその第一条と第二条の関係を極力否定したのはなぜだろうか。それは、「日本国との平和条約」によって在韓米軍政庁による日本人の在韓財産の没収措置を承認した日本政府[17]としては、「合法的」なものであっても、韓国人の請求権に対して何か対価を与えたということになると、日本国民から日本政府が放棄した自分の請求権の対価を求められたときその請求を拒否できなくなるという事情が作用したためであろう。

三　五〇年間の「変化」

韓国からの「変化」

冷戦の終わった後である二〇〇五年になって、韓国政府は「請求権協定」について注目すべき解釈を提示した。それは、日本国と日本企業を相手に日本・アメリカ・韓国で訴訟[18]を続けてきた韓国人被害者たちの要求に応じて、韓国政府が二〇〇五年八月二六日に韓日会談関連文書を全面公開しながら発表した、大統領所属の「韓日会談文書公開後続対策関連民官共同委員会」の「決定[19]」である。

その「決定」では、まず、「請求権協定の法的効力の範囲」

について、「韓日請求権協定は、基本的に日本の植民支配賠償を請求するためのものではなく、サンフランシスコ条約第四条[20]に基づいて韓日両国間の財政的・民事的な債権・債務関係を解決するためのものであった」とされたうえ、「日本軍「慰安婦」問題など、日本政府・軍などの国家権力が関与した反人道的不法行為に対しては請求権協定によって解決されたと見ることはできず、日本政府の法的責任が残っている」と明示された。これは、韓国政府が、「請求権協定」の対象についての一九六五年の主張を再確認したうえ、その延長線上で解決されなかった請求権を明確にしたことである。

ところが、同じ「決定」では、「韓日協定の協商当時、韓国政府が日本政府に対して要求した強制動員被害補償の性格、無償資金の性格」については、「韓日協商当時、韓国政府は日本政府が強制動員の法的賠償・補償を認めなかったので、「苦痛を受けた歴史的被害事実」に基づいて政治的次元で補償を要求し、そのような要求が両国間の無償資金算定に反映されたと見るべきである」、「無償三億ドルには……強制動員被害補償問題解決の性格の資金などが包括的に勘案されていたと見るべきである」とも記されていた。「政治的次元」と断ってあえて「法的」な判断は留保してはいるが、「決定」のこの部分は法的には正しくない。「請求権協定」によって解決されたのは「不法的」な「強制動員」ではなく、「合法的」な「徴用」であったからである。

この点を正したのが二〇一二年五月二四日の韓国大法院の判決である。韓国大法院は、強制動員被害者たちが三菱重工業や新日本製鉄を相手に提起した訴訟の上告審判決[21]で、まず、「日帝強占期の日本の韓半島支配は規範的な観点から見て不法的な強占に過ぎず、日本の不法的な支配による法律関係の中、大韓民国の憲法精神と両立できないものはその効力が排除される」ので、「国家総動員法」や「国民徴用令」の効力は認めることができず、したがって原告たちの被害は不法的な「強制動員」によるものであると宣言した。それから、「請求権協定は日本の植民支配賠償を請求するための協商ではなく、サンフランシスコ条約第四条にもとづいて韓日両国間の財政的・民事的な債権・債務関係を政治的な合意によって解決するためのもの」であって、「日本の国家権力が関与した反人道的不法行為や植民支配に直結した不法行為による損害賠償請求権が請求権協定の適用対象に含まれていたと見ることは難しい」ので、強制動員に基づく「損害賠償請求権については、請求権協定によって個人の請求権が消滅しなかったことはもちろん、大韓民国の外交的保護権も放棄されなかったと見ることが相当である」と宣言した。これは、「請求権協定」の対象についての韓国政府の主張を再確認したうえ、一歩進んで「日本の国家権力が関与した反人道的不法行為」

だけでなく、「強制動員」を含めた「植民支配に直結した不法行為による損害賠償請求権」も「請求権協定」によって解決されなかったと宣言したものである。

このような大法院の判決は「請求権協定」に対する条約解釈によって裏付けられる。「請求権協定」には、確かに請求権に関する問題が「完全かつ最終的に解決された」と規定されているが、その解決された請求権の原因については何も規定されていない。これは、たとえば「日本国との平和条約」がその前文で「両者の間の戦争状態の存在の結果として今なお未決である問題を解決する」と明記して解決の対象を明確にしていたこと、また日本が敗戦後ほかの諸国家と締結した諸両者条約においても「戦争状態の存在の結果として生じた諸問題の解決」というふうに解決の対象が明記されていたことと鮮やかに対比される、非常に異例なことである。その結果、「条約法に関するウィーン条約」第三一条の「解釈に関する一般的な規則」のうち「用語の通常の意味」によっては、「請求権協定」によって解決された請求権がいったい何かが特定できない。しかし、上述のように、一九六五年当時韓日両国政府は、「請求権協定」によって解決された請求権は「領土の分離」によって生じたものであるという一致した主張を提示し、分離される前の領土の不法性を前提とする「植民地支配責任」の問題は「請求権協定」によって解決されなかったという点に意見の一致を見た。これは、「条約法に関するウィーン条約」第三一条のもうひとつの「解釈に関する一般的な規則」である「条約の適用につき後に生じた慣行であって、条約の解釈についての当事国の合意を確立するもの」に当たる。したがって、大法院判決は条約の解釈に関する国際法の基準に基づいたものなのである。そして、これは、韓国で条約に対する最終的な解釈権を持つ大法院の判決であるだけに、韓国のすべての国家機関を拘束するものにほかならない。

要するに、韓国では、冷戦の終わった二〇〇〇年代以後、「請求権協定」は「領土の分離」に伴う請求権問題を解決したものであるという一九六五年の韓国政府の主張が再確認されたうえ、その延長線上で、強制動員を含めた「日本の国家権力が関与した反人道的不法行為や植民支配に直結した不法行為による損害賠償請求権」は「請求権協定」によって解決されなかった、という条約解釈が国家的な次元で確立したのである。

日本からの「変化」

日本からの「変化」として注目されるのは、日本政府が一九六五年には否定した「植民地支配責任」を認めるようになったということである。

去る五〇年間、日本政府は内閣の首脳である総理の演説・談話および総理の韓国・北朝鮮の首脳との共同宣言を通じて「植民地支配責任」を再三認めてきている。一九九三年八月二三日には、細川護熙総理が国会の所信表明演説で、「過去の我が国の侵略行為や植民地支配などが多くの人々に耐えがたい苦しみと悲しみをもたらしたことに改めて深い反省とおわびの気持ちを申し」述べた[22]。一九九五年八月一五日には、村山富市総理が談話を発表して、「植民地支配」によって「多大の損害と苦痛を与え」たという「歴史の事実を謙虚に受け止め」、「痛切な反省の意を表し、心からのお詫びの気持ちを表明」した[23]。一九九八年一〇月八日の金大中大統領・小渕恵三総理の「日韓共同宣言」[24]と二〇〇二年九月一七日の金正日国防委員長・小泉純一郎総理の「日朝平壌宣言」[25]では、「韓国国民」と「朝鮮の人々」を特定して、「植民地支配により多大の損害と苦痛を与えたという歴史的事実を謙虚に受けとめ、痛切な反省と心からのお詫びを表明」した。このような流れは、在任中靖国神社参拝を続け韓半島や中国から批判された小泉純一郎総理が、「戦後六〇年」を迎えて二〇〇五年八月一五日に発表した談話[26]でも引き継がれた。また、いわゆる「併合条約」締結一〇〇年にあたる二〇一〇年八月一〇日には、菅直人総理が談話を発表して、「植民地支配がもたらした多大の損害と苦痛に対し……改めて痛切な反省と心からのお詫びの気持ちを表明」しながら、特に「三・一独立運動などの激しい抵抗にも示されたとおり、政治的・軍事的背景の下、当時の韓国の人々は、その意に反して行われた植民地支配によって、国と文化を奪われ、民族の誇りを深く傷付けられ」たと述べて[27]、植民地支配の「強制性」に言及した。このように、冷戦が終わって新たな世界秩序が作られる変換期の二〇年間、日本政府は韓半島に対する「植民地支配」により「多大の損害と苦痛を与えたという歴史的事実を謙虚に受けとめ、痛切な反省と心からのお詫びを表明」するという宣言を続けてきたのである。

それでは、その植民地支配に対する責任はどうなるのか。日本政府が、「請求権協定」は「領土の分離」に基づいた請求権問題を解決したものである、つまり「植民地支配責任」まで解決したものではない、という一九六五年の主張そのものを変えた痕跡は見つからない。にもかかわらず、日本政府は「植民地支配責任」を認めた一九九〇年代以後、「法的には、請求権協定によってすべて解決済み」という主張を繰り返している。もちろん、「法的」には「植民地支配責任」を認めない日本政府が、「植民地支配責任」の問題が「請求権協定」によって解決されたと直接表明したことはない。しかしながら、日本政府は、「植民地支配責任」問題の重要な部分である日本軍「慰安婦」問題や「強制動員」（強制連行と強制労働）問題などが韓日間に論難されるたびに、「すべて解決済み」と繰り返している。これは何を意味するのか。

まず、日本軍「慰安婦」問題については、日本政府は、たとえば一九九九年一一月一一日の参議院総務委員会での青木幹雄内閣官房長官の発言を通じて、「いわゆる従軍慰安婦の問題を含めてさきの大戦による賠償並びに財産及び請求権の問題」は「サンフランシスコ平和条約、二国間の平和条約及びその他関連する条約等に従って……これらの条約等の当事国の間においては法的にはすべて解決済みであるという基本線に立って[28]」いると主張している。ところが、日本政府が日本軍「慰安婦」問題をはじめて公式的に認めたのは一九九一年のことである。つまり、一九八〇年代末から日本軍「慰安婦」問題が本格的に提起された後、日本政府は「民間の業者がそうした方々を軍とともに連れて歩いているとか、そういうふうな状況のよう[29]」であると言い張って日本軍や日本政府の関与を否定してきたが、一九九一年一月一一日に「朝日新聞」に証拠資料が公開されるや、一月一三日の加藤紘一官房長官の定例記者会見を通じてはじめて、「軍の関与は否定できない」と認め、「いわゆる従軍慰安婦として筆舌に尽くし難い辛苦をなめられた方々に対し、衷心よりお詫びと反省の気持ち」を述べた[30]。要するに、日本政府としては一九九一年までは日本軍「慰安婦」問題は存在しなかったわけである。それなのに、一九六五年の「請求権協定」によって「慰安婦問題を含めて……すべて解決済み」と主張する。果たして「一九九一年まで存在しなかった問題が一九六五年に解決された」ということが論理的に成立できる命題なのか。

次に、「強制動員」問題の場合はもっと複雑である。二〇〇九年から日本政府は「明治日本の産業革命遺産」のユネスコ世界遺産登録を推進したが、韓国政府がその二三箇所の遺産の中で端島などの七箇所へ朝鮮人が大規模に強制動員されたことに対して異議を申し立て交渉が行われた結果、二〇一五年七月五日にドイツのボンで開催された第三九回ユネスコ世界遺産委員会は、「there were a large number of Koreans and others who were brought against their will and forced to work under harsh conditions」という表現を含めた日本代表の発表に「注目する」という脚注を付けて決定文を採択した。これについて、韓国の外交部は「韓国人たちが本人の意思に反して動員され過酷な条件の下で強制的に労役されたという厳然たる歴史的事実を日本にして事実上はじめて言及させたこと」を「成果」として挙げ[31]、尹炳世外交部長官は「正本は英文本」であり「英文本に充実であれば、……明若観火（火を観るより明らか）なのでいかなる論難の余地もない[32]」と述べた。しかしながら、それに反して、日本の外務省は該当部分を「その意思に反して連れて来られ、厳しい環境の下で働かされた多くの朝鮮半島出身者等がいた」と翻訳し、「「意思に反して連れて来られ（brought against their will）」と「働かされた（forced to work）」との点は、朝鮮半島出身者については当時、朝鮮半島に適用された国民徴用令に基づき徴用が行われ、その政策の性質上、対象者の意思に反し徴用されたこともあったという意味」であって、「違法な「強制労働」があったと認めるものではない」と発表し[33]、岸田文雄外務大臣も「「forced to work」との表現等は、「強制労働」を意味するもの」ではなく、「一九六五年の韓国との国交正常化の際に締結された日韓請求権・経済協力協定により、いわゆる朝鮮半島出身者の徴用の問題を含め、日韓間の財産・請求権の問題は完全かつ最終的に解決済みであるという立場に変わり」はないと発表した[34]。これは、もともと韓国政府が「forced labor」という表現を求めたのに対して、日本政府が同意せず、交渉の結果、一応「forced to work」に決着させておいて、韓国政府は日本政府が「強制動員」を認めたと主張し、日本政府は決して「強制動員」を認めたことはないと主張することに、両国政府が「談合」した結果であろう。これは、一九六五年に「基本条約」を締結するとき、「正本である英文本」に「already」という曖昧な表現を入れておいて、それぞれ自分に有利な主張をしたことの「二〇一五年版」ともいえよう。

それはともかく、日本政府は二〇一五年になって韓半島人民の徴用に関連してはじめて「against their will」と「forced to work」を認めた。もちろん、日本政府は、上述のように、それは「朝鮮半島に適用された国民徴用令に基づき徴用が行われ、その政策の性質上、対象者の意思に反し徴用されたこともあったという意味」であって、違法な「強制労働」があったと認めるものではない」と主張する。それから、「強制労働に関する条約」第二条第二項により「戦時中の徴用」は強制動員ではないので、韓半島人民の徴用は「国際条約上、強制労働に当たるものではない[35]」という説明を付け加えている。実際、「強制労働に関する条約」では「戦争の場合」に「強要される労務」は強制労働に包含されないと規定されているので、議論の余地がないわけではないが、韓半島人民の徴用は「強制労働に関する条約」の「強制労働」ではない、つまり条約違反ではない、と主張することができないわけではない。

しかしながら、「条約違反ではない」ということが必ずしも「合法である」ということを意味するわけではない。日本政府が「国民徴用令」という法的な根拠を持ち出したのはそのためであろう。ところが、「合法」は「against their will」や「forced」とは似合わない。もちろん、法も「力（force）」

の一種である。しかし、法は他の「力」とは違って「正当性」を持つ。法が強盗の威力と区別されるのはそのためである。「正当性をもつ力」である法は、「意思に反する服従」ではなく「従うべしという義務」を生じさせる。したがって、法に従うことは「意思に反して（against their will）強制される（forced）」ことではなく「義務を果たすこと」なのである。それは、「意思に反して徴用されたことも」あり、そうでなかったこともあった、という「事実」の問題ではない。「義務」によるものだったのかどうかという「規範」の問題なのである。「国民徴用令」に基づく徴用が「合法」だったら、「against their will」や「forced」はありえない。「朝鮮半島出身者」の徴用の場合は、「against their will」や「forced」があったというなら、その徴用は「合法」であったとはいえない。一九六五年には認めなかった、この「against their will」や「forced」にかかわる問題はどうなるのか。

このように、日本政府の、「請求権協定」によって「領土の分離」に伴う問題が解決されたという一九六五年の主張と、一九九〇年代以後はじめて認めた「植民地支配」・日本軍「慰安婦」・「against their will」・「forced to work」との間には、「法論理的なギャップ」がある。それは、無理に無理を積み重ねながら「『請求権協定』によってすべて解決済み」と主張する企てによって埋められるものではない。その企ては、冷戦の産物である「請求権協定」と冷戦後の歴史の進展を無理やりつなげようとする、「木に竹を接ぐ」ものでしかないのである。

四 「安倍談話」という退行

二〇一五年八月一四日に発表された「安倍談話」[36]は、まさにそのような「日本のギャップ」を退行的に埋めようとする企てにほかならない。

退行的な歴史観を示し続けてきた安倍晋三総理の「戦後七〇年談話」については、早くからそこで歴代総理の談話に登場する四つのキーワード、つまり「植民地支配」、「侵略」、「反省」および「お詫び」が登場するのかどうか、その趣旨が「継承」されるのかどうかが注目されてきた。韓半島との関係では、韓半島に対する「植民地支配」が「反省」と「お詫び」に直接つながるのかどうか、歴代総理の談話を踏まえたうえ、少しでも前進を見せるのかどうかが注目点であった。二〇一五年七月二九日に、韓国と日本、それから世界の知識人たちが共同声明[37]を発表して、「安倍談話」は「日本政府の歴史問題談話を継承・確認するところから出発し、一歩なりとも進めるものでなければならない」と宣言したのはそのためである。

しかしながら、「安倍談話」には、「植民地支配」、「侵略」、「反省」および「お詫び」の四つのキーワードがすべて入ってはいたが、「前進」はもとより「継承」もなかった。それは、多岐にわたる事実や論点を脈絡はずれに列挙し、また論点をごまかす情緒的な表現を多用した玉虫色のものであったが、その基調は明確であった。それは、韓半島に対する「蔑視」である。

まず、「植民地支配」は、「植民地支配から永遠に訣別し、すべての民族の自決の権利が尊重される世界にしなければならない」、という部分に入っているが、それは主体も客体もない、第三者的な一般論に過ぎない。逆に、「日露戦争は、植民地支配のもとにあった、多くのアジアやアフリカの人々を勇気づけました」とあえて言及して、韓半島支配の正当性を挑発的に主張している。日本の挑発によって韓半島で展開された「日露戦争」が日本による韓半島植民地化の重要な一段階であったことは確定している歴史の事実である。

次に、「反省」と「お詫び」と「継承」は、「我が国は、先の大戦における行いについて、繰り返し、痛切な反省と心からのお詫びの気持ちを表明してきました。その思いを実際の行動で示すため、インドネシア、フィリピンはじめ東南アジアの国々、台湾、韓国、中国など、隣人であるアジアの人々が歩んできた苦難の歴史を胸に刻み、戦後一貫して、その平和と繁栄のために力を尽くしてきました。こうした歴代内閣の立場は、今後も、揺るぎないものであります」、という部分で言及されている。読んでみればわかるように、「痛切な反省と心からのお詫びの気持ち」の対象は「先の大戦における行い」である。ここでただ一回「韓国」が言及されているが、それは「戦後一貫して、その平和と繁栄のために力を尽くしてき」た対象としてである。「今後も、揺るぎないもの」といった「歴代内閣の立場」とは、「先の大戦における行いについて」の「痛切な反省と心からのお詫びの気持ち」とアジアのために「戦後一貫して、その平和と繁栄のために力を尽くしてき」た日本の「功績」である。

また、「日本軍「慰安婦」に対する言及」として「評価」されてもいる[38]。「戦場の陰には、深く名誉と尊厳を傷つけられた女性たちがいた」、「二〇世紀において、戦時下、多くの女性たちの尊厳や名誉が深く傷つけられた過去を、この胸に刻み続けます」、という部分においても、「日本軍」も「慰安婦」も「反省」も「お詫び」もない。

一方、韓半島に対するこのような取扱いとは対照的に、「敵」に対する「深い悔悟の念」と「心からの感謝の気持ち」は切実である。七〇年前日本は「敗戦」したといい、戦争による「国内外に斃れたすべての人々の命の前に、深く頭を垂れ、痛惜の念を表すとともに、永劫の、哀悼の誠を捧げ」、「戦争の苦痛を嘗め尽くした中国人の皆さんや、日本軍によって耐え難い苦痛を受けた元捕虜の皆さん」に対しては「断腸の念を禁じ得」ないといい、かれらの「寛容の心によって、日本は、戦後、国際社会に復帰」したことに対して「心からの感謝の気持ちを表し」ている。また、これらの文章では、「我が国」、「私たち」という明確な主語が登場する。

弱い「植民地」に対しては「蔑視」、強い「敵」に対しては「深い悔悟」と「心からの感謝」。この鮮やかな対比は「力」への信奉の生々しい露出であるとしかいいようがない。「安倍談話」には、特別に、「あの戦争には何ら関わりのない、私たちの子や孫、そしてその先の世代の子どもたちに、謝罪を続ける宿命を背負わせてはなりません」、という部分が入っている。日本の次世代は「安倍談話」からどういう「過去の歴史」を学ぶのだろうか。果たして、「安倍談話」に学んだ日本の次世代は、韓国の次世代と真の友好関係を作り上げ、真の友達になれるのだろうか。

五　日本軍「慰安婦」問題に対する韓日外相「合意」

それでは、韓日国交正常化五〇周年の最後を飾った、日本軍「慰安婦」問題に対する二〇一五年一二月二八日の韓日外相「合意」(以下「合意」)とはいったい何なのか。

その日、韓日外相は共同記者会見を開き「合意」を発表した。まず、岸田文雄外務大臣は日本政府を代表して、慰安婦問題を「当時の軍の関与の下に、多数の女性の名誉と尊厳を深く傷つけた問題」と位置づけた後、「かかる観点から、日本政府は責任を痛感している。安倍内閣総理大臣は、日本国の内閣総理大臣として改めて、慰安婦として数多の苦痛を経験され、心身にわたり癒しがたい傷を負われた全ての方々に対し、心からおわびと反省の気持ちを表明する」と述べた。そして、「韓国政府が、元慰安婦の方々の支援を目的とした財団を設立し、これに日本政府の予算で資金を一括で拠出し、日韓両政府が協力し、全ての元慰安婦の方々の名誉と尊厳の回復、心の傷の癒やしのための事業を行う」こととし、そのような「措置を着実に実施するとの前提で、今回の発表により、この問題が最終的かつ不可逆的に解決されることを確認する。あわせて、日本政府は、韓国政府と共に、今後、国連等国際社会において、本問題について互いに非難・批判することは控える」と述べた。それに続いて、尹炳世外交部長官は韓国政府を代表して、「最終的かつ不可逆的に解決される」ことや「今後、国連等国際社会において、本問題について互いに非難・批判することは控える」ことを再確認した上、「日本政府が在韓国日本大使館前の少女像に対し、公館の安寧・威厳の維持の観点から懸念していることを認知し、韓国政府としても、可能な対応方向について関連団体との協議を行う等を通じて、適切に解決されるよう努力する」と述べた[39]。

正式の文書もないまま共同記者会見という異例な形で発表されたこの「合意」については、その法的な性格は何か、どれほどの拘束力を持つのか、なぜ韓国政府が財団を作るのか、「不可逆的に解決される」とは具体的に何を意味するのか、少女像に関する言及はなぜ入ったのか、等々数多くの疑問がわきおこる。ところが、この論文の文脈で何よりも重要なことは「合意」と「請求権協定」との関係である。

実は、「合意」の出発点は二〇一一年八月三〇日の韓国憲法裁判所の決定[40]であった。その日、憲法裁判所は、日本軍「慰安婦」被害者たちが二〇〇六年に提起した憲法訴願に対して、「日本政府は「請求権協定」によって日本軍「慰安婦」被害者の日本に対する賠償請求権が消滅したという立場である反面、韓国政府は日本軍「慰安婦」被害者の賠償請求権は「請求権協定」に含まれていなかった結果、日本政府に法的責任が残っているという立場であるので、解釈上の紛争が存在しており、韓国政府はその解釈上の紛争を「請求権協定」第三条の紛争解決手続きによって解決すべき作為義務があるのにもかかわらずその解決に取り組んでいない結果、被害者たちの基本権を侵害していることは違憲である」と宣言した。

韓国政府は、この決定を受け入れて、同年九月一五日と一一月一五日に両者協議の開始を提案する口上書を日本政府に送付することによって「請求権協定」第三条第一項の「外交上の経路」を通じた解決のために取り組み始め、二〇一四年四月から局長級協議を重ねてきた。「合意」は二〇一五年一二月二七日に開かれた第一二回局長級協議までの協議の結果に基づいたものに他ならない。

それでは、「合意」によって「解釈上の紛争」は解決されたのか。「合意」の中の日本政府による事実と責任の認定の部分は、一九九五年に発足した「女性のためのアジア平和国民基金」が被害者たちに渡そうとした内閣総理大臣名義の「おわびの手紙」[41]の該当部分と正確に一致する。ただ一つ異なるのは、「おわびの手紙」の「道義的な責任」が「合意」では「責任」となっていることである。国民基金が失敗した主な理由は、「道義的な責任は取るが法的な責任は取れない」という曖昧性のため多くの被害者たちによって拒否されたことであるという点を考えれば、一応これは注目すべき差であるといえる。

　ところが、「合意」発表の直後、安倍総理は朴槿恵大統領との電話会談で、「慰安婦問題を含め、日韓間の財産・請求権の問題は一九六五年の日韓請求権・経済協力協定で最終的かつ完全に解決済みとの我が国の立場に変わりない」と述べた[42]。岸田外相も日本の記者たちに、「責任の問題を含め、日韓間の財産および請求権に関する日本政府の法的立場は従来と何ら変わりありません」、したがって日本政府の予算での資金の拠出は「賠償ではありません」と言い切った[43]。要するに、「法的には請求権協定によってすべて解決済み」という立場には変わりはない、したがって拠出金も「賠償金」ではない、というわけである。結局、「合意」の「責任」も「法的な責任」ではなく「道義的な責任」でしかないのである。

　それでは、韓国政府の立場はどうなったのか。一二月二七日の局長級協議が始まる直前に、尹長官は記者たちに、「請求権協定」についての「われわれの立場に変わりはなく、これからも変わりはない」と述べた[44]。また、外交部は、民主党の洪翼杓国会議員が二〇一六年一月八日に行った書面質疑に対して、「日本軍慰安婦被害者の問題は六五年請求権協定によって解決されなかったという我が政府の立場に変わりはない」と回答した。要するに、「日本軍「慰安婦」問題など、日本政府・軍などの国家権力が関与した反人道的不法行為に対しては請求権協定によって解決されたと見ることはできず、日本政府の法的責任が残っている」、という立場に変わりはないというわけである。

　このように、「合意」にもかかわらず、「解釈上の紛争」は解決されなかった。それなのに、韓国政府は「最終的かつ不可逆的に解決されることを確認」した。これは、韓国政府が「解釈上の紛争」の解決の放棄を宣言したのに相違ない。二〇一一年の憲法裁判所決定によって違憲と宣言された事態は、韓国政府の外交的な作為によって一応解消されていたが、「合意」をきっかけに、解釈上の紛争があるのにもかかわらず、韓国政府が「不作為」を宣言したことによって、復活したといえよう。言い換えれば、韓国政府は「合意」によって違憲状態に再進入したといえるのである。

　「合意」の「責任」は一九六五年「基本条約」の「already」の二〇一五年版である。一九六五年の「already」と同じく、二〇一五年の「責任」も日本による植民地支配責任を曖昧にするためのものである。韓国政府はそれを「韓日両国がそれぞれ自分に有利な方向に解釈できる」「創意的な解法[45]」と称えるが、果たしてそうなのか。

　日本軍「慰安婦」問題は、一九九一年に本格的に提起されてから、一九九三年の「河野談話」、一九九五年の「国民基金」、二〇一一年の憲法裁判所決定を経る間に、それ自身の歴史を持つようになった。その四半世紀に近い歴史の教訓は、「深刻な女性人権の侵害をもたらした反人道的な不法行為にかかわる日本軍「慰安婦」問題は曖昧な弥縫によっては解決できない」ということである。一九九五年にその曖昧性のために拒否され失敗に終わった方式を、その後二〇年間も老躯に鞭打って全世界を回りながら「真の解決」・「正義の解決」を訴えてきた被害者たちに、ほぼそのままの内容に「創意的な解法」という名ばかりつけて強いることは筋違いの暴力であり、大きな痛みをまたひとつ加えることでしかない。しかも、「合意」は、「河野談話」によって明確に認められていた「強制性」と「歴史研究、歴史教育を通じて、このような問題を永く記憶にとどめ、同じ過ちを決して繰り返さないという固い決意」[46]を完全に排除した「退行的な談合」であって、そもそも日本軍「慰安婦」問題の解決策になりえないものなのである。

「合意」は、一九九〇年代以来の日本における前進的な変化を退行させようとする安倍政府の企ての延長線上にあるものであり、二〇〇〇年代以来の韓国における進歩的な変化を守る能力のない朴槿恵政府の同調の産物である。アメリカの世界戦略に合致するこの政治的・外交的な談合は一応日本軍「慰安婦」問題に蓋をしたように見える。しかし、そもそも解決策でありえない「合意」によって日本軍「慰安婦」問題が解決できるはずがない。被害者たちが拒否し市民たちが糾弾している。今までなかった韓国社会内部の葛藤が深刻になりつつある。韓国政府が財団を設立できなければ、日本政府の一〇億円の拠出も「名誉と尊厳の回復、心の傷の癒やしのための事業」もできない。それらの措置が実施できなければ、最終的・不可逆的な解決や非難・批判の自制という合意も効力を持ち得ない。それで残るのは、「解釈上の紛争」と「問題の未解決」になるだろう。

六　おわりに
――問題は「植民地支配責任」である

冷戦の産物である「請求権協定」は不完全・不十分なものであった。冷戦体制の下で、「安保」と「経済」の旗を掲げ、「植民地支配責任」という韓日関係においてもっとも重要な過去に関する問題を棚上げにしたからである。それが、歴史的な事実であり法的な実体である。

冷戦の終わった後、韓国はその「解決されなかった植民地支配責任」の問題をはっきりさせてきた。日本も、「法的には解決済み」という留保を付けつつも、韓半島に対する「植民地支配責任」を認めてきた。それで、両国は、互いに歩み寄りながら、ともに新たな時代へ進めるための土台を作ってきた。ところが、「請求権協定」締結の「五〇周年」になる年に、韓日両国は、その五〇年間の歴史を棒に振る「安倍談話」と「外相合意」という企てに直面している。歴史は決して直線的な発展の過程ではないわけである。

一九六五年に作られた韓日関係の法的枠組みである「一九六五年体制」、そのひとつの柱である「請求権協定」の寿命は尽きた。それは、すでに韓日関係の法的基準として機能できていない。むしろ、韓日関係の障碍になっている。明確な「植民地支配の清算」を通じて韓日間の真の友好関係を築き上げることが求められる。もしかしたら、そのためには更なる五〇年が必要かもしれない。それでも、韓日両国の次世代のためにも、ともに歩んで行くしかないだろう。

【注】

(1) この論文は、筆者の「韓日請求権協定：解決されなかった「植民地支配責任」(『歴史評論』第七八八号、二〇一五年)を、二〇一六年一月の時点で修正・補充したものである。

(2) 韓日会談の経緯および結果に対する詳細な分析は、高崎宗司『検証日韓会談』(岩波書店、一九九六年)、李元徳『韓日 過去事 処理의 原点』(서울大学校出版部、一九九六年)、太田修『日韓交渉—請求権問題の研究』(クレイン、二〇〇三年)、吉澤文寿『戦後日韓関係—国交正常化交渉をめぐって』(クレイン、二〇〇五年)、李鍾元・木宮正史・浅野豊美編『歴史としての日韓国交正常化』Ⅰ・Ⅱ(法政大学出版局、二〇一一年)、吉澤文寿『日韓会談１９６５』(高文研、二〇一五年)参照。

(3) 大韓民国政府『韓日会談白書』(一九六五年)、四四—四六頁。

(4) 大韓民国政府上掲書、四九頁。

(5) 谷田正躬・辰巳信夫・武智敏夫編『日韓条約と国内法の解説』(『時の法令』別冊)(大蔵省印刷局、一九六六年)、六二頁。

(6) 一九六五年一一月一九日、日本参議院の本会議での椎名悦三郎外相の発言。『第五十回国会参議院会議録第八号』(一九六五年一一月一九日)、九頁。

(7) 「基本条約」は韓国語、日本語および英語で作成された。「基本条約」の末尾に、それらすべてが「ひとしく正本」であるとされていたが、同時に「解釈に相違がある場合には、英語の本文による」とされていたので、結局「英文本が正本」ということになる。

(8) 一九六五年八月八日、韓国国会の韓日間条約および諸協定批准同意案審査特別委員会での李東元外務部長官の発言。高麗大学校亜細亜問題研究所日本研究室編『韓日関係資料集〈第一輯〉』(高麗大学校出版部、一九七六年)、二五二頁。

（９）大韓民国政府前掲書、一九頁。
（10）一九六五年一一月五日、日本衆議院の日韓特別委員会での佐藤栄作総理の発言。『第五十回国会衆議院日本国と大韓民国との間の条約及び協定等に関する特別委員会議録第十号』（一九六五年一一月五日）、二頁。
（11）谷田正躬・辰巳信夫・武智敏夫編前掲書、一四頁。
（12）これについては、金昌禄「一九六五年『韓日条約』に対する法的再検討」（笹川紀勝・李泰鎮編著『国際共同研究　韓国併合と現代—歴史と国際法からの再検討』明石書店、二〇〇八年）、金昌禄「一九一〇年韓日条約に関する法史学的再検討」（季刊『戦争責任研究』第六七号、二〇一〇年）参照。
（13）大韓民国政府前掲書、四一頁。
（14）「日本国は、朝鮮の独立を承認して、済州島、巨文島及び鬱陵島を含む朝鮮に対するすべての権利、権原及び請求権を放棄する」。
（15）谷田正躬・辰巳信夫・武智敏夫編・前掲書、六一—六二頁。
（16）これについては、太田修「二つの講和条約と初期日韓交渉における植民地主義」李鍾元・木宮正史・浅野豊美編・前掲書Ⅱ参照。
（17）一九四五年九月七日から北緯三八度線以南の韓半島地域で軍政を実施したアメリカは、一二月六日に「在朝鮮米国陸軍司令部軍政庁法令第三三号」を公布し、一九四五年八月九日以後日本政府や国民が所有する「全種類の財産およびその収入に対する所有権」を一九四五年九月二五日付けで朝鮮軍政庁が取得しその財産全部を所有する、という措置を取った。そして、一九四八年九月一一日に署名された「大韓民国政府と米合衆国政府との間の財政および財産に関する最初協定」を通じて、その財産に対して「アメリカが保有する一切の権利、名義および利益」を韓国政府に移譲した。日本政府は、「日本国との平和条約」第四条(b)を通じて、アメリカの行ったそのような「日本国及びその国民の財産の処理の効力を承認」していた。
（18）これについては、まず、金昌禄「日本에서의　対日過去清算訴訟」（『法史学研究』（韓国法史学会）第三五号、二〇〇七年一二月）、金昌禄「韓国における韓日過去清算訴訟」（『立命館国際地域研究』第二六号、二〇〇八年二月）参照。
（19）国務調整室「［報道資料］韓日会談文書公開後続対策関連民官共同委員会 開催」（二〇〇五年八月二六日）。
（20）「日本国との平和条約」第四条(a)「……日本国及びその国民の財産で第二条に掲げる地域にあるもの並びに日本国及びその国民の請求権（債権を含む。）で現にこれらの地域の施政を行っている当局及びそこの住民（法人を含む。）に対するものの処理並びに日本国におけるこれらの当局及び住民の財産並びに日本国及びその国民に対するこれらの当局及び住民の請求権（債権を含む。）の処理は、日本国とこれらの当局との間の特別取極の主題とする。……」。
（21）大法院二〇一二・五・二四宣告２００９다２２５４９判決：大法院二〇一二・五・二四宣告２００９다６８６２０判決。この判決に対するより詳細な分析は、金昌禄「韓国司法における歴史と法—二〇一二年大法院判決を中心に—」（『法律時報』二〇一五年九月号）参照。

(22)『第百二十七回国会参議院会議録第四号』(一九九三年八月二三日)、三頁。

(23)「戦後50周年の終戦記念日にあたって」(http://www.mofa.go.jp/mofaj/press/danwa/07/dmu_0815.html)(二〇一五年八月三十日に検索。以下この論文で引用するインターネット・サイトはすべて同じ日に検索した結果による)。

(24)「日韓共同宣言—21世紀に向けた新たな日韓パートナーシップ」(http://www.mofa.go.jp/mofaj/kaidan/yojin/arc_98/k_sengen.html)。

(25)「日朝平壌宣言」(http://www.mofa.go.jp/mofaj/kaidan/s_koi/n_korea_02/sengen.html)。

(26)「内閣総理大臣談話」(http://www.kantei.go.jp/jp/koizumispeech/2005/08/15danwa.html)。

(27)「内閣総理大臣談話」(http://www.kantei.go.jp/jp/kan/statement/201008/10danwa.html)。

(28)『第百四十六回国会参議院総務委員会会議録第二号』(一九九九年一一月一一日)、一四頁。

(29)一九九〇年六月六日、日本参議院の予算委員会での清水傳雄労働省職業安定局長の発言、『第百十八回国会参議院予算委員会会議録第十九号』(一九九〇年六月六日)、六頁。

(30)河野談話作成過程等に関する検討チーム『慰安婦問題を巡る日韓間のやりとりの経緯—河野談話作成からアジア女性基金まで』(二〇一四年六月二〇日)、一頁。

(31)韓国外交部「[報道資料] 日本 近代産業施設의 世界遺産登載에 意思에 反하여 強制로 労役한 歴史를 反映」(二〇一五年七月五日)(http://www.mofa.go.kr/news/pressinformation/index.jsp?menu=m_20_30)。

(32)「尹炳世 外交部長官 招請 寛勳討論会」(二〇一五年七月九日)(http://www.kwanhun.com/page/brd_view.php?idx=40236&startPage=0&listNo=183&table=cs_bbs_data&code=talk3)、一〇頁。

(33)「「明治日本の産業革命遺産 製鉄・製鋼、造船、石炭産業」のユネスコ世界遺産一覧表への記載決定(第39回世界遺産委員会における7月5日日本代表団発言について)」(二〇一五年七月十四日)(http://www.mofa.go.jp/mofaj/pr_pd/mcc/page3_001285.html)。

(34)「岸田外務大臣臨時会見記録」(http://www.mofa.go.jp/mofaj/press/kaiken/kaiken2_000004.html#topic1)。

(35)二〇一五年七月十日、日本衆議院の我が国及び国際社会の平和安全法制に関する特別委員会での岸田文雄外務大臣の発言。『第百八十九回国会衆議院我が国及び国際社会の平和安全法制に関する特別委員会議録第十九号』(二〇一五年七月十日)、二十頁。

(36)「内閣総理大臣談話」(http://www.kantei.go.jp/jp/97_abe/discource/20150814danwa.html)。

(37)「2015年韓日、世界知識人共同声明—東アジアの「過去からの自由」をために」(二〇一五年七月二九日)。

(38)小此木政夫慶応大学名誉教授の評価。「安倍談話、韓日専門家 評価」『ハンギョレ』(二〇一五年八月十四日)(http://www.hani.co.kr/arti/international/japan/704548.html)。

(39)「日韓両外相共同記者発表」(http://www.mofa.go.jp/

mofaj/a_o/na/kr/page4_001664.html)。

(40) 憲法裁判所二〇一一・八・三〇宣告２００６헌마７８８決定。

(41)「元「慰安婦」の方への総理のおわびの手紙」(http://www.awf.or.jp/2/foundation-03.html)。

(42)「日韓首脳電話会談」(http://www.mofa.go.jp/mofaj/a_o/na/kr/page4_001668.html)。

(43)「岸田外相会見全文」、『産経新聞』(二〇一五年一二月二八日)(http://www.sankei.com/world/news/151228/wor1512280038-n1.html)。

(44)「尹炳世〝韓日請求権協定에 対한 基本立場 変化없다〟(総合)」、『聯合ニュース』(二〇一五年一二月二七日)(http://www.yonhapnews.co.kr/bulletin/2015/12/27/0200000000AKR20151227032751014.HTML)。

(45)「〝慰安婦 談判〟 앞둔 尹炳世 〝韓日請求権〟 왜 言及했나 (総合)」、『聯合ニュース』(二〇一五年一二月二七日)(http://www.yonhapnews.co.kr/bulletin/2015/12/27/0200000000AKR20151227042051014.HTML)。

(46)「慰安婦関係調査結果発表に関する河野内閣官房長官談話」(http://www.mofa.go.jp/mofaj/area/taisen/kono.html)

第4章　韓日協定締結五〇年、改めて「対日請求権」を論ずる

金　丞垠
（翻訳　野木香里）

一　猛烈な反対の中で調印された韓日協定

一九六五年六月二二日、「韓日協定、正式調印」という見出しの記事が韓国の主要日刊紙の一面に掲載された。「一四年ぶりについに終結、激烈な反対」、「何を失い、何を得たのか」、「返してもらえなかった血債」などのように、韓日協定の締結を肯定的に解釈する記事よりは否定的な世論を反映した記事が目立った。[1]「野党・学生の猛烈な反対の中、両国代表、三〇余りの文書に署名」、「野党、実力闘争に突入」、「政局、極度に緊張」、「連座デモ、警察と衝突、強制解散」など、他の紙面の記事に見られるように、韓日協定締結反対運動が即座に巻き起こり、その気勢もまた激烈だった。

韓日会談反対運動は、一九六四年から二年間、大規模な反政府闘争の様相を呈しながら続けられた。一九六三年末、民政委譲宣言を翻して執権した大統領朴正熙は、一九六四年初頭から韓日協定の妥結に向けて積極的に乗り出した。三月六日、政府の方針に反対する「対日低姿勢外交反対汎国民闘争委員会」が結成された。この委員会は、韓日会談の即刻中断を要求する「救国宣言文」と野党の意見を受容するよう要求する対政府警告文を発表した。三月二四日、学生たちは「売国外交、中断せよ」、「三億ドルで平和線を売ることはできない」として大規模デモを開始した。「朴政権打倒」まで掲げる「六・三抗争」[2]に拡大すると、政府は非常戒厳令を宣布し、軍隊を動員して反対運動を鎮圧した。一九六五年、韓日協定反対運動は、さらに大規模で長期的に繰り広げられた。二月二〇日の「韓日基本条約仮調印」は、休止期にあった韓日協定調印反対運動を再び高潮させた。韓日協定が正式に調印された六月二二日以降、「批准反対闘争」と「批准無効化闘争」が幅広い層の参加とともに全国に拡大していった。

韓国人が激烈に抵抗した理由は、韓日関係の正常化という外交問題だけにあったわけではない。五・一六軍事クーデター勢力が執権した三年間の強権支配、不正腐敗と政治資金の乱用、政治家および大学への査察、最悪の民生苦など、革命政府を自任していた朴政権に対する国民の失望と反感が積もり積もっていた。このように蓄積していた反感を増幅させた契機が、まさに朴政権の「対日低姿勢外交」だった。[3] 韓国人は、報道を通じて、朴政権が「その性格が請求権なのか経済協力なのか分からないように、また問い詰めもせずに」請求権問題を政治的に解決したという点を看破することができた。「請求権資金」とは言うものの、事実上、日本が主張した「独立祝賀金」という名目による有償・無償の経済援助にすぎないという点に屈辱感を覚えた。請求権資金が、植民地支配に対する、当然受け取るべき被害補償金ではなく、「サンフランシスコ平和条約による領土の分離・財産上の損害を処分する金にすぎない」という説明にも、韓国人は失望した。[4] 韓国が朝鮮戦争の惨禍に苦しんでいる間に「日本は軍需物資などによって戦争暴利を取り、あっという間に敗戦国の傷をきれいに洗い流した」という点を思い起こさせるもので、優越感に浸ったような日本の態度も批判した。[5] さらに韓国は、このように日本資本が流入することによって韓国経済が再び日本に従属するのではないかと深く憂慮した。[6]

一九六四年三月、野党も政府の韓日会談早期妥結の方針に反対し、「韓日会談に対する建議案」と「韓日会談汎野単一対案」を国会に提出した。[7] 野党が主導した建議案は、対日交渉の原則として「善隣互恵平等の原則」に立脚し、「非正常的な関係を清算して友好関係を樹立」し、「日本の侵略性を露呈した条約はすべて無効であることを確認すること」、「三六年間の被害は莫大であるが、過去の侵略行為に対する反省とともに、最大の請求権を一度に支払う、または支払いの期間を最大限短縮すること」を提示した。また、日本経済の発展と安定は朝鮮戦争特需の結果であり、反共の砦である韓国のおかげだという点を考慮し、「日本の誠意ある経済協力が伴わなければならない」と強調した。野党の民政党と三民会は、請求権の金額を財産請求額一五億ドル、被害補償額一二億ドルと算定し、その他に精神的被害補償も要求した。[8]

野党の批判はおおよそ朴政権の「密室外交」、「政治的野合」、「屈辱外交」に焦点を当てたものであった。韓日会談で三六年間の日帝による植民地支配から独立した主権国家としての主体的な立場を堅持するよう強調し、国民感情に見合った請求権交渉をするよう要求した。例えば民政党は、「対日請求権は、請求権が援助形式、すなわちある種の恩を施されるように渡されるものではなく、堂々と請求権として受け取らなければならず、自主的に使用できる現金の支払いを要求」した。民主党は、「金・大平メモ」で合意したという「六億ドルの根拠」を問い詰め、韓日会談妥結の背後に政治資金の授受や平和線を破棄するという密約があったのではないかという説も提起した[9]。

このように、不法な植民地支配の中で全民族的な苦痛を受け、米ソ分割占領の後、分断、朝鮮戦争と続いてきた悲劇的な歴史から脱せずにいた韓国人にとって、一四年も引き伸ばされた韓日会談の結果は、非常に不満足な水準であった。さらに朴政権は、「請求権資金が導入されれば政治資金として流用する可能性があるのではないか」と、政権の道徳性まで疑われていた[10]。このような国民的抵抗が四・一九革命のような事態を呼び起こすのではないかと懸念した朴政権は、戒厳令と衛戍令を通じて軍隊を動員し、韓日会談反対運動をついに挫折させた。

二　名分と実利
―「請求権協定」に関する対国民説得論理

韓日会談反対運動を暴力的に鎮圧する一方、朴正熙政権は積極的な対国民広報、説得に乗り出した[11]。公報部や民主共和党が発行した広報書籍、外務部と財務部の国会答弁資料、元容奭、金溶植、鄭一永など韓日会談代表らの演説文や講演集などには、韓日会談反対の論理に反駁して国民を説得する多様な「模範解答」が提示されていた[12]。

韓国政府は、一九六五年二月二〇日の韓日基本条約仮調印の直後に『韓日会談白書』(一九六五年三月)を発刊した。この白書は、韓日会談の主要な争点を解説したもので、反対世論を説得するための対国民広報パンフレットと言えるものであった。韓国政府は、この白書で、韓日国交正常化の必要性について真っ先に説明しており、その理由として韓日両国の「非正常的な関係を是正」することにより、「貿易の増大を通じて経済発展に貢献」するという「国家利益」を挙げた。韓日協定の締結が日本の経済的進出ないしは支配を招くという批判に対しては、むしろ東アジアにおける韓米日同盟の強化が韓国の体制安定を保証すると反論している。「ベトナム戦争をめぐる国際情勢と中国の急速な膨張に対処するための自由陣営の結束」が必要な状況において、韓日国交の正常化が喫緊の先決課題だとし、安保危機論も強調した。したがって、韓日協定の締結は韓国の「積極外交政策の実現」であり、これを通じた日本との経済協力こそが「自由陣営との多角的な経済協力関係に広がる次元の高い布石」と説明した[13]。

請求権問題を経済協力方式によって解決することについては韓米日三国の利害関係は一致しており、軍事クーデターによって執権した朴政権は執権当初から韓日会談の妥結に積極的だった[14]。一九六一年一一月、朴正熙国家再建最高会議議長は、池田総理との初会談において請求権問題を解決する意志を披瀝した。朴議長は、対日請求権に関して、「韓国側は戦争賠償を要求しているのではなく、確固たる法的根拠に基づき（請求権を認めるよう—筆者）要求しているのである」と述べた[15]。日本が提供する請求権名目の金額を正確に把握することによって、後に日本に要求する経済協力資金の規模を予測しようとしたものと考えられる。日本政府は、韓国側の要求に対応する「法的根拠を有する請求権金額」を試算する一方、一九六二年二月、次のような交渉方針を立てた[16]。第一に、在韓日本財産権をめぐる「米国の解釈」などの法律論、証拠書類の有無を問う証拠論、韓国と北朝鮮の実際の管轄権を根拠とした「二つの韓国」論、補償額の基準となる為替レートの問題などを提起することにより、日本側の見解をもって説得する。第二に、請求権問題は事実関係の確認が難しく、法的根拠がある請求権の支払いという原則を貫徹するかぎり、支払額はきわめて小額であろうという点を納得させる。第三に、可能であれば韓国側に請求権を諦めさせて一定の金額を贈与する方式を推進し、これに応じなければ日本側が一定の金額を贈与することをもって韓国側が請求権を完全に、最終的に解決したものと確認する方式のいずれかで決着させる。

こうして日本側が到達した結論は、「対日請求権」という名目を諦めさせるかわりに、「韓国の独立を祝い、韓国の民生の安定と経済発展に寄与」するという無償、有償の経済援助の形態で相当の金額を供与する方式だった[17]。一九六二年八月の第二次政治会談予備折衝本会議で明言されたこのような日本側の立場は、一〇月と一一月の金鍾泌中央情報部長と大平外相との会談においてもそのまま貫徹された。韓国政府も、八月の予備折衝会議から法理論的検討を止揚し、「大局的見地から解決するために、請求権解決の枠内において、純返済と無償を合わせた総額の方式でなすよう譲歩する」という立場を明らかにした。これによって、請求権問題は「総額」交渉に埋没することとなった。

ここで一点見落としてはならない問題は、日本側がこの交渉によってすべての対日請求権の「解決済み」を主張したことに対して韓国側も同意したという事実である。とはいえ、韓国が同意した理由は日本とは異なっていた。将来、韓国が南北統一をなした時に日本が北朝鮮地域の日本財産権をさらに要求する可能性を法的に取り除いておくという防御策だった。つまり、日本が「経済協力」資金によって韓国の対日請求権の一切を「解決済み」と主張したのに対し、韓国は対日請求権だけでなく日本の対韓請求権も同時に「解決済み」にしようとしたのである[18]。このような「北朝鮮要因」は、韓日協定締結以降も、未解決の被害者問題についての交渉がなされるたびに登場し、両国が問題解決を遅延させる最も大きな口実になりもした。

一方、このような政治的妥協の産物である「経済協力」資金を「日帝三六年の支配による被害補償」と認めることはできないという国民的抵抗は日に日に激化し、政府を圧迫していった。このような反対世論を重荷に感じていた朴政権は、これを鎮めるためにも日本の有償・無償援助が「請求権問題を解決するためのもの」という点を効果的に説得しなければならなかった。韓国政府は、「韓日会談国会答弁資料」(一九六五年五月)において、「無償経済協力」という名目で請求権資金を受け取った理由について、日本が「請求権だけでは数千万ドルしか支払えない」と主張したために致し方なかったとし、代わりに「請求権」と「経済協力」という名目を併用することによってむしろ「無償三億ドル、有償二億ドル、民間借款一億ドル以上」の金額を受け取ったと説明した[19]。日本と東南アジアの国々が結んだ賠償協定も「経済協力」という用語を使用しているとし、請求権問題の解決と経済協力を関連付けて説明した。請求権交渉では国家利益のために名分より実利を重視したという説得論理であった。

また、韓国政府は、日本が提供する「経済協力」資金はいずれにせよ「請求権問題を解決するためのもの」と説明した。そうだとすれば、いずれにせよ解決したという「請求権」とは果たして何なのだろうか。韓国政府は「請求権」という名目を説明するために二つの法的根拠を持ち出した。第一に、サンフランシスコ講和条約第四条である。「韓国はサンフランシスコ講和条約の調印当事国ではないため、日本に賠償を請求する権利はなく、平和条約第四条に依る請求権のみ要求することができる」ということである。そもそも「戦勝国の賠償請求権」は要求する資格がなく、サンフランシスコ講和条約という国際法的な根拠に従えば、対日請求権は「領土の分離分割によって生じる財政上および民事上の請求権」に限られる。「日帝の三六年間の植民地的統治の代価」を要求し、政府の「低姿勢」を批判する主張は、このような請求権概念を認識できていないために生じる「概念の混同」だと指摘した[20]。第二に、「平和条約第四条の解釈に関する米国政府の覚書」である。この「解釈覚書」を根拠に「在韓日本財産権は否定され、在韓日本財産の帰属によって韓国の対日請求権がどの程度消滅または充足されたのかは別途約定の締結が必要」ということである。このような前提によって日本の逆請求権主張と請求権相殺論を制圧し、請求権協定が議論され得たのであり、交渉の結果を見れば「屈辱的な成果」ではなく、小さくない成果だと強調した。韓国政府は、植民地支配を通じて形成された国民的反感を冷淡な国際法論理をもって正そうとしたのである。しかし、サンフランシスコ体制下における「財政上および民事上の請求権」という定義を請求権概念の根拠にしたために、韓国政府自ら対日請求権の範疇を縮小させる結果をもたらすことになった。また、韓日両国の交渉が植民地支配の不法性を追及するものではなかったという根本的な限界は論外にしても、交渉の過程で財産請求権の細部項目もきちんと問い詰めないまま政治的妥結をもって締めくくったため、果たしてどのような請求権が解決されたのか、論難を招かざるを得なかった。

さらに、政府が深刻に捉えていたのは、日本から得た資金の使用に関して国民が抱いていた疑懼の念であった。韓国政府は、請求権資金の管理、運用の透明性、公正性を強調し、次のような使用方針を明らかにした[21]。

> 第一に、資金の恵沢が全国民に行き渡る用途に優先的に配分する。第二に、過去の辛い恥辱を再び繰り返すことのないよう子孫に警告する標的となり、民族と共に長く残る大単位事業を起こす。第三に、規模の大小業種の如何を問わず、特定の個人や団体の利権の対象にならないようにする。第四に、できるだけ多くの国民が建設に参加できる事業を優先的に推進する。第五に、この資金の用途は我われの必要に応じて我われの要求によって決定されなければならない。

韓日会談の三大懸案（財産請求権、在日朝鮮人の法的地位、漁業問題）に仮調印した直後に発刊した『韓・日会談合意事項〈仮調印内容解説〉』（一九六五年五月）においても、経済自立の目標達成に貢献すると同時に資金の恵沢が全国民に行き渡り得る事業にまず配分することを第一の原則として提示した。予告した最初の投資事業は、農業増産と社会間接資本の拡充事業、水産開発と建設期間中の雇用効果が大きい事業—多目的ダム建設など—であった[22]。朴政権は、すべての国民に恵沢が行き渡るようにするという名分を掲げ、請求権資金を経済開発五カ年計画に最大限投入しようとした。政治資金として流用するのではないかと疑われていた朴政権は、請求権資金を管理、運用するための特別法の制定と請求権資金管理委員会の設置を約束した。「国益追求」、「経済発展」に邁進する政府にとって、個人補償の問題は視野にないも同然だった。

そして、対日低姿勢外交、屈辱外交という世論の批判に対してはより攻撃的な説得論理を持ち出した。「いつまでも過去の怨恨に根ざした対日感情にとらわれて」韓日協定を反対してばかりいるのではなく、「冷徹な判断と忍耐をもって経済自立による勝共統一という我われの至上課題」を実現させるためには韓日の国交樹立に積極的な姿勢を持たなければならないということであった。韓日協定調印の直後、大統領朴正熙は、特別談話（一九六五年六月二三日）を通じ、対日低姿勢外交を批判する国民をむしろ「劣等意識」、「敗北主義」、「退嬰的消極主義」と叱責した。[23]「国交正常化が今後我われに良い結果をもたらすか不幸な結果をもたらすかは、我われの主体意識がどの程度健在なのか、我われの姿勢がどれほど正しく、我われの覚悟がどれほど固いのかにかかっている」と、国民の奮発を促した。

以上、見てきたように、韓国政府が国民を説得しようとした論理は次の四つに要約することができる。第一に、韓日国交正常化は、「ますます増大していく極東共産勢力の脅威を防ぐための時代的要求」であり、喫緊の先決課題ということである。「韓米日自由陣営の相互結束の強化と協力関係の増進のみが北傀〔北朝鮮を傀儡政権と蔑む語―訳者〕を孤立させ、自由陣営の繁栄をもたらす」と安保論理を真っ先に押し立てた。[24]第二に、請求権協定は、戦勝国の賠償請求権とは異なり、サンフランシスコ条約第四条に依拠した「財政上、民事上の請求権の解決」であるという前提を強調した。これに基づく韓国の対日請求権八項目も法的証拠と事実関係の立証が難しく、長い間交渉を引き延ばしてばかりきたため、政治的妥協を通じた解決が不可避だったと説明した。にもかかわらず、第三に、「請求権解決の枠内で経済協力」という名目を使うことにより、無償三億ドル、有償二億ドル、民間借款一億ドル以上の実利を得ることができたという点を強調した。[25]第四に、いずれにせよ、請求権資金は国民のすべてが受けた被害に対する代価であるため、「利益が国民全体に均霑される事業に活用すること」という原則を明らかにした。日帝強占期にはすべての国民が被害を受けたため、請求権資金はすべての国民に恵沢が行き渡る経済開発に使われなければならないという意味だった。「外資が不足している状況において、請求権の解決として支払われる外貨、物資及び用役を経済開発に速やかに投入することが結果的には我われにとってより有利である」、名分を多少犠牲にしても、国家の利益を実現するために早急に請求権資金を経済開発に使おうということである。[26]このような論理は窮極的には国家的利益のために植民地被害者個人の権利を留保あるいは放棄されるべき対象にしてしまった。

三　韓日協定締結後における韓国政府の法的補償措置

国民的反発と疑惑が収まらない状況の中、韓国政府は請求権資金を管理するための立法を急いだ。請求権資金の透明な運営、管理のための後続措置でもあったが、実のところ、協定の発効後六〇日以内に請求権資金の一次年度使用計画を日本政府に提出しなければならず、その期日が差し迫っていたのである。一九六五年一二月二四日、政府が提出した「請求権資金の運用及び管理に関する法律（案）」（以下、「管理法」）は、請求権資金の運用、管理体系の整備に重点が置かれたもので、対日民間請求権補償についての条項は何ら含まれていなかった。実は、韓国政府は請求権協定の細則交渉が進められていた一九六二年から個人請求権補償の方針について議論していた。すべての国民の被害を根拠にした「請求権資金の特性上、個人に対する補償を認めないこともあり得るが、民主国家として個人の財産権を全面的に否定することはできないため、一部補償は実施されなければならない」として、韓国政府の国家責任について言及したこともあった。[27] しかし、財務部は、一次年度請求権資金使用計画が議論されていた時点においても個人請求権の補償範囲と規模すら算定できずにいた。[28]

これに対して野党の民衆党は、民間請求権補償規定を盛り込んだ代案を提出した。[29] この法案で、民間請求権と関連して、第五条（民間人の対日請求権補償）第一項を新設して民間人の対日請求権補償を無償資金から支払うこととし、第二項で民間請求権補償法を制定するよう規定した。「管理法」は、政府案と野党案をめぐる国会審議の過程で野党が提案したとおりに、「民間請求権は請求権資金の中から補償しなければならない」、「民間請求権の補償に関する基準、種類、限度などは別途の法律で定める」という規定が盛り込まれ、修正可決された（一九六六年二月一九日公布）。これによって、経済開発資金の投与にのみ没頭していた韓国政府に補償法案を迅速に整備すべき義務が生じることとなった。

一九六六年三月二二日、韓国政府はついに民間請求権補償法案を国会に提出した。不思議なことに、突然「独立有功者」に対する補償が追加された。「独立有功者及び対日民間請求権補償法律（案）」は、「独立有功者及びその遺族のための事業を遂行し、大韓民国国民が保有している請求権を政府が補償」することを目的とした。[30] 独立有功者が請求権資金の補償対象に含まれたのは「大統領府の指示」に従ってのことであった。[31] 国会財政経済委員会に参席した金正濂財務部長官は、「独立有功者に対する個別補償ではなく、殉国先烈の偉業を国民に継承させるために記念事業をしよう」という趣旨だと説明した。[32] 朴政権は、全民族の犠牲の代価として受け取った請求権資金をもって独立有功者の褒賞と遺家族に対する援護事業、銅像建立、記念事業など各種宣揚事業を実施することによって韓国民の民族的自負心を高めようとした。強硬な反日主義を掲げたが、政治的には独立運動勢力を排除、冷遇した李承晩政権と対照的で、朴政権の民族精気宣揚事業がより浮き彫りになった。

しかし、肝心の民間請求権は財産権にのみ限定した。野党の民衆党は、「被徴用死亡者・負傷者に対する精神的・身体的補償も含」めようという趣旨を盛り込んだ代案を提出した。[33]野党は、韓国政府が提起した「対日請求権八項目」にも「被徴用韓国人の未収金」と「戦争による被徴用者の被害に対する補償」が含まれていた点を挙げ、強制動員被害者に対する補償を必ずや盛り込まなければならないと主張した。金正濂財務部長官は、「韓国が連合国ではないために賠償を受ける資格がなく、両国間の財産及び請求権協定によって処理することになったので、日本政府によって軍人軍属及び労務者として動員され、死亡または負傷した者に対する生命・身体上の補償は難しい」と強弁した。前述したように、朴政権は国際法上の「請求権」規定を適用しようとした。これは、独立有功者に対する補償も同様だった。独立運動の過程で犠牲になった数多くの殉国先烈を我われの財政規模でどうしていちいち補償できようかと、すべての人命被害を請求権資金による補償の対象から除外した。政府が提出した補償法案は補償金額と補償対象が流動的であり、これもまた厳格な証拠主義に立って補償対象を最小限度に減らす方向で立法された。また、通貨価値の変動を無視して補償比率が設定されたため、事実上補償の意義はほぼ見出せないという批判を受けた。

議論の末、第六〇回国会において、合意可能な「独立有功者事業基金法」だけを先に制定し、「対日民間請求権補償法」は分離して審議することとなった。限られた請求権資金内で、強制動員犠牲者に対する補償財源と対象をめぐる与野の立場の違いは大きかった。対国民宣伝効果が大きかった「独立有功者事業基金法」は一九六七年三月三〇日に制定された反面、「対日民間請求権補償法」は第六代国会の会期終了（一九六七年三月）とともに結局廃棄された。

四　一二年もかかった対日民間請求権補償

民間請求権補償法の制定が遅れ、個人請求権者らによる補償要求が高まる中、第七代国会総選挙（一九六七年六月）を控えた共和党は補償法の制定を公約として掲げた。しかし、総選挙で勝利した共和党は、補償法制定の約束を守らなかった。朴政権は、一九七〇年六月になってようやく請求権に関する正確な証拠資料の収集を目的とした「対日民間請求権申告に関する法律（案）」（以下、「申告法」）を国会に提出した。[34]経済開発の効果がある程度見られたと判断した政府が、請求権協定の締結から五年が過ぎてようやく民間請求権補償について考慮し始めたのである。[35] 申告対象は、「一九四七年八月一五日から一九六五年六月二二日まで日本国に居住したことがある者を除く大韓民国国民が一九四五年八月一五日以前に有していた請求権」と規定された。財産被害（一から八項）は、一九六六年三月に提起された補償法案とほぼ同一であり、九項に人命被害だけが追加された。これによって、在日同胞を申告対象から除外し、人命被害も「軍人軍属または労務者として召集または徴用され、一九四五年八月一五日以前に死亡した者」と制限し、補償範囲を縮小させた。一九七一年一月一九日に「申告法」が制定された後、一九七一年五月二一日から一九七二年三月二〇日までの十か月間申告が受け付けられた。「申告法」の案内は、新聞、放送などメディアを通じた一回性の公告にとどまり、申告期間もあまりにも短かった。証拠書類や戸籍の記録が不明確で申告すらできない場合も多数発生した。[36]

「申告法」に従って被害申告が完了してもすぐに補償がなされたわけではなかった。「対日民間請求権補償に関する法律」は一九七四年一二月に制定され、補償は一九七五年七月から一九七七年六月三〇日までの二年間実施された。[37] 補償の内容は次の三つに要約することができる。第一に、補償対象は、申告法に従って被害申告がなされた後に支給決定が確定したものに限定し、金融機関が申告した金額は除外した。[38] 第二に、財産被害、すなわち預金、債権、保険金などについて、申告額一円につき三〇ウォンの比率で補償した。その際、徴用者の未収金、年金などは確認が難しいとして結局除外した。第三に、人命被害については強制徴用、徴兵によって死亡した場合、その直系遺族に対して一人当たり三〇万ウォンを支給した。補償金額は一九七四年当時の国軍兵士ならびに対スパイ作戦支援中に死亡した郷土予備軍に対する補償金を基準とした。遺族たちは一人一〇〇〇万ウォンにはするべきだと反発したが、受け入れられなかった。[39]

一九七八年五月、財務部が集計した民間請求権補償の結果は表（次頁）に示したとおりである。財産権被害補償は約六六億ウォン、人命被害は約二六億ウォンで、合計約九二億ウォンが支給された。この補償額は、無償資金三億ドルによって導入された原資材およびその他の施設機資材の販売で生じたウォン貸資金一〇五二億ウォンのうちの八・七パーセントにすぎない小額だった。

請求権協定の締結後、被害者個人に対する補償が実現するまでに何と一二年もかかったのである。[40] 韓国政府が請求権資金を経済開発に優先的にまわし、民間請求権補償を最大限遅延させたためである。請求権の根拠と規模を確証できないという理由で補償対象者と金額も最小限に縮小させた。韓国政

民間請求権補償件数と補償額　（単位：千ウォン）

	申告件数	支給決定件数	支給決定額	支給件数	補償額
財産被害	97,573	94,368	6,846,645	74,963	6,616,951
人命被害	11,787	8,910	2,673,000	8,552	2,565,600
合　計	109,360	103,278	9,519,645	83,515	9,182,551

備考：財産被害の場合、支給決定は94,368人だったが、補償額が少なく、約２万人が補償を放棄した。

府は無償資金三億ドルを国民全体に対する賠償的性格と規定しながらも、対日民間請求権はサンフランシスコ条約による財産被害補償のみに限定した。国民全体の利益となり得る経済開発＝国益追求論理によって、政府は個人の権利を犠牲にさせたのである[41]。

この民間請求権補償の実績は、韓国政府が実施した民間人被害者に対する戦後補償がどれほど不完全なものであったのかを端的に示している。財産上の被害と人命被害を立証するために、動員名簿、供託金名簿など日本が当然保有している基礎資料を入手しようという努力すらせず、被害者に対する独自的な調査も行わなかった。一九六六年一二月、財務部が国会に提出した「対日民間請求権補償に関する法律案審議資料」を見ると、「韓国出身戦犯者同進会」はBC級戦犯死亡者と釈放者の被害補償を、「汎太平洋同志会」は被徴用負傷者補償を、「高麗人会」は東南アジア僑胞抑留財産補償を、「大韓産業保健協会」は炭鉱徴用労務者の肺疾患者の補償を要求するなど、さまざまな民願〔住民による行政機関への要求〕があり、政府はこれら補償の内訳を把握していた[42]。しかし、韓国政府はこのように多様な被害類型と補償規模を補償立法に全く反映しなかった。

補償の実施過程においても、朝鮮戦争によって証書を消失したり、戸籍が不明であったり、越南した人びと〔解放後、三八度線以北から南に逃れたり、移り住んだ人びと〕など、証拠書類を整備できず、申告できなかった人びとが多かった。しかし申告できないケースが数多く発生した場合に備えた政策的配慮はなされなかった。その結果、人命被害補償は八九一〇人にすぎなかった。韓日会談当時、韓国政府が日本側に提示していた強制動員死亡者七万七六〇三人と比較するとあまりにも低調な実績である。被害申告の根拠資料として活用されていた『被徴用死亡者連名簿』に記載されている総計二万一六九二人の半数にも満たない数である。負傷したかどうかを立証することが困難だといった理由で負傷者に対する補償も除外した。韓日会談で請求権の金額について交渉していた当時、負傷者一人当たり二〇〇〇ドル、死亡者一六五〇ドルの補償額を要求していた韓国政府は、負傷者援護に対する道義的責任にまで背を向けたのである。

さらに、補償支給実績を地域別に見ると、果たして誰のための補償だったのか、疑問を抱かざるを得ない。大邱が一万五千七百四十八件、一七・九億ウォンと最も多く、次に釜山の一万四一一五件、一六・六億ウォン、馬山の一万三五〇五件、一四・二億ウォンと続いた。慶尚道地域は被害補償件数において四万三三六八件と過半数を超える五三・七パーセントを占め、金額面においても四八・七億ウォンで五四・二パーセントにもなった。(43) 被徴用死亡者の地域別分布が全羅南道（四一五二人）、慶尚南道（二八五八人）、全羅北道（二八二六人）、慶尚北道（二七七六人）の順だったこととは対照的である。(44) 韓国政府は請求権資金を公明正大に処理するため、「この資金の有する特殊な意義に鑑みて、特定の個人と集団を問わず、如何なる地域にも偏りがないように特別の配慮をする」という使用原則を明らかにしたことがある。(45) しかし、朴正熙大統領の出身地域と請求権補償の圧倒的な実績が一致するという現象については、政治的な背景があったのかどうか、今後さらなる分析が必要である。

五　歴史の被害者による国家責任の追及

韓日協定の締結前から強制動員被害者による訴えは絶えることがなかった。韓日両国政府は韓日協定で取り上げなかった問題を議論するための外交交渉を持続していた。韓日協定締結一〇周年の一九七五年、韓日両国政府は長期未解決課題として「太平洋戦争韓国人戦没者遺骨奉還問題」、「在サハリン抑留同胞帰還問題」、「原爆被害者救護問題」に言及した。韓日定期閣僚会談においてこの問題の「抜本的」解決を表明したこともあったが、これといった進展はなかった。「韓国出身戦犯者同進会」も韓日会談の過程で自分たちの請求権がどのように結論付けられたのか、韓日両国政府に問い合わせた。そして「刑死者の遺骨送還」、「遺族に対する補償」、「釈放者に対する補償」などを要求したが、拒否された。(46)

韓日会談当時、被害者らは自分たちの問題が排除されているという事実を知り、問題解決を求める陳情書、請願書を政府関係機関に提出した。正当な補償金、未収金の支給、緊急生活救護と遺家族補償などを要求し、自らの被害を立証するために日本の政府機関から直接入手した被害者（死亡者）関連名簿も添付して提出した。日本の政府機関がこのような記録を保存していたにもかかわらず韓国側に提供しなかったという事実も看過できないが、韓国政府がこのように被害事実を裏付ける資料を受け取っておきながら、日本に関連資料を要求したり、独自に調査をしなかった点も問題であった。そのため、韓国政府による国内補償法の施行過程においても、かれらに対する被害救済がほとんど欠落したのである。また、前述したように、一〇カ月の申告期間、約二年間実施された補償金の支給を逃した数多くの民間請求権まで一方的に消滅させる結果をもたらした。ごく少数の被害者に対する補償にとどまるという非人道的な処置だけをとってみても、根源的な責任がある日本政府とともに韓国政府の責任も問わざるを得ない。

植民地被害者の陳情と訴えは、一九九〇年に入ってようやく社会的な関心を得ることができた。数多くの被害者が自らの被害事実を証言し、直接日本政府と企業を相手に「戦後補償裁判」を提起した。[47] 日本政府は、韓日協定によって「完全かつ最終的に解決」したという立場を固守し、かれらの補償請求を棄却させる反面、在韓被爆者医療支援、サハリン残留韓国人帰国支援事業、女性のためのアジア平和国民基金など、「人道的支援」を実施した。日本政府は公式的な国家責任を認めない代わりに、「人道」、「道義」という名目で被害者問題を解決しようとしたのである。[48] しかし、このような態度は「未完の清算」を解決しようとする誠意ある接近とはいえない。韓国の市民社会は、日本政府のこのような解決方法について、第一に、法的責任を認めないための回避の手段だという点、第二に法的責任を認めない限り、謝罪の意味も含まれ得ないという点、第三に、「補償金」ではない「償い金」の形式だという点などを挙げて批判した。このような論難を通じて、被害者の名誉回復と真の被害補償を実現するためには、金銭的な補償ではなく、真の法的責任と謝罪が追及されなければならないという認識が韓国社会に深く刻まれた。さらに、対日過去清算運動は、このような歴史清算と再発防止のための制度化を図り、これを後押しする政治的民主化を追求していった。

これと関連する代表的な成果は、「日帝強占下強制動員被害真相糾明等に関する特別法」の制定である。二〇〇一年一二月以降、強制動員被害者団体と韓国の市民団体は、国外強制動員被害を国家レベルで糾明し、「日本の軍国主義復活企図を阻止」するために特別法制定運動を繰り広げた。また一方では、韓国人軍人軍属被害者、遺族四一六名が、日本政府を相手取り、遺骨返還、靖国無断合祀撤廃などを要求する大規模集団訴訟を提起した（二〇〇一年、二〇〇三年）。「在韓軍人軍属裁判」と呼ばれたこの裁判の訴状において、被害者は一二の賠償請求項目を提示した。「①遺骨返還、②死亡状況の説明、③徴兵、徴用、戦地配備、戦闘行為、労働に関する損害賠償、④死亡、傷害に対する損害賠償、⑤未払い金の支払い、⑥未払金に関する損害賠償、⑦元ＢＣ級戦犯に関する損害賠償、⑧軍事郵便貯金に関する損害賠償、⑨シベリア抑留中の未払い賃金、⑩シベリア抑留に関する損害賠償、⑪靖国神社合祀に関する損害賠償、⑫靖国神社への戦没者通知の撤回」[49]である。強制動員被害者と遺族らが日本の敗戦直後から日本政府に要求し続けてきた被害補償がすべて取り入れられた。この訴訟の過程で、被害者らは、果たして「韓日協定で何が解決され、何が残されたのか」を確認するため、韓国政府にも真相調査を求め、それが真相糾明特別法制定運動の推進力となった。

このような被害者の運動に後押しされ、二〇〇四年二月、特別法が制定され、一一月には日帝強占下強制動員被害真相糾明委員会が発足した。これにより、解放後ほぼ五〇年ぶりに韓国政府主導の下で植民地支配の被害実態に関する真相調査が実施された。一方、対日過去清算訴訟を支援した民族問題研究所などの市民団体と強制動員被害者らは、「個人の請求権が消滅」したのかどうかを確認するために情報公開請求訴訟を提起した。二〇〇四年、外交通商部長官を相手にした訴訟を通じて、二〇〇五年、韓国側の韓日会談外交文書の「全面公開」を実現させた。韓日会談関連文書の公開後、韓国政府は請求権協定に関する国家責任と限界を認め、追加支援を実施した。[50]

続いて二〇一一年八月三〇日、韓国憲法裁判所は、日本軍「慰安婦」と韓国原爆被害者問題などについて、韓国政府が被害者に代わって日本政府と交渉する義務があるという判決を下した。そして二〇一二年五月二四日、韓国大法院は、これまでの「日本判決の理由は日帝強占期の強制動員自体を不法であると見ている大韓民国憲法の核心的価値と正面から衝突するものであり、…（中略）…その効力を認定することはできない」、「日本の国家権力が関与した反人道的不法行為や植民支配と直結した不法行為による損害賠償請求権が請求権協定の適用対象に含まれていたと見なすことは困難で…（中略）…損害賠償請求権については、請求権協定で個人請求権が消滅していない」とし、したがってその被害に対する責任は日本政府と企業にあるという判決を下した。これによって、韓日両国政府から疎外されてきた韓国の被害者を救済する新しい突破口が開かれることになった。韓国政府としてはサンフランシスコ講和条約第四条に基づいた請求権問題の解決という前提を初めて克服した思考を提示したのである。今後、不法な植民地支配と戦争犯罪、人道に反する罪、奴隷条約違反など、人権問題がきちんと扱われ得る法的根拠が整備されたのである。

以上、見てきたように、一九九〇年代以降の韓日過去清算運動の成果に基づき、二〇〇〇年以降、韓国社会は韓日協定の限界と国家責任を認め、被害者支援を拡大させた。韓日の市民社会は、このような流れを継続させるため、二〇一〇年の「韓日市民共同宣言」において、「サンフランシスコ体制」に制約された韓日協定の枠から抜け出し、植民地主義の清算を追及するための行動計画を明らかにしてもいる。この行動計画が現実化されるためには、何よりも日本の不法な植民地支配に対する認定と真の謝罪が前提にならなければならない。しかし、韓日協定締結五〇年を迎え、韓日両国政府が果たしてこれを実践する意志があるのか、展望はさして明るくない。

六　改めて「対日請求権」を論ずる

次の引用文は、一九六五年、韓日協定の調印を控え、韓国政府が韓日国交正常化の必要性を説明した国会答弁資料である。[51]

中共の核の実験開始が時間的な問題と観測されているこの時期に、中共は…（中略）…北韓傀儡との紐帯を強化している事情下で、自由陣営相互間の結束強化と協力関係の増進は、極東の安全と自由陣営の繁栄のために時急な課題と言わざるを得ない。米国を始めとする自由友邦諸国もこのような大局的見地から韓日両国間の国交正常化を熱望してきたのに反し、中共・北韓・日本の左翼勢力らが韓日会談の破壊のために執拗な虚偽宣伝と工作を尽してきた事実から推察してみても、韓日両国が過去の民族的感情にのみ捕われ、対立関係を持続し得ないということを立証するものである。

いくつか用語を変えてみれば、軍事対決主義に向かっている現在の東アジアの状況と非常に似ている。違いがあるとすれば、「中共の核の実験開始」が「北朝鮮の核実験危機」へ、韓日関係の正常化を妨げる歴史葛藤の争点が請求権問題から日本軍「慰安婦」問題に変わっただけである。二一世紀に入り、「中国の浮上」という変化した情勢の中で、東北アジアの覇権を維持しようとするアメリカは、伝統的な韓米日協力関係を再び強化する必要性を強調している。そして韓日間の歴史葛藤を封印するためにまたもや介入しはじめた。日本もまた中国の勢力拡張を口実に軍事再武装化の道を歩んでおり、アジアに対する植民地支配と侵略戦争を否定し、美化する態度を強化している。[52]朴槿恵政権もまた安保危機論と南北の体制競争を通じて自らの政治的支持勢力を再結集させる効果を狙い、アメリカの軍事武器を大量購入するなど軍事対決主義に積極的に参加している。各国が競争的に軍事武装を強化する動きの中で、東アジアの平和は深刻な危機を迎えている。

このような現状においては、「六五年体制」が残した負の遺産を再び想起せざるを得ない。韓日協定は両国の国家利益を前面に押し立てた政治的妥協の産物であり、冷戦安保体制下において民主主義秩序の抑圧に寄与し、国家主義によって個人の権利を抹殺してきた。

しかし、国家責任から放り出された個人の権利の問題については、一九六五年、請求権協定の締結を控えた時期にすでに鋭い指摘がなされていた。一九六四年一一月、「殉国烈士遺族会」は日帝期の被害者の範疇と殉国者の統計を提示し、韓日協定で扱っていた請求権協定とは異なる「第三の請求権」を日本に要請しなければならないと主張した。[53]財産請求権に限定した認識を越え、不法な植民地支配に抵抗して殉国した人びとにまで拡大し、請求権の範囲を規定した視点は、現在も有効である。徴用労務者の未収金支給と遺骨奉還運動を展開した「汎太平洋同志会」も、日本によって「金銭的な償還の前に人道的な反省が先行」されるべきで、そうして後に「真の国交の正常化がなされよう」と指摘した。[54]『思想界』の編集委員夫琓爀は、韓国は独立国家として「本来の自主権に立脚した請求権」があると主張した。請求権問題を政治的に妥協してしまった韓国政府に対しては、「国家の請求権を放棄する権限は誰が付与したのか、さらに国民の民事上の権利すら放棄したことが何をもって正当化されるだろうか」と批判した。「批准動議を得た後に財力が行き届く限り国民に補償するということのようだが、国家が国民に対する補償を財政能力の限度によって制限するということはあり得ないことだ」、とりわけ「証拠のある民間請求権を韓日協定のように政治的に放棄、解決させるわけにはいかないのであり、それは必ず裁判問題にまで波及せざるを得ない」と指摘した。[55]一九〇五年の乙巳条約〔第二次日韓協約〕にちなみ、韓日協定を「新乙巳条約」と命名した夫琓爀は、国家主義によって犠牲になった個人請求権が問題化するであろうことをすでに看破していた。

このような指摘だけを見ても、私たちが追及するべき請求権の範疇と国家責任は明確である。歴史問題は政治と経済論理によって犠牲になり得ない。植民地支配と戦争犯罪のような国家暴力によって犠牲となった個人の権利回復のために、国家の責任は、期限なく、全うな解決を目標に、追及され続けなければならない。日本が植民地支配責任を誠実に履行するよう求める韓日市民の多様な連帯運動のみが現在の不安な東アジアに平和体制を構築する唯一の対案ではないだろうか。歴史を再び後退させる道ではなく、解決の道へ、平和な共存の道へ進まなければならないという重大な課題が、私たちにはある。

【注】

(1)『東亜日報』一九六五年六月二二日、『京郷新聞』一九六五年六月二二日。

(2)「六・三抗争」とは、一九六四年三月から七月まで展開された韓日会談反対闘争のことを指す。三月二四日、学生らによる大規模デモから始まり、六月三日、抗争は最高潮に達した。

(3)李光日「한일회담 반대운동의 전개와 성격(韓日会談反対運動の展開と性格)」民族問題研究所編『한일협정을 다시 본다―30주년을 맞이하여(韓日協定を見直す―三〇周年を迎えて)』亜細亜文化社、一九九五年、九三~九七頁。

(4)「침략의 代償 흐리멍텅, 배상 아닌 채권・채무의 청산으로 낙착(侵略の代償あやふや、賠償ではない債権・債務の清算で落着)」『東亜日報』一九六五年六月二二日。

(5)「일본은 대답하라②(日本は答えよ②)」『京郷新聞』一九六五年二月一八日。

(6)韓日会談反対運動の核心的な論理については、太田修『日韓交渉―請求権問題の研究』(クレイン、二〇〇三年)を参照のこと。

(7)国会事務処『第四一回国会本会議第三次・第四次会議録』一九六四年三月二六日、二七日。

(8)三民会の案はもともと「財産請求権に関する基本事項以外に日本統治三六年間に受けた精神的被害に対する補償」を要求したものであった。請求権一〇億ドルとは別に一五億ドルに相当する韓国産物品を日本が輸入することによって精神的損害を補償せよと主張した。これは、民政党との合意案にも一部反映された(『東亜日報』一九六五年三月四日、六日)。

(9)「韓・日第七章」『東亜日報』一九六五年二月一三日、一四日。

(10)協定の批准に先立って韓国政府が発刊した『韓日協定問題点解説』(公報部、一九六五年八月)の「財産請求権及び経済協力に関する協定」に関するＱ＆Ａの中でこの問題に関する解説がなされている。民族問題研究所が二〇〇五年に確認した「韓日関係の未来」(一九六六年三月一八日)という題目のアメリカＣＡＩ特別報告書を通じて、朴正熙政権が韓日協定締結の過程で政治資金を受け取ったという事実が確認された(「박정희 前 대통령 한・일협정 체결 때 日 기업서 6600만弗 정치자금 받아(朴正熙前大統領、韓・日協定締結の際に日本企業から六六〇〇万ドルの政治資金受け取る)」『国民日報』二〇〇四年八月一二日)。

(11)韓日会談反対運動が激しく展開された一九六四年から一九六五年八月までに発刊された広報資料は、各政府部署と共和党によるものだけでも二五冊にのぼる。公報部は九冊、外務部は三冊、元容奭無任所長官室は五冊、民主共和党宣伝部は八冊を発刊した(公報部「既刊日韓会談関係主

要参考資料目録」『韓日協定問題点解説』公報部、一九六五年八月、九〇、九一頁)。

(12) 外務部東北亜州課『韓日会談関係資料　一九六四―一九六六』一九六六年(韓国公開文書、登録番号一四七二)、「付録―韓日会談関係演説文」大韓民国政府『韓日会談白書』一九六五年三月。「既刊日韓会談関係主要参考資料目録」によれば、元容奭無任所長官室は、韓日基本条約の仮調印から韓日協定の調印までの間に大韓民国政府が発刊した『韓日漁業会談은 왜 어려운 問題인가〔韓日漁業会談はなぜ難しい問題なのか〕』(一九六五年一月)、『韓日会談白書』(一九六五年三月)、『韓・日会談合意事項〈仮調印内容解説〉』(一九六五年五月)等を執筆した。農林長官として漁業交渉を主導した元容奭は、時宜に適った広報書籍を発刊することにより、韓日会談の主要な争点に関する解説と国民を説得するための核心的な論理を提供した。韓国の官僚、政治家が韓日会談反対運動にどのように対応したのか、その論理に関する分析は、太田修、前掲書(二〇〇三年)を参照のこと。

(13) 大韓民国政府、前掲書(一九六五年三月)、一～九頁。

(14) 請求権問題の解決が経済協力方式に帰結したことについては、朴元淳「일본의 전후 배상정책과 그 실제〔日本の戦後賠償政策とその実際〕」(民族問題研究所編、前掲書、二三七～二七八頁)、朴泰均『원형과 변용―한국 경제개발계획의 기원〔原形と変容―韓国経済開発計画の起源〕』(ソウル大学校出版部、二〇〇七年)、李昡珍「한일회담과 청구권문제의 해결방식―경제협력 방식으로의 전환과정과 미국의 역할을 중심으로〔韓日会談と請求権問題の解決方式―経済協力方式への転換過程と米国の役割を中心に〕」(『東北亜歴史論叢』二二号、二〇〇八年一二月)を参照のこと。

(15) 李東俊編訳『일한 국교정상화 교섭의 기록〔日韓国交正常化交渉の記録〕』サミン、二〇一五年、四七八～四八一頁。

(16) 一九六二年一月、「法的根拠を有する請求権」金額に対し、大蔵省は一六〇〇万ドル、外務省は七〇〇〇万ドルを提示した。金額の差は、主に軍人、軍属、被徴用者に対する慰労金および恩給の算定において発生した。

(17) 外務部東北亜州課「한일회담 재산청구권문제 해결의 명목과 형식에 관한 검토〔韓日会談財産請求権問題解決の名目と形式に関する検討〕」一九六二年一二月五日(『第二次政治会談予備折衝：請求権関係会議』一九六三年、韓国公開文書、登録番号七四七)、一九四～二一一頁。

(18) 同前、二〇六～二〇八頁。

(19) 外務部東北亜州課「韓日会談国会答弁資料」一九六五年(外務部東北亜州課『韓日会談関係資料　一九六四―一九六六』一九六六年、韓国公開文書、登録番号一四七二)、九頁。

(20) 同前、九頁、大韓民国政府、前掲書(一九六五年三月)、四〇～四一頁。

(21) 大韓民国政府、前掲書(一九六五年三月)、五二～五三頁。

(22) 大韓民国政府、前掲書(一九六五年五月)、三七～三八頁。

(23) 沈瀜澤編『自立에의〔への〕意志―朴正熙大統領語録』翰林出版社、一九七二年、三三〇～三三一頁。

(24)外務部東北亜州課「韓日会談国会答弁資料」一九六五年（外務部東北亜州課『韓日会談関係資料　一九六四―一九六六』一九六六年、韓国公開文書、登録番号一四七二）、七頁。
(25)同前、一五頁。
(26)外務部東北亜州課「韓日会談과〔と〕国家利益」一九六五年（外務部東北亜州課『韓日会談関係資料　一九六四―一九六六』一九六六年、韓国公開文書、登録番号一四七二）、二五頁。
(27)韓国政府は個人請求権補償に先立ち、長久な期間が経過した後に実施する補償であるため、第一に、補償対象者をどのように選定するのか、第二に、請求権を立証する証拠の度合いと立証方法をどのように決めるのか、第三に、請求権被害額の計算とウォン価への換算比率をどのように決めるのか、第四に、要求補償額のいくらまでを支払うのか、第五に、一括払いにするのか、あるいは数年にかけて支払うのか、第六に、補償を現金にするのか、または他の方法にするのかを考慮すべき事項として挙げた（外務部東北亜州課「한일회담 재산청구권문제 해결의 명목과 형식에 관한 검토〔韓日会談財産請求権問題解決の名目と形式に関する検討〕」一九六二年一二月五日〔『第二次政治会談予備折衝：請求権関係会議』一九六三年、韓国公開文書、登録番号七四七〕、二一一頁）。
(28)大韓民国政府、前掲書（一九六五年五月）、三八頁、国会事務処『第五四回国会財政経済委員会会議録』第五号、一九六六年二月二日、四頁。
(29)金相欽議院ほか三二人「請求権資金의 運用 및 管理에 관한 法律案에 対한 代案〔請求権資金の運用及び管理に関する法律案に対する代案〕」『議案原文』一九六六年一月三一日（議案情報システム：http://likms.assembly.go.kr）。
(30)大韓民国政府「独立有功者 및 対日民間請求権補償에 관한 法律（案）〔独立有功者および対日民間請求権補償に関する法律（案）〕」『議案原文』一九六七年三月二一日。
(31)「請求権民間補償法提案」『東亜日報』一九六七年三月二二日。
(32)国会事務処『第五七回国会財政経済委員会会議録』第一二号、一九六六年七月六日、三頁。
(33)国会事務処『第五七回国会財政経済委員会会議録』第一一号、一九六六年七月五日、二〜一七頁。当時、野党国会議員であった金大中は、政府が独立有功者の補償を盛り込む一方で徴用・徴兵者に対する補償を除外したのは、結局のところ、選挙を控えた政治的パフォーマンスにすぎないと批判した。
(34)大韓民国政府「대일민간청구권보상에관한법률(案)〔対日民間請求権申告に関する法律（案）〕」『議案原文』一九七〇年六月一九日。
(35)崔永鎬「한국정부의 대일 민간청구권 보상 과정〔韓国政府の対日民間請求権補償過程〕」『韓日民族問題研究』二〇〇五年六月、二三八頁。
(36)「申告法」についての議論が進められる過程で、サハリンと南洋諸島における徴用死亡者、北朝鮮の被徴用死亡者の処遇に関する質問があった（国会事務処『第七五回法制司法委員会国会会議録』第一四号、一九七〇年一二月二三日、五頁)。

(37) 大韓民国政府「대일민간청구권보상에관한법률(案)」(対日民間請求権申告に関する法律(案)」『議案原文』一九七〇年一〇月二日。

(38) 申告受付結果を見ると、一〇〇円未満の小額の申告件数は申告総件数の五四パーセントを占めているが、申告金額は申告総額の〇・一三パーセントに止まっている。一方、殖産銀行をはじめとする金融機関の申告金額は申告総額の九〇パーセント近くにも達した。韓国政府は、このような申告結果に接し、金融機関を除外した。事実上「朝鮮総督府のような性格の金融機関」である殖産銀行などに補償金を支給することに反対してきた「対日民間請求権協会」など民間請求権者らの反発を懸念したためである。

(39)「対日民間請求権戦死者遺族会」は、日本の戦死者補償金二千万円と比較しても最小限一千万を支給しなければならないと抗議した。かれらは、請求権資金三億ドルのうち、有価証券、債権などに対する金銭的補償額に比べて生命に対する代価があまりにも過小評価されていると批判した(「請願書」一九七四年四月二九日(外務部東北亜一課『在日本韓国人遺骨奉還』一九七四年、韓国公開文書、登録番号七七三七)、一六二～一六五頁)。

(40) 一九七五年の補償の内容と範囲に関する分析は、国務総理室韓日修交会談文書公開等対策企画団『活動白書』(二〇〇七年、二九頁)を参照のこと。

(41) 김영미(キム・ヨンミ)「『국익』으로 동원된 개인의 권리—한일회담과 개인보상문제(『国益』に動員された個人の権利—韓日会談と個人補償問題)」『東北亜歴史論叢』二二号、二〇〇八年一二月。

(42) 財務部「대일민간청구권보상에 관한 법률안심의자료(対日民間請求権補償に関する法律案審議資料)」一九六六年一二月一五日(財務部財務政策局『대일민간청구권보상에 관한 법률(안)철(対日民間請求権補償に関する法律(案)綴)』一九六六年、韓国国家記録院所蔵、管理番号BA〇一四七〇八二)、一六六～一七一頁。

(43) 経済企画院『請求権資金白書』一九七六年、六〇頁。

(44) 対日民間請求権申告管理委員会「대일민간청구권신고에 따른 증거확인신청 및 신고접수(対日民間請求権申告に伴う証拠確認申請及び申告受付)」(財務部『対日民間請求権申告及び補償金支給決定関係綴』一九七一年、韓国国家記録院所蔵、管理番号BA〇一五〇〇七七)、一〇、一一頁。

(45) 大韓民国政府、前掲書(一九六五年三月)、五三頁。

(46) これに関しては、拙稿「재한 원폭피해자 문제에 대한 한일 양국의 인식과 교섭태도(在韓原爆被害者問題に対する韓日両国の認識と交渉態度)」(一九六五～一九八〇)」(『亜細亜研究』第五五巻二号、二〇一二年)、同「日韓『六五年体制』の克服—権利獲得のための長い旅程」(『季刊戦争責任研究』八五号、二〇一五年)、同「돌아오지 못한『유골』과 국가책임—한국인 강제동원 희생자 유골문제와 봉환 교섭(帰ってこられなかった『遺骨』と国家責任—韓国人強制動員犠牲者遺骨問題と奉還交渉)」(『역사와책임(歴史と責任)』八号、二〇一五年)を参照されたい。

(47) 強制動員被害者らが提起した戦後補償裁判の全般に関する考察は、金昌禄「일본에서의 대일과거청산소송(日本における対日過去清算訴訟)」(『法史学研究』第三五号、

二〇〇七年四月）を、特に韓国原爆被害者の場合については、拙稿「한일 과거청산과 한국인 원폭피해자 소송운동의 역사적 의미〔韓日過去清算と韓国人原爆被害者訴訟運動の歴史的意味〕」（国史編纂委員会編『（한국인 원폭피해자 소송 자료 기증 기념 국제학술회의）한국인 원폭피해자 소송의 역사적 의의와 남겨진 과제〔（韓国人原爆被害者訴訟資料寄贈記念国際学術会議）韓国人原爆被害者訴訟の歴史的意義と残された課題〕』国史編纂委員会、二〇一二年）を参照されたい。

(48) 特に日本軍「慰安婦」問題を解決しようとしたアジア女性国民基金をめぐって韓日の市民運動陣営との間に大きな摩擦を引き起こした。これは二〇一五年一二月二八日の韓日政府間合意で再現された。

(49) 太平洋戦争被害者補償推進協議会『在韓軍人軍属裁判報告会』太平洋戦争被害者補償推進協議会、二〇〇九年。

(50) 国務総理室韓日修交会談文書公開等対策企画団『活動白書』二〇〇七年、四〇～四四頁。一九七五年に実施した補償が不充分であったと判断した韓国政府は、真相調査とともに二〇〇七年から慰労金および未収金の支援金支給を実施した。太平洋戦争前後国外強制動員犠牲者支援法による慰労金などの支給対象は次のとおりである。一九三八年四月一日から一九四五年八月一五日の間の日帝による軍人、軍属または労務者などの被害者のうち、死亡・行方不明者は一人当たり二千万ウォン（「対日民間請求権補償に関する法律」による金銭（死亡者三〇万ウォン）を受給した者は二三四万ウォンが差し引かれた）、負傷障害者は一人当たり二千万ウォンから最低三百万ウォンまで、未収金被害者は一円を二千ウォンに換算した支援金（一〇〇円以下の場合は一〇〇円）、生還生存者は死亡時まで一人当たり毎年八〇万ウォンが支給された。

(51) 外務部「韓日会談国会答弁資料」一九六五年（外務部東北亜州課『韓日会談関係資料 一九六四―一九六六』一九六六年、韓国公開文書、登録番号一四七二）、一、二頁。

(52) ジョン・ダワー「샌프란시스코 체제：미－일－중 관계의 과거, 현재, 미래〔サンフランシスコ体制：米―日―中関係の過去、現在、未来〕」『プレシアン』二〇一四年三月二〇日。

(53) 乙巳条約〔一九〇五年、第二次日韓協約〕以降、日本が義兵運動、三一運動、庚申大惨変〔一九二〇年、間島（現在の中国吉林省東南部）における日本軍による朝鮮人虐殺〕など独立運動の関係者一一万九千人余りを虐殺し、三万九千棟余りの家屋を破壊したという被害事実を明らかにした。主要な「殉国統計」について、一九〇五年から一九四五年までに独立運動において殉国した死傷者を、①義兵運動の時期、②三一独立運動当時、③庚申大虐殺当時、④三一独立運動後から「満洲国」成立当時まで、⑤「満洲国」成立以降と、時期区分して提示した。ただし、史料の限界から提示した統計はごく一部に過ぎないと前置きした（「第三の請求権」『朝鮮日報』一九六四年一二月一八日、「殉国先烈綜合略史」一九六四年一一月二三日（外務部東北亜州課『在日韓国人遺骨奉還 一九五六―六五』一九六五年、韓国公開文書、登録番号一六八七）、一一九～一二〇頁、殉国烈士遺族会「陳情書」一九六四年一二月一〇日（外務部東北亜州課『在日韓国人遺骨奉還、一九五六―六五』

一九六五年、韓国公開文書、登録番号一六八七)、一二一～一二七頁)。
(54)「趣旨書」一九六四年八月三〇日（外務部東北亜州課『在日韓国人遺骨奉還　一九五六―六五』一九六五年、韓国公開文書、登録番号一六八七)、九七頁。
(55) 夫琓爀「한일협정은 비준・동의될 수 없다―어째서 우리는 그것을 매국조약이라고 부르는가(韓日協定は批准・同意され得ない―どうして我われはそれを売国条約だと呼ぶのか)」『思想界』一五〇号、一九六五年八月、太田修、前掲書（二〇〇三年)、二八二頁。

第Ⅲ部　日韓会談をめぐる世論

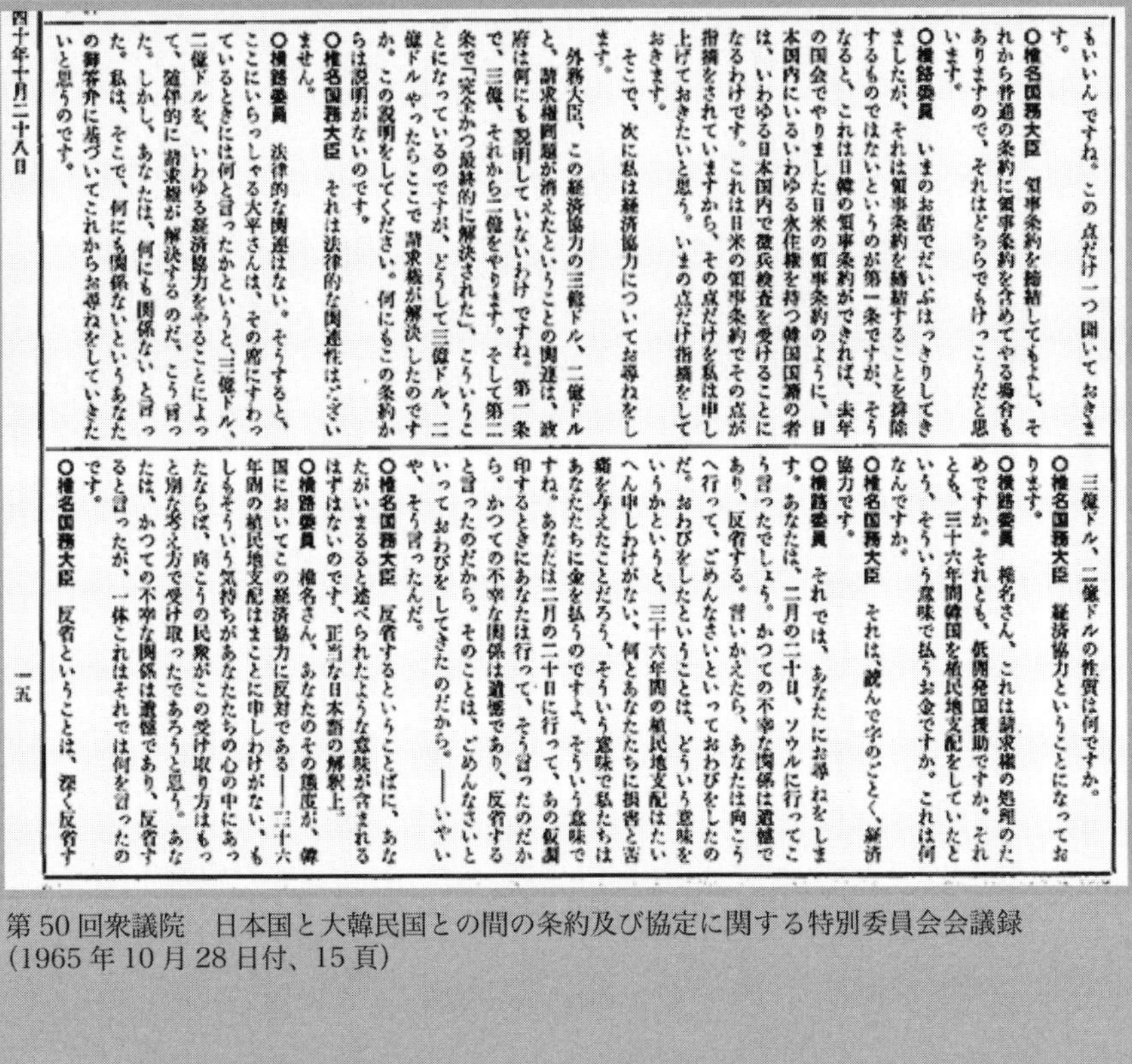
もいいんですね。この点だけ一つ聞いておきます。
○椎名国務大臣　領事条約を締結してもよし、それから普通の条約に領事条約を含めてやる場合もありますので、それはどちらでもけっこうだと思います。
○横路委員　いまのお話でだいぶはっきりしてきましたが、それは領事条約を締結することを排除するものではないというのが第一条ですが、そうなると、これは日韓の領事条約ができれば、去年の国会でやりました日米の領事条約のように、日本国内にいるいわゆる永住権を持つ韓国国籍の者は、いわゆる日本国内で徴兵検査を受けることになるわけです。これは日米の領事条約でその点が指摘をされていますから、その点だけを私は申し上げておきたいと思う。いまの点だけ指摘をしておきます。
　そこで、次に私は経済協力についてお尋ねをします。

　外務大臣、この経済協力の三億ドル、二億ドルと、請求権問題が消えたということとの関連は、政府は何にも説明していないわけですね。第一条で、三億、それから二億をやります。そして第二条で「完全かつ最終的に解決された」、こういうことになっているのですが、どうして三億ドル、二億ドルやったらここで請求権が解決したのですか。この説明をしてください。何にもこの条約からは説明がないのです。
○椎名国務大臣　それは法律的な関連性はございません。
○横路委員　法律的な関連はない。そうすると、ここにいらっしゃる大平さんは、その席にすわっているときには何と言ったかというと、三億ドル、二億ドルを、いわゆる経済協力をやることによって、随伴的に請求権が解決するのだ、こう言った。しかし、あなたは、何にも関係ないと言った。私は、そこで、何にも関係ないというあなたの御答弁に基づいてこれからお尋ねをしていきたいと思うのです。
三億ドル、二億ドルの性質は何ですか。
○椎名国務大臣　経済協力ということになっております。
○横路委員　椎名さん、これは請求権の処理のためですか。それとも、低開発国援助ですか。それとも、三十六年間韓国を植民地支配をしていたという、そういう意味で払うお金ですか。これは何なんですか。
○椎名国務大臣　それは、読んで字のごとく、経済協力です。
○横路委員　それでは、あなたにお尋ねをします。あなたは、二月の二十日、ソウルに行ってこう言ったでしょう。かつての不幸な関係は遺憾であり、反省する。言いかえたら、あなたは向こうへ行って、ごめんなさいといっておわびをしたのだ。おわびをしたということは、どういう意味をいうかというと、三十六年間の植民地支配はたいへん申しわけがない、何とあなたたちに損害と苦痛を与えたことだろう、そういう意味で私たちはあなたたちに金を払うのですよ、そういう意味ですね。あなたは二月の二十日に行って、あの仮調印するときにあなたは行って、そう言ったのだから。かつての不幸な関係は遺憾であり、反省すると言ったのだから。そのことは、ごめんなさいといっておわびをしてきたのだから。――いやいや、そう言ったんだ。
○椎名国務大臣　反省するということばに、あなたがいまるると述べられたような意味が含まれるはずはないのです、正当な日本語の解釈上。
○横路委員　椎名さん、あなたのその態度が、韓国においてこの経済協力に反対である――三十六年間の植民地支配はまことに申しわけがない、もしもそういう気持ちがあなたたちの心の中にあったならば、向こうの民衆がこの受け取り方はもっと別な考え方で受け取ったであろうと思う。あなたは、かつての不幸な関係は遺憾であり、反省すると言ったが、一体これはそれでは何を言ったのです。
○椎名国務大臣　反省ということは、深く反省す

四十年十月二十八日

一五

第50回衆議院　日本国と大韓民国との間の条約及び協定に関する特別委員会会議録
(1965年10月28日付、15頁)

第5章　日韓請求権協定
——日本の国会はどう審議し、批准したか？

矢野　秀喜

一　はじめに

一九六五年、戦後二〇年目にして日韓両国は、一九五一年から一四年に及ぶ日韓会談を決着させ、日韓基本条約及び付属諸協定を締結し国交を正常化した。これにより日韓両政府は、過去の関係に区切りをつけたこととし、「財産及び請求権に関する問題の解決並びに経済協力に関する日本国と大韓民国との間の協定」（以下、請求権協定という）第二条一項では、「財産、権利及び利益並びに請求権」に関する問題が「完全かつ最終的に解決されたこととなることを確認する」旨を規定した。

しかし、この規定は結局、擬制でしかなかった。それを証明したのは植民地支配により「多大の損害と苦痛」を受けた被害当事者とその運動であった。

一九九〇年代以降、日本で韓国人の元日本軍「慰安婦」被害者、元徴用工・女子勤労挺身隊員ら強制連行・強制労働被害者、元軍人・軍属、原爆被爆者らが日本政府、関係企業に対し賠償と謝罪を求めて次々に裁判を起こした。戦争、植民地支配の被害者の要求、訴えは冷戦体制の下、軍事独裁政権によって長く封印されていた。その封印が冷戦体制の終結、民主化による軍事政権の退場により解かれた。被害者は日本に渡り、提訴し、司法の場で被害事実を明らかにするとともに、自らが受けた不法行為に対する賠償を求めるにいたったのである。

これに対し日本政府、関係企業は、請求権協定などを根拠として被害者らの要求を拒み、裁判では請求棄却を求めた(1)。そして、裁判所は、関釜裁判（原告は、元日本軍「慰安婦」被害者と元女子勤労挺身隊員）で、山口地裁下関支部が原告（元「慰安婦」被害者）勝訴の判決を出した一件を除き（この勝訴判決も二審で覆され、最終的には敗訴で確定した）、ことごとく日本政府、企業の主張を認め、原告の請求棄却の判決を出し続けた。

日本の国権のうち行政権、司法権をあずかる政府、裁判所は、不法行為の被害者である元「慰安婦」、強制労働被害者らの訴えを、請求権協定第二条などを根拠として退けた。こうして韓国人が起こした一連の戦後補償裁判は、すべて原告敗訴で終結した。

しかし、被害者らの運動はそれで終わらなかった。被害者らは日本で裁判などを展開するとともに、韓国内においても強制動員真相究明、日韓会談文書公開などの運動を続け、また日本企業を被告として新たな訴訟を起こしたのである。

そして、韓国憲法裁判所は二〇一一年八月三〇日、「慰安婦」被害者、原爆被爆者の憲法訴願を認める決定を出した。憲法裁判所は、韓国政府が「慰安婦」、原爆被爆者、サハリン残留者問題は日韓請求権協定では解決していないとの立場に立ち[2]、それにより日韓請求権協定第二条の解釈において日本との間に紛争が生じたにもかかわらず、同協定三条に基づく措置（外交交渉、仲裁）をとっていない不作為を違憲と判断したのである。この決定を受けて韓国政府は、「慰安婦」問題解決に向けて日本政府に外交交渉を求めた[3]。

元徴用工問題では、三菱重工、新日鐵住金を被告とする裁判で、大法院は二〇一二年五月二四日、被害者原告の請求を棄却した下級審判決を破棄、差戻す判決を出した。これを受け、差戻審において、ソウル、釜山高等法院は二〇一三年七月、原告の請求を認め、被告企業に賠償を命じる判決を出した。

日本政府は、上記の憲法裁判所決定、大法院判決等の後も、請求権協定第二条により財産、請求権に関する問題は全て解決済との立場を変えていないが、現実には、今もその争いは続いているのである[4]。

では、日本の立法権をあずかる国会は、この問題をどうとらえてきたのか。国交正常化をめざす日韓会談、その会談の結果一九六五年六月に締結されるにいたった日韓基本条約・請求権協定を、日本の国会はどう見、どう審議し、批准したのだろうか。一九六五年秋、第五〇臨時国会が開催され、日韓基本条約等の批准など四案件を審議した。最終的に、日本の国会は日韓基本条約と付属協定を「批准」し、関連法案を「成立」させた。しかし、それは衆参両院とも与党自民党が強行採決を繰り返すことで通したものであった。その過程で日韓基本条約や請求権協定等が、どう審議され、その内容はどこまで解明され、日韓間の懸案は解決されることになったのか、そのことが検証される必要がある。

本稿は、先ず、一九五二年第一次日韓交渉開始以降、七次に及ぶ各交渉の節目で、日韓政府間で取りあげた議題、とりわけ請求権協定とそれをめぐる論議、その進展状況等について日本の国会がどこまで正確に把握し、どのように関与しようとしていたかを概括する。続いて、一九六五年六月二二日に基本条約等が締結され、その条約等の批准と関連法案が審査されることになった第五〇臨時国会において、主に日韓請求権協定に関してどこまで深い議論がなされたのか、その質疑―答弁、審議を振り返る。それによって、日本の国民の代表としての国会議員、国権の最高機関としての国会が、日本の朝鮮植民地支配についてどのように認識し、その清算についてどう考えていたか、植民地支配の被害者にどのような想像力を働かせていたか等について明らかにしていく。

そして、最後に日韓国交正常化五〇年を経てなお日本に問われている課題について考えていく。

二　第一次～第七次日韓会談に関する国会審議

日韓会談は、サンフランシスコ平和条約（以下、サ条約）締結後の一九五一年一〇月～一二月の予備会談を経て、サ条約発効直前の一九五二年二月に開始され、一九六五年六月に日韓基本条約等を調印するまで足かけ一四年続いた。この間、日本では、吉田内閣から鳩山、石橋、岸、池田、佐藤と六代にわたって政権が交代し、韓国でも李承晩政権から学生革命、軍事クーデタによる政権交代があり、交渉は決裂、中断を繰り返した。会談において、日韓間の主張の隔たりは大きく、交渉は断続しつつ第一次から第七次にまで及んだ。この間に、交渉経過は幾度か国会にも報告され、国会で審議もされた。それに関して、以下、ポイントとなる局面での国会審議について見ていく。

第一次会談―在韓日本財産請求権をめぐって

第一次会談は、一九五二年二月に始まった。この会談では、基本関係、財産及び請求権、漁業など五議題が取り上げられるとともに、予備会談からの継続課題である在日朝鮮人の法的地位問題等も議題とされた。しかし、請求権及び漁業問題などをめぐり双方が対立し、わずか二カ月余で決裂した。

サ条約第四条(a)は、日本と朝鮮（韓国）間の財産、請求権の処理を、「日本と朝鮮当局との間の特別取極の主題とする」と規定している。一方、南朝鮮を占領管理していた米軍政庁は、軍令第三三号により日本財産を接収し（一九四五年一二月）、その後、米韓取極によりこの接収財産を韓国側に引き渡していた（四八年九月）。そして、サ条約第四条(b)は、「米軍による日本財産処理の効力を承認する」と規定していた。この問題は日韓会談の最大のテーマとなったが、第一次会談で韓国側は四条(b)などを根拠として日本側の対韓財産請求権は既に消滅していると主張するとともに、八項目の「対日請求権要綱」を提示してきたのである。

これに対し、日本側は、四条(b)が定める米軍の処理の「効力を承認する」とは、一時接収という処理、管理の都合上それを何らかの形で処分したという効力を認めているのみで、日本側の財産請求権じたいは残っていると反論した。日韓は激しく対立し、漁業問題での対立とも相まって、会議は約七〇日で打ち切られたのである。

この第一次会談決裂後の五月、政府は国会に交渉経過を報告し、これについて衆・参外務委員会で審議が行われた。

五二年五月一四日の衆議院・外務委員会において、岡崎勝男外相が第一次会談の経過について報告した。岡崎外相は、請求権問題について、韓国側が日本に対し八項目の「対日請求権要綱」を提示してきたことは伏せたまま、サ条約四条(b)の解釈に食違いがあること、在韓日本財産請求権は残っているという主張をしたことを報告した。これに対し、並木芳雄議員（改進党）は日本政府の交渉態度を擁護した。

日本政府としてはこの主張を貫徹してもらいたいのです。それがどうしても貫徹できないときには、平和條約第四條の解釈をはっきりさせればいいのですから、この解釈の紛争に基く訴訟として、国際司法裁判所かどこかへ提訴して、あくまで公明な解決策を講ずべきだと思うのです。[5]

植民地支配された韓国側がどのような請求を出してきているのかには何の関心も払うことなく、日本人の請求権だけを問題にする姿勢に終始した。

一方、黒田壽男議員（労働者農民党）は、第一次大戦後にドイツから独立することになった地域でドイツの残した財産について同様の処理（没収）がされた先例があったことを引きつつ、「日本の朝鮮における勢力を剥奪するというような一つの目的から、日本の財産に対しまして特別な取扱いをするというようなやり方も、私は必ずしも考えられない政策ではないと思う[6]」と述べた。〝最左派〟の労農党の議員らしい指摘と言える。しかし、その黒田議員も、他方では、岡崎外相の「言われるところに同感の点が非常に多い」、韓国の主張に対しては「私も疑問を持っております」との見解も表明していたのである。

同月一六日、参議院・外務委員会で、曾祢益議員（社会党、後に民社党）も、サ条約(b)の解釈について日本政府の立場を支持した。

経緯の如何にかかわらず筋道の通ったことは飽くまで堂々とこれを説得に当たってくれることを望みたい。[7]

この時点では、日本の国会は与野党を問わず、サ条約第四条(b)の規定がありつつも、在韓日本財産請求権は残っているという立場であり、請求権問題については政府と同様「相殺論」に立っていたと見ることができる。[8]

第三次会談―「久保田発言」をめぐって

五二年四月二八日サ条約は発効したが、日韓の外交関係は樹立されないままにあったため、一九五三年四月に第二次会談を再開した。しかし、第一次会談同様に請求権、漁業問題で意見が対立、また李承晩ライン（以下、李ラインという）設定に伴う「竹島＝独島」領有をめぐっても応酬が続き、会議は休会した。

その後、李ラインにおける日本漁船拿捕が頻繁に発生したため、この問題の解決を図るべく五三年一〇月に第三次会談を再開した。この中で、財産請求権分科会なども設け、交渉を行ったが、同年一〇月一五日、日本側主席代表の久保田貫一郎が、「日本側も補償を要求する権利を持っている。なぜならば日本は三六年間山を緑に変えたとか、鉄道を敷設したとか、田を開墾したとか、多くの利益を韓国人に施した」などと、いわゆる「久保田発言」[9]を行ったことにより、日韓は激しく対立し、会談は決裂した。

この「久保田発言」によって日韓会談は五三年一〇月から五八年四月まで約四年半にわたって中断した。それほどこの発言に対する韓国側の怒り、反発は強いものであったが[10]、これに対する日本の国会の反応はどのようなものであったか。この「久保田発言」による日韓会談決裂について、一九五三年一〇月～一一月にかけて、衆参の外務委員会、参議院・水産委員会等で審議が行われた。

五三年一〇月二七日の参議院・水産委員会。ここでは、「久保田発言」による日韓会談―漁業交渉中断について質疑が行われたが、秋山俊一郎議員（自民党）からは唖然とするような質問が出た。

私らよくわかりませんが、この日韓会談というものは日本としては先ず第一に漁業問題という差迫って日本の利害に大きな関係のある問題でありますが、韓国側としてこの日韓会談をやる必要のある問題もあるのでありますか。[11]

審議されたのは水産委員会で、その焦点は李ライン問題にあり、秋山議員もその経歴から所謂「水産族」と目される議員であったにせよ、秋山は「韓国側としてこの日韓会談をやる必要のある問題もあるのでありますか」などと質問したのである。一九五三年、朝鮮の植民地解放からまだ八年しか経過していない。そのような中で、国交正常化に向けて日韓会談が開始され、そこで韓国側は日本に何を求めてきているかについて想像力を働かせることもなく、日韓は何をめぐって対立しているかについての基本的認識をも欠いたまま議論に参加している議員が存在していた。また、政府が日韓会談における議題、交渉をめぐる議論、対立点等に付いて秘匿し、国会にも詳らかにしないままにしていたことも明らかである。

他方、松岡平市議員（自由党）は「久保田発言」を全面擁護した。

或る人は、朝鮮はあなたの発言を取消せ、取消しさえすれば交渉すると言うから、取消せばいいじゃないか、何も面子に捉われる必要はないじゃないか。こういうようなことを言う人もあるようでありますが、私たちはこれはそういうわけには行かんと思う。[12]

その他の議員は、漁業交渉ストップによる日本（漁民等）の損害の大きさを考えると早く交渉再開に持ち込む必要がある、そのために「何とかいい方法はないのか」と質問はするが、「久保田発言」を問題視して追及することはなかった。

翌一〇月二八日の衆議院外務委員会、岡崎外相が日韓会談決裂の経過を報告した。その中で、決裂に至った原因となる「久保田発言」について、「われわれとしましては何も間違ったことを言っているわけでもないし、あやまる理由は一つもないのでありますから、それをあやまるということはできないのでとうとう会議は不調に終りました」と述べた。これに対して、並木芳雄議員（改進党）も同調。

今度韓国であんなに主張しておるのは、われわれから見れば明らかに横車を押しておるわけで、こういう無理な言い分に対して、久保田さんも思い切って反駁されておりますから、私どもは心から支持いたします。[13]

ただ、一一月四日の衆議院・外務委員会において、左派社会党の穂積七郎議員、神近市子議員は、「久保田発言」をそのまま是とはしない立場で次のように述べてはいた。

「今までお互い隣国の関係、それから日本が朝鮮を占領し、相当の圧力を加えた過去の反省からいいましても、この際むしろ私は日本側から少し、辞を低くすると言っ

ては語弊がありますが、あまり感情や面子にとらわれないで、話をされる努力の余地があるように実は考える」（穂積[14]）

「日本と韓国との関係は、随分長い歴史を持っていて、あまり思わしくないいろいろの事象も経過してきたものでございますから、ひとつその点ではなるべく穏便な方法でやっていただきたい」（神近[15]）

左派社会党は、結党の理念から言っても、日本の朝鮮植民地支配を批判する立場であるはずである。しかし、その所属議員からも、せいぜい「感情や面子にとらわれないで」とか「なるべく穏便な方法で」交渉再開を促すという程度の意見しか出なかった。彼らもまた、「久保田発言」を正面切って批判、否定するようなことはなかったのである。

この時点では、日本の国会は、与野党を問わず、「日本の朝鮮統治は朝鮮に恩恵を与えた」、「韓国はサ条約によって初めて独立を承認された」等と朝鮮植民地支配を正当化し、朝鮮人民を侮辱する「久保田発言」を糾弾することもなく、ほぼ受け入れていた。それがこの時代の大方の国会議員の朝鮮植民地支配認識であったと言える。

第六次会談、第七次会談―「金・大平合意」をめぐって

「久保田発言」で中断した会談は、米国からの交渉早期再開の働きかけもあり、一九五七年一二月三一日、日本側が、①「久保田発言」撤回、②日本の対韓請求権主張撤回を発表したことにより、ようやく再開された（第四次会談、一九五八・四・一〇～一九六〇・四・一五）。

第四次会談では、基本関係、請求権、漁業・李ライン、在日朝鮮人の法的地位についての分科会を設けて議論を進めたが、在日朝鮮人の北朝鮮帰還問題などにより日韓関係が紛糾、六〇年四月一九日に「学生革命」が起きて李承晩政権が辞職したことにより中断した。

その後、張勉政権成立とともに、六〇年一〇月に第五次会談が再開（一九六〇・一〇・二五～一九六一・五・一六）。この会談に韓国側は、改めて八項目の「対日請求要綱」、文化財返還リスト等を出してきたが、この会談も六一年五月一六日に軍事クーデタが発生し、中断するに至った。

軍事クーデタ後の六一年七月、朴正熙少将が国家再建最高会議議長に就任、対日関係正常化を基本方針に掲げたことにより、日韓会談は進展した。六一年一一月、池田勇人首相・朴正熙議長会談を経て、六一年七月の池田内閣改造で外相に就任した大平正芳が〝新たな構想〟を提起したことにより最

大の懸案である請求権問題「解決」のレールが敷かれた。

大平外相は、池田・朴会談で合意したはずの「法的根拠」「事実関係証明」による請求権問題解決という方式を転換し、「韓国に無償・有償の経済協力を供与することによりこの問題が一切解決されたことにする」という新方式を打ち出し、無償一億五千万ドル・有償一億五千万ドルの計三億ドルの援助額を提示した[16]。

これを韓国側も基本的に受け入れ、一九六二年一〇月、一一月と二度にわたる大平外相・金鐘泌中央情報部長との政治折衝で、「日本側が無償三億ドル、有償二億ドル、民間借款一億ドル以上の経済協力を韓国に供与し、韓国が焦げ付き債権四五七三万ドルを日本に返済することにより、請求権問題は最終的に解決されたと確認する」という了解（「金・大平メモ」）に達した。

こうして韓国側が日本に対して求めていた植民地支配に対する賠償は、サ条約では領土の分離・分割に伴う民事・財政上の「請求権」処理に限定され、「金・大平合意」で最終的にはそれすらも「経済協力」にすり替えられたのである。

この「金・大平合意」等に対し、韓国内では「対日屈辱外交」反対の運動が起こり、六四年四月に会談は中止に至った。ただ、韓国経済は軍事政権下で低迷、危機的状況にあって、これを打開するためには日本からの経済援助が不可欠という朴政権の判断から、交渉は同年一二月に再開され、妥結に向けて大きく動き始めた（第七次会談）。

そして、六五年二月に椎名悦三郎外相が韓国を訪問し、金浦空港で「両国間の歴史に不幸な期間があったことは遺憾であり、深く反省している」との声明を出し、基本条約の仮調印を行った。その後、四月三日には、請求権、漁業、法的地位に関しても合意事項に仮調印を行うに至った。

この第四次会談から第七次会談にいたる経過について、国会において、どのような審議がなされたであろうか。とりわけ「金・大平合意」による請求権問題の「決着」に関して、どのような議論、追及がなされたかについて見ていく。

六二年八月二九日の衆議院・外務委員会。政府が金・大平会談の現状を報告したことに対し、岡田春夫議員(社会党)は、請求権を経済協力にすり替えていくことの欺瞞を追及した。

無償供与とか長期借款の問題というのは、平和条約第四条(a)項の問題ではありませんね[17]。

これに対し、大平外相は、「さようです」と言いつつ、最後は以下のように突っぱねた。

問題は国交の正常化ということ。条約解釈としては岡田さんが言われた通りでございますが、われわれとしては正常化に持っていくために諸懸案をどう解決するかについていろいろ工夫をこらしている[18]。

また、同年九月二日の衆議院・外務委員会で、受田新吉議員（民社党）は、在日の元軍人・軍属問題を取り上げて、以下のように追及した。

　在日韓国人、北鮮を含めて南北朝鮮人の国内において今暮らしている人の中で、日本軍人として戦死した人に対して、今度恩給や扶助料が問題にされて、向こうが要求した中にそういうことがあるようだが、それに対して現実に何らの手当てをしておらない。本人は日本軍人として戦死しておる。本人は戦死してその家族は日本で貧乏しておるけれども、扶助料も恩給も出していない。こういう者に対しては、やはり、政策的に人道的立場から、日本軍人として戦死した遺族に対する扶助料、身体障害者に対する戦傷病者としての処遇、こういうものは当然もう請求権とは別にこっちでやっておいて、そうして向こうとの交渉をするならば、将来北鮮の問題も含めて、日韓会談などはもっとスムーズに、人道的な日本の政策に共鳴した結論が出ると思う[19]。

日本は、サ条約発効と同時に朝鮮人から日本国籍を剥奪した。そして、日本軍の軍人・軍属として戦場に行かせ、戦死させた朝鮮人の遺族には、国籍条項をたてに扶助料も、恩給も出さず、戦傷病者となった者に対しても何らの援護もしていなかった。受田議員は、その非人道性を衝き、そのような姿勢を改めることこそが日韓会談を前進させるのであり、「経済協力」方式で請求権問題を「決着」させたとしても根本的解決には至らないということを指摘したと言える。

しかし、これに対しても大平外相は、「それも請求権の一環でございまして、請求権問題の処理において解決いたしたい」との一言で退けた。

請求権問題は、結局「金・大平合意」により経済協力方式で「決着」し、さらに椎名外相訪韓と金浦空港での「遺憾、反省」声明を経て、日韓基本条約についても仮調印が行われるに至った。その直後の一九六五年三月一九日の衆議院・外務委員会で、永末英一議員(民社党)が改めて請求権問題を「経済協力」方式で「解決」することの問題を追及し、椎名外相と以下のような論戦を交わした（以下、要約）。

　永末「韓国民の大部分は、日本政府が支配しておった時代におけるいろいろな時点、―これをいわゆる金額に換算せられるものもあれば、せられないものもある。最初外務大臣に伺いましたように、反省している内容にこれがかかるわけである。したがって、請求権の問題は多分にそういう内容を含むことを請求せられてきている。これを日本政府が経済協力ということだけで解決しようとするならば、彼らに映るのは、単に無償三億ドルだけによって、韓国民が年来要求してきた請求権問題を日本政府がごまかそうとするのではないか、こういう感覚になるわけです。そこで、これに関連して、一体外務大臣は、韓国側の言ってきた請求権問題なるものは根拠がないとお考えになるのか、それとも根拠があるとお考えになってこの問題に対処しておられるのか」

椎名「根拠のあるものもあるし、ないものもありましょうと思います。…（中略）…確たる証拠を具備することが極めて困難である。…（中略）…こういうわずらわしい仕事をやめて、そして経済協力の問題を進め、この問題が成立すればその随伴的効果として請求権は消滅する（以下、略）」

永末「あなたはいま、わずらわしい問題はやめて、こうおっしゃいましたが、私は併合条約の無効の問題について伺いたいのは、たとえば韓国側の国民にいたしますと、その併合条約は韓国民の意思に反して一方的に日本政府の力によって強行されたものである、その後たとえば過般の太平洋戦争を通じて五八万三七三六人の生命が奪われたとか、あるいはまた八五〇〇人の韓国の女性が不当に戦線にかり出されて恥辱に満ちた仕事をさせられたとか、金銭に換算できないけれども、こういう問題について一体日本政府はどう考えるのか、ただ単に遺憾である、反省をするということばでなくて、何らかの実効のある行動を日本政府としてはすべきではないか、こういう感情がみんなの気持ちの中にあるわけです。私が会いました40歳以上の婦人でしたが、私も日本と韓国との国交正常化は望む、ところが、自分が小学校の時に日本語を強制的に覚えさせられて、覚えない場合にはすぐ便所掃除をさせられた、それを思いだすと私の血が燃える、こういっておりました。この韓国民の気持ち、これを日本政府が十分くみ上げて―あなたは根拠のあるものもないものもあると言いましたけれども、韓国民としてはそれぞれ根拠のあるものとして請求権の問題を持ち出しておる。そこで、あなたはそのようなわずらわしい問題はやめるというように申されたが、それは日本政府の考えですか、金・大平メモをつくった相手方の金君も同じ考えを持っているのですか」

椎名「わずらわしいということばは少し適当でないから、

私は別に申しますが、とにかく不可能である。」

永末「いままでの外務大臣の御答弁では、必ずしもいままで協定に達し合意に達したことが日本国民、韓国国民に共同の内容として映っているようには、私にとっては判断できません[20]」

受田議員、永末議員とも民社党に所属する議員であり、後述するように同党は日韓条約に関しては賛成の立場をとっていた。しかし、受田議員は在日の戦傷病者・戦没者遺族の問題を取りあげ、永末議員は「五八万三七三六人」にのぼる戦没者や、「恥辱に満ちた仕事をさせられた」「八五〇〇人の韓国の女性」―日本軍「慰安婦」を指していたものと推測される―に対し、日本政府は「何らかの実効ある行動」をなすべきではないかと糺していた。彼らは、「経済協力」によっては決して解決できぬ「請求権問題」があることを暴露しつつ、それに蓋をしたままで「随伴的効果として請求権は消滅する」と言い放つ政府の欺瞞性を追及していた。

二人の議員が取り上げた問題のうち一つは、後に「平和条約国籍離脱者等である戦没者遺族等に対する弔慰金等の支給に関する法律」と「特別永住者等である戦傷病者等に対する特別障害給付金等に関する法律」制定（二〇〇〇年六月）で一応の解決を見た[21]。他方の「慰安婦」問題も、日本政府はいまだに解決を迫られ、それから逃げられないでいる。即ち、経済協力で問題がすべて解決したなどということはなく、未解決の問題は必ず何らかのかたちで解決が迫られるのである。このことは記憶される必要がある。

また、六五年三月二七日の衆議院・外務委員会で、穂積七郎議員（社会党）は、経済協力で請求権は消滅しないと主張し、田中角栄蔵相と以下のような議論を展開した（以下要約）。

穂積「財産請求権問題と大平・金会談による経済協力というものとは法理的に別個のものである、新しいものであると言うならば、韓国の持っておる、あるいは人民の持っております対日請求権というものは無解決のまま権限がそこに留保され、残置され、残っておるわけでありまして、かってにきめましたわけのわからない経済協力に関する取り決めというものを金と大平の間で結び、それを両国政府がサクシードして、これを国会を通じて無理やりに批准をいたしましても、それは、国際法上保障されている財産請求権を、本来固有の権利として持っておるそれを、韓国政府並びに人民がそれによって消滅するなんということを佐藤さんと朴さんの間で幾らきめましても、何の権威もございません。…（中略）…財産請求権の固有の権利というものは消滅しておりませんから、当然財産請求権の対日請求の権利というものはあくまで残る」

田中「(大平・金メモ）これは次善の行為であって、この精神に基づいて両国が妥結をし、両国の国会が批准をするという国際法上の手続きがとられるならば、韓国国民や政府が持つ対日請求権は消滅するというお互いの合意が法律的に処理せられた場合には、私は効果はあるということを考えるのは妥当だと思います」

穂積「一体対日請求権の源並びに対日請求権を受け取るべき最終的な権利者、この五億ドルというものは一体だれが受け取るのか、だれが受け取る権利を持っておるのか、そういうことについての正しい、正義に立った、国際的な条約並びに通念に立った正しい議論をしていただくことを私は期待いたします。…（中略）…かってな法理解釈と政策で日本のアジア外交が進むとするならば、まさに大国主義の独善でございます。そうして利己主義でございます[22]」

日韓請求権協定とその解釈をめぐる論争は、既に協定調印前から始まり、それが決着することなく今日まで引き続いていることがよく分かる。

三　第五〇臨時国会における請求権協定に関する審議

一九六五年六月二二日、日韓会談は妥結に至り、日韓基本条約と四協定（漁業協定、請求権協定、法的地位協定、文化財協定）、（紛争解決のための）交換公文、合意議事録に合意、調印した。そして、この条約を批准するため、同年一〇月、第五〇臨時国会、いわゆる「日韓国会」が開催された。

第五〇臨時国会には、①日韓基本条約と付属諸協定及び関連三法案、②漁業協定実施に伴う漁業水域設定に関する法案、③請求権協定の実施に伴う大韓民国等の財産措置法案、④在日韓国人の法的地位協定実施に伴う出入国管理特別法案―の四案件が一括提案され、審議に付された。

「日韓国会」では、衆議院、参議院とも特別委員会、本会議で提案された案件がすべて強行採決で「成立」するという経過をたどった。条約、協定をめぐる与野党の対立が激しかったことがよく分かるが、その中で、どれほど深い議論がなされたのか、植民地支配の清算という重い課題に国会議員、国会がどこまで真摯に向き合ったのか、それを見ていく。

日韓会談、日韓条約に対する各党の立場

このような条約等及び法案の提案に対して、日本の国会、各党はどのような立場で臨んだであろうか。国会審議の経過を見ていく前に、各党の日韓会談、日韓条約に対する見解などを明らかにしておく。

自民党については、政府与党であり、日韓会談を進め、基本条約等を締結した政府と一体の立場であり、国会審議においても条約、諸協定を正当化するための質疑を行った。それ故に、ここでは野党各党の立場、見解について概括的に述べていくこととする。

(a) 日本社会党

一九六二年の「金・大平合意」で日韓会談が妥結に向うことが明白となった一九六三年三月一〇日、社会党中央執行委員会「日韓会談阻止へ直ちに立ち上がろう」との「アピール」を出した。その中では、「われわれは戦前三六年間に及ぶ日本帝国主義の植民地支配の責任を解決するという歴史的な任務を忘れることはできません」と前置きしつつ、しかし今進められている「日韓会談の妥結はけっしてこれらの問題を解決するものではな」いと断言し、「南北分裂の現状を固定化させ、南北の統一に新たな障害さえ加え、アジアの緊張を激化させる」日韓会談を阻止しようと呼びかけた。

一九六四年四月七日には、「日韓会談即時打切りに関する決議案」を衆議院本会議に上程した。その中では「日韓会談は南北両朝鮮の統一を半永久的に阻害し、実質上の東北アジア軍事同盟の結成となり、日本独占資本の経済侵略をもたらし、また請求権の支払いも韓国民の支持を失った朴政権のテコ入れにすぎない。会談妥結はかえって日朝両民族の真の友好を妨げる」と述べていた。

そして、日韓基本条約等が調印された一九六五年六月二二日の「日韓会談調印に当たっての声明」（党中央本部）では、①竹島の帰属問題がまったく未解決、②条約、協定が南朝鮮だけに適用されるのか北朝鮮にも適用されるのかが不明、③（漁業協定）李ラインが存続するのではないか、④（法的地位協定）在日朝鮮人に韓国籍を強制し、韓国軍にくみこんでアジアの反共戦争にかり出す狙い、を指摘し、「容認できない」との立場を再確認した[23]。

(b) 民社党

一九六五年六月二二日の日韓基本条約等の締結に当たっては、「妥結内容は不満だが、全体としては日本の利益に合っている」との立場を表明した。同年一〇月一八日の参議院本会議で質問に立った曾祢益議員は、「国連が唯一の合法政府

と認めた韓国の間にまず懸案の解決を図り、国交を樹立することは、当然である。我が党は、日韓国交正常化に賛成し、日韓条約、協定の批准成立に賛成の立場に立って慎重審議を主張する」と表明した。ただ、その後の批准国会の審議での自民党の強行採決に対しては、ルール違反、議会政治無視の暴挙と抗議もしている。しかし、最後には、民社党議員総会で日韓条約賛成を決定した（一九六五年一一月五日）。

(c) 共産党

日韓条約に反対した。その理由として、以下の三点をあげていた。①アメリカ帝国主義の支配下にある大韓民国（南朝鮮）を朝鮮の唯一の合法政府として朝鮮の自主的、平和的統一を妨害する、②米日韓の事実上の軍事同盟をめざす、③「経済協力」の名のもとに、日本独占資本の南朝鮮への経済侵略を合法化する。[24]

一九六五年一〇月一六日、衆議院本会議で川上貫一議員は「経済協力に関する協定は、日本人民の税金で朴政権の崩壊を食い止め、独占資本による朝鮮への経済的再進出を図るものである」と追及した。

(d) 公明党

公明党の正式結成は一九六四年一一月である。ただ、一九五六年参院選から創価学会として国政選挙に参加し、この選挙で三人当選、その後「公明政治連盟」を経て「公明党」となった。一九六五年当時は参議院に九議席を擁していた。

一九六五年一〇月一八日、参議院本会議で質問に立った同党の二宮文造議員は、「日韓条約批准は、現時点においては、かえってアジア諸勢力の激突の道を開くばかりであり、平和確立に名を借りた党利党略、対米追随外交の結果にほかならない」[25]という基本的立場を表明している。

衆議院・日韓特別委員会審議

日韓特別委員会の開会は一九六五年一〇月二〇日だが、実質的に審議に入ったのは同月二六日である。与党議員として冒頭に質問に立った小坂善太郎議員（自民党）は、先ず、日韓条約の性格について質した（以下要約）。

この条約に対する基本的考え方は、戦争のつめあとをいやすという考え方である。また、平和条約第二条及び第四条にいうところの諸案件を調整することである。終戦処理であるということが基本理念であると思うのでありますが、総理大臣のお考えをまずもって伺いたい[26]

これに対し、佐藤栄作首相は次のように答弁した。

（日韓の関係正常化は）善隣友好並びに平和、これを念願しておるわが国の基本的態度であります。隣の国韓国と仲よくする、これができなくては、アジアにおける平和を論ずる資格がない[27]。

この質疑―答弁で、政府・自民党は日韓条約の性格について整理したのである。それは、交戦国間の講和でもなければ、植民地支配の清算でもない、「戦後処理」であると規定した。佐藤首相にいたっては「善隣友好」を図るための条約だと述べた。

日本はポツダム宣言を受け入れて降伏したが、その中に「八、「カイロ」宣言ノ条項ハ履行セラルヘク」とある以上、カイロ宣言をも受け入れたことは自明である。カイロ宣言には「三大国ハ朝鮮ノ人民ノ奴隷状態ニ留意シ軈テ朝鮮ヲ自由且独立ノモノタラシムルノ決意ヲ有ス」と明記されている。しかし、日韓基本条約の前文には、植民地支配に対する謝罪・反省どころか、日本が韓国（朝鮮）を植民地支配していたという歴史的事実さえ書かれていない。ただ、「両国民間の関係の歴史的背景と、善隣関係及び主権の相互尊重の原則に基づく両国間の関係の正常化に対する相互の希望とを考慮し」と記述しているだけである。

「カイロ宣言で、『朝鮮の人民の奴隷状態』とあるのは、戦争中の興奮状態の下での表現である」と嘯いた「久保田発言」を日本政府は一九五七年一二月三一日に撤回した。しかし、実際に植民地主義を清算することはなかった。それが、上記の小坂―佐藤の質疑・答弁の中に鮮明に表れている。

翌一〇月二七日、小坂議員は続いて日韓請求権協定について質問をした。小坂議員は、請求権問題を「経済協力方式に置きかえたという大平・金協定というものは、まことに天来の妙音と申しますか、言い得て妙というべき非常ないい協定であった」と評価しつつ、「そこでこの際、その内容及び請求権問題の処理が、どういうふうにして経済協力に置きかえられたかという点をお述べ願いたい」と質した。

これに対して椎名外相は、大平・金会談の経過を述べつつ、「経済協力―無償、有償の経済協力というものをこの際とりきめて、そうして一面においてこれと並行的に請求権の問題は完全かつ終局的に消滅したものとする、こういう大局的な見地に立って問題の解決をはかった」と答弁した。

この答弁を受けて、小坂は更に、「無償三億ドル、有償二億ドルという協力は、賠償の性質を持つものかどうか」と質し、椎名は「経済協力はあくまで経済協力でございます。それで、請求権というものの趣旨を貫くことができない。そこでこれは完全かつ最終的に消滅する、これと並行して経済協力という問題がここに浮かび上がったのであります（傍線は筆者）」と答えた[28]。

このように政府―自民党は、請求権問題を経済協力にすり替えたことを「天来の妙音」などと自画自賛しつつ、他方では「経済協力は経済協力」であって「賠償」でもなければ「請求権」でもないと整理した。

これに対し、翌一〇月二八日、社会党の横路節雄議員は椎名外相との間で請求権問題について以下のようなやりとりを行った（以下要約）。

横路「経済協力についてお尋ねをします。外務大臣、この経済協力の三億ドル、二億ドルと、請求権問題が消えたということとの関連は、政府は何も説明していないわけですね。第一条で、三億、それから一億をやります。そして第二条で『完全かつ最終的に解決された』、こういうことになっているのですが、どうして三億ドル、三億ドルやったらここで請求権が解決したのですか。この説明をしてください。何にもこの条約からは説明がないのです」

椎名「それは法律的な関連性はございません」

横路「あなたは、何にも関係ないと言った。私は、そこで、何にも関係ないというあなたの御答弁に基づいてこれからお尋ねをしていきたいと思うのです。三億ドル、二億ドルの性質は何ですか」

椎名「経済協力ということになっています」

横路「これは請求権の処理のためですか。それとも、低開発国援助ですか。それとも、三十六年間韓国を植民地支配していたという、そういう意味で払うお金ですか。これは何なんですか」

椎名「読んで字のごとく、経済協力です」

横路「それでは、あなたにお尋ねをします。あなたは、二月の二十日、ソウルに行ってこう言ったでしょう。かつての不幸な関係は遺憾であり、反省する。言いかえたら、あなたは向こうへ行って、ごめんなさいといっておわびをしたのだ。おわびをしたということは、どういう意味をいうかというと、三十六年間の植民地支配はたいへん申しわけがない、何とあなたたちに損害と苦痛を与えたことだろう、そういう意味で私たちはあなたたちに金を払うのですよ、そういう意味ですね。あなたは二月の二十日に行って、あの仮調印するときに行って、そう言ったのだから。かつての不幸な関係は遺憾であり、反省すると言ったのだから。そのことは、ごめんなさいといっておわびをしてきたのだから。―いよいよ、そう言ったんだ。」

椎名「反省するということばに、あなたがいまるると述べられたような意味が含まれるはずはないのです、正当な日本語の解釈上」
横路「あなたは、かつての不幸な関係は遺憾であり、反省すると言ったが、一体これはそれでは何を言ったのです」
椎名「反省するということは、深く反省するということばを用いました。つまり、過去の事実は遺憾である、そして深くこの際に反省する、この事実をしんみりと反省する…（発言する者あり）」
横路「椎名さん、あなたのそういう態度は、私は非常に不見識だと思うのですよ。…（中略）…やはり韓国の民衆の経済協力に対する反対の論拠には、三十六年間の植民地支配に対して、損害と苦痛を与えたことは申しわけがないという気持ちがいまの佐藤内閣にあるならば、これはまた別だという、そういう気持ちがあるのです。（中略）『遺憾』は『申しわけない』ですよ。そういう気持ちがあれば、向こうの反対している諸君だって幾ぶんかちがあなたたちのそういう気持ちが受け取れるかもしれないが、そういう点があなたにないのです。遺憾だというのは何です」
椎名「私はあの戦争時代に役人をしておりまして、それで九州の炭鉱地方をずっと回って歩いたことがある。その当時、たくさんの韓国の青年が、強制労働ですね、それに狩り出されて、そして炭鉱に配置された、いたいけなその状況をまだ私は胸に刻み込んでおるような状況であります。そういったような問題を私は考えながら、深く反省するということばを使ったので、しんみりといってなぜ悪いか、私はわからない。私にはいろいろな思い出があるものですから、深く反省するということばが出たのであります。どうぞそういう点は、決してあなたの言うようなふざけたことばでない、そういうことを御了解願いたいと思います」[29]）

戦時中に官僚として朝鮮人労務動員にも関わった椎名は、抜け抜けとこのような答弁をしていた。ただ、「台湾を経営し、朝鮮を合邦し、満州に五族協和の夢を託したことが帝国主義というならば、それは栄光の帝国主義である」[30]と妄言していた椎名といえども、植民地支配下で日本が行った強制労働については、欺瞞的ではあれ、それを「いたいけな状況」であったと言い、曲がりなりにも「反省」するという素振りをせざるを得なかったのである。

しかし、彼らは植民地支配の被害者に対して謝罪、補償する意思は毛頭持ち合わせてはおらず、請求権問題もあくまで「経済協力」で決着させようとしていた。そして、請求権と経済協力には「法律的な関連性はない」と明言していた。これでも財産・請求権問題は「一九六五年に完全かつ最終的に解決した」と言えるのか。

問題は、横路議員が椎名外相の「しんみりと反省する」というようなふざけた答弁を「不見識」と追及しながら、椎名が返した欺瞞に満ちた答弁をそれ以上に追及することができず、次の質問に移ってしまった点にある。それは何故だろうか？　それは、横路議員—社会党が、この時点では、韓国民の植民地支配の責任追及、被害回復の訴え、要求の切実さを知らず、それを受けとめ実現する政策も持ち合わせていなかったからである。

また、社会党の石野久男議員は、対韓国政策の根本を次のように質した—「カイロ宣言の『朝鮮ノ人民ノ奴隷状態ニ留意シ軈テ朝鮮ヲ自由且独立ノモノタラシムルノ決意ヲ有ス』という、この三国の考え方というものを、無条件にポツダム宣言で受けているわけです。だから、そういう考え方で朝鮮問題というものは外交的に対処する、こういうふうに政府は立場をとっておるのと違うのですか」[31]。

これに佐藤首相が支離滅裂な「答弁」しかできなかったため、代わって答弁に立った藤崎政府委員は、「ポツダム宣言には、御指摘のように「『カイロ』宣言ノ条項ハ履行セラルベク」ということがございまして、このポツダム宣言を日本は受諾したわけでございますが、そのことは何もそのカイロ宣言に書いてある一字一句まで全部日本が賛成した、つまり台湾とか満州とか澎湖島が中華民国に返還されるとか、朝鮮の独立を認めるとかいうことは、これは履行せられなくちゃなりませんけれども、台湾を盗取したことを日本が認めるか、あるいは朝鮮でこういうことを—貪欲をやったとか、そういうことまで全部日本が賛成しなければならぬという意味が含まれているものとは考えておりません」[32]と述べた。藤崎は、「久保田発言」の久保田と同じ見解を国会の場で「政府見解」として堂々と披歴したのである。

これに納得しない石野議員は、さらに佐藤首相を追及した。

ポツダム宣言の受諾にあたっては無条件にこれを受けているわけです。これはもうだれがどう言おうと無条件に受けたわけです。…（中略）…カイロ宣言は、「朝鮮ノ人民ノ奴隷状態ニ留意シ軈テ朝鮮ヲ自由且独立ノモノタラシムルノ決意ヲ有ス」という、この宣言をやはり履行すべくわれわれはこれを受けたわけだ。だから、そういう立場でわれわれが敗戦という形の中から新しい道を歩んでいくにあたって、朝鮮に対する外交政策というものは、総理が先ほど言っているように南と北と現実はこうだけれども、いまそれでもうよろしいとか、あるいはまた必ず一つになるものだと確信していますなどというようなことでこれは許されない内容だというふうに私は思っているわけです。これは総理に私は聞くのだが。日本と朝鮮との外交関係は、ただ今日の問題だけじゃないと思います。これから長きにわたるところの国是を決定する、そういう立場から私は真剣に考えなければいけないと思うのです。

われわれが敗戦のときにこのポツダム宣言を受けたときに、連合国は日本にどういうことを言ったか。『吾等ハ、無責任ナル軍国主義ガ世界ヨリ駆逐セラルルニ至ル迄ハ、平和、安全、及正義ノ新秩序ガ生ジ得ザルコトヲ主張スルモノナルヲ以テ、日本国国民ヲ欺瞞シ、之ヲシテ世界征服ノ挙ニ出ヅルノ過誤ヲ犯サシメタル者ノ権力及勢力ハ、永久ニ除去セラレザルベカラ』ということを、このポツダム宣言ははっきり言っておるわけです。そうしてわれわれはこれを受けてきておる。その当時、わが国はあの大戦に至るにあたっては、東條内閣のもとにすべての者が一億一心で詰め込み式に全部追い込まれて、あの戦争にたたき込まれた。いま私たちがここで考えなければならぬことは、日本国民を欺瞞してはいけない。そういう立場から、いま政府が、この日韓問題を論議するにあたって、まじめな態度で―行き違いがあるからといって、ただ、ことばの言いがかりだけだとか、あるいは言いわけだけでこの条約の審議をしていくならば、今後の日本の将来に対して非常に大きなあやまちをおかす。

このような石野議員の真摯な追及に対し、さすがに佐藤首相も「ただいまお話になりますことは、私も全然同感でございます。私が善隣友好、また、平和に徹した外交を述べておりますのも、ただいま石野君の御指摘のとおりでございます」と答弁せざるを得なかった[33]。

しかし、このように鋭く佐藤を追及しながら、この後、石野の質問は、南北統一問題、ＮＥＡＴＯ問題に移行し、請求権問題、植民地支配の清算問題には踏み込まなかった。ここでも追及は中途半端に終わったと言わざるを得ない。

参議院―本会議・日韓特別委員会

一九六五年一一月一九日の参議院本会議で、自民党の草葉隆圓議員の質問に対し、椎名外相は「経済協力は賠償の意味を持っているのだと解釈する人がいるようであるが、法律上はなんら関係はない。英仏が植民地を解放して新たな独立国を認めた際も、国の誕生を祝い、経済の前途を支持する意味で相当の経済協力を行っている。その例と全く同じである」[34]と答弁した。ここでも、政府―自民党は、経済協力を植民地支配に対する賠償ではなく、英仏など他の植民地宗主国が独立を果たした植民地被支配国に対して行っている「祝金」「経済協力」と同じ性格のものであると整理したのである。

一九六五年一二月三日の参議院日韓特別委員会。質問に立った公明党の黒柳明議員は、過去十四年間の日韓交渉の過程を振り返り、その中で「久保田発言」「沢田発言」[35]、「高杉発言」[36]などの「妄言」が繰り返されたことを批判しつつ、戦時中の強制連行、請求権問題について椎名外相と以下のような論戦を交わした（以下要約）。

黒柳「『戦時経済と物資調整』、こういうような本が厚生次官椎名悦三郎の名前によって執筆されておりますが、そこにこういうことが書いてございます。『昭和十六年十月二十日初版発行』、『これ等を以てしても尚ほ不足する場合は朝鮮よりの移住労務者を以て充てることとした。昭和十五年度に於て石炭、金属鉱山方面は相当多数の朝鮮人労務者を移住せしむる計画を立てて居り、これが指導訓練、労務管理等に付ては格段の注意が払われている。』云々、二百五十ページから二百五十一ページでございます。これが要するに朝鮮人の強制連行の一つの大きな原因をつくった、このように言われておりますし、そう私も信じております。このことに対して、また椎名外務大臣は深く反省しているかどうか」

椎名「私は別に責任を回避するわけではないけれども、その本は部下の連中が私の名前を使って書いたのでありまして、それはその当時の物資調達の精神あるいは戦時経済そういうものが国民に徹底しないと、やはり戦時経済を遂行する上において不便である、国民の皆さんにとっても便利な本にしたい、こういう意味で書かれたのでありますが、内容等はもう一切私は知りません。ただ、私の名前で発行してよろしい、こういう許可を与える。でありますから、書いてあることについては、私は責任を持たざるを得ない、まことに申しわけない、こう思っております。なお、深く反省するというのは、私は決してから念仏ではない。戦争当時、たしか軍需省の役人として九州の炭鉱等を視察したときに、まったく若い身空で、いわゆる青雲の志を抱いて都にのぼるというような、そういう年ごろの朝鮮の青年連中が炭鉱に配属されていた。そうして、夜の番で昼間は寝ておったのだろうと思いますが、私に来てくれというので、ずっと寄宿舎を回ったところが、みんな起こされて、そうして四角四面なかっこうですわって、一一点呼に応じておったというような情景を見て、どうもまことに気の毒だ、こういう印象を受けまして、それがいまだになかなか私の印象から消えない。―ちょうど、よけいなことを言うようでありますが、この間、ことしの二月に参りましたときに、『椎名帰れ』というプラカードを持って、飛行場からソウルに行く途中でそういう人があらわれた。それから卵をぶつけられた。私はからだにはぶつけられなかったけれども、乗っておった車の窓にぶつけられた。一、二度、そういうこれに類したものがございまして、四、五回ございました。それがみんな、どうも年かっこうから見ると、あのころちょうど炭鉱に配属された連中の年が、いまごろになると四十がらみになるということをちょっと気がついて、非常に何というか、いやな気持ちを持ったのでありますす。そういうようなことでございまして、私もよけいな所感を申し上げて、まことに申しわけないが、私の名前で出した本のことをおあげになりましたので、私がどういう心境でこの問題を振り返っておるかということを申し上げまして、いささか御参考に供したいと思います」

黒柳「そのことに対して深く反省されていれば、それでいいんじゃないかと思うんですが、ところが、対日請求八項目、その中に、御存じのように、強制労働者に対しての請求権、まあ私は事情は知りませんですが、あるいは八億ドルの経済協力にすりかえられた、こういうことでございますが、あの対日賠償八項目の中に出ております。もしも、外務大臣がほんとに申しわけないというのであれば、そういう人たちに対して補償しなければならないんじゃないか。なぜ、あの対日賠償の八項目がほごにされたか。すなわち、それに対しては裏づけがない、事実が明白でないと。そのほか六点云々とあげられましたですが、この強制労働の問題に関しては、事実がはっきりしてないことじゃなくして、わが国が強制労働をやったわけです。ひっぱってきたわけです。それに対しての資料は、必ずやわが政府が保管してあるんじゃないか、事実ははっきりしてんじゃないか、こういうふうに思うわけでございます。反省をするならば、その人たちに対しての補償についてお考えになっているかどうか、この点、お伺いしたい」

椎名「この問題は、それはもう長い時日を経過しておるし、それから日本にも敗戦という、それからまた本土爆撃という大混乱がありました。朝鮮半島においても、御承知の大動乱があったわけです。これを裏づけるよすがもない、こういうことで、それは合意の上に完全かつ終局的にこれを終了したことにいたしまして、そして経済協力という、その方法によってその問題に置きかえるということに相なった次第で、御了承願います」

黒柳「要するに、終戦のときにその資料はもうなくなった、こういうようなことでございますが、私も今回の質問に対して資料要求しました。そうしましたら、戦争のときに法務省も焼けちゃったからないと言っていた、ない、ないと言っていた資料が、あとから一つ二つどんどん出てきました。これはみんな国会図書館にある資料ばっかりでございます。まあ原本は焼けたかも知りませんが、国会図書館にすべてあるわけですが、そういうようなことから、どこかにもぐり込んでいる可能性もあるのじゃないか。そういうようなことがありましたら、ひとつこのことに関して裏づけをつくって、そうして、そういう人たちに、今度は行ったときに二度と、「椎名帰れ」とプラカードを掲げられるようなことをしないで、「よく来たな椎名」、こういうプラカードを掲げて、みなに待ち受けられるような、そういうような態度—秘策を練っていただきたいと、これは希望意見で申しわけございませんが、それを…。もう一つ関連で質問でございますが、……[37]」

黒柳議員は、このように椎名個人の強制連行責任を問い、椎名らが繰り返し言ってきた「請求権を裏づける資料、よすがもない」との説明のウソを暴いた。そして、「外務大臣がほんとに申しわけないというのであれば、そういう人たちに対して補償しなければならないんじゃないか」と追及もした。しかし、最後には「秘策を練っていただきたい」、「これは希望意見で申しわけございませんが」と引き下がっている。黒柳議員の政府追及は、日韓国会審議における請求権問題をめぐる議論の白眉とも言うべきものであったが、それもまた竜頭蛇尾で終わってしまった。

四　まとめ—私たちに問われていること

以上、日韓会談、請求権協定等について国会がどのような審議を行ってきたかを概括的に振り返ってみた。その中で明らかになったことは以下のことである。

第一に、日本の国会は朝鮮植民地支配について根本的に総括しないままに日韓国交正常化を認めたということである。それは、第三次会談の中で日本側首席代表の久保田が行った発言（三六年間の日本の朝鮮統治は韓国民に有益であった、「カイロ宣言」に「朝鮮民族の奴隷状態に留意」とあるのは連合国の戦時ヒステリーの表現、等）について、国会審議では批判するどころか支持・擁護するにとどまった点に端的に表れている。この「久保田発言」を政府は後に撤回したが、第五〇国会で藤崎政府委員はまたもやこれと同趣旨の発言を行った。しかし、この発言に対しても国会は追及しきれず、撤回させることもしなかった。日本では政府だけでなく、国会もまた植民地主義は清算していないと言える。

第二に、請求権問題については、少なくとも野党側は、経済協力で「解決」したことにする日本政府の対応の欺瞞性を追及し、植民地支配との関連で請求権問題をとらえ、これを韓国との間で解決すべきではないかとの議論を進めていた。在日の軍人・軍属、「慰安婦」（「恥辱に満ちた仕事をさせられた」韓国女性という表現）、強制労働者などを具体的に挙げて、これらの被害者に対し「人道的立場」からの政策（受田）、「何らかの実効ある行動」（永末）、「補償」（黒柳）が必要ではないか、と提起していた。黒柳議員などは、強制労働の資料などは、「どんどん出てきた」「国会図書館にある」と言って、「資料がない」という政府答弁のウソを暴きつつ、『椎名帰れ』とプラカードを掲げられるようなことをしないで、『よく来たな椎名』、こういうプラカードを掲げて、みなに待ち受けられるような、そういうような態度―秘策を練っていただきたい」と提起した。しかし、それらはいずれも「請求権問題の処理において解決したい」との政府答弁で退けられ、その主張・提起を最後まで貫くことはできなかった。

このように野党側の政府追及が不徹底、中途半端にとどまってしまった背景に、次の事情があったものと思われる。

（ア）植民地支配の被害当事者が国会議員には「不在」（＝不可視）であり、彼らが何を要求、請求しているのか、それを知る術も持っていなかったこと。また、国会議員は韓国政府が提出した「対日八項目請求」についての資料も提供されないままに審議を行っていたこと。

（イ）請求権問題についての政府追及が、被害当事者個人が持つ請求権に応えるようにと追及するよりも、朝鮮南北分断下で、「北朝鮮はどうなるのか」「統一朝鮮が実現した時に解決すべき」との追及、主張に重点が置かれがちであったこと。

（ウ）そもそも日韓会談を「南北両朝鮮の統一を半永久的に阻害し、実質上の東北アジア軍事同盟の結成」につながるものと評価する立場から（社会党、共産党を中心に）、韓国への「経済協力」を軍事政権へのテコ入れと見、請求権についてはその実体、根拠にまで踏み込み深く議論することが殆どなされなかったこと、等である。

上記の点は、日韓会談が朝鮮戦争の最中に始まり、ベトナム戦争が拡大する中で終わったこと、冷戦下で一四年にわたって続けられたことと無縁ではない。日韓会談は、東アジアにおいてソ連、中国—社会主義体制に対抗するための態勢を構築すべく日米韓を結んだ軍事同盟をつくりあげることを狙う米国の影響力のもとで進められた。日本、韓国もまた「安保」と「経済」を優先する立場から交渉を進め、植民地支配問題は棚上げして国交正常化を進めた。

他方、これを追及する側も、冷戦「思考」を超えることはできず、東北アジア同盟（NEATO）反対、北朝鮮・中国との国交正常化などを重点化し、結果的に植民地主義清算は後回しにする傾向から逃れることはできなかった。

ただ最後に確認すべきは、財産、権利及び利益ならびに請求権問題が「完全かつ最終的に解決されたこととなることを確認する」との請求権協定第2条の規定は、欺瞞であり、「財産請求権の固有の権利というものは消滅しておりませんから、対日請求の権利というものはあくまで残る」という主張は、既に一九六五年時点でなされていたという事実である。

そして、未解決の問題は消滅するのではなく、あくまで残るということをも確認することができる。在日の軍人・軍属問題は、二〇〇〇年に議員立法で二法が制定されることによって一応の決着を見た。「慰安婦」問題は、アジア女性基金では解決に至らず、二〇一五年一二月二八日に改めて「合意」を交わした。しかし、この「合意」も「最終的かつ不可逆的解決」とはならない可能性が大である。「慰安婦」問題に関しては、過去に議員提案で「戦時性的強制問題解決促進法案」が国会に提出された経緯があるが、政府が解決案を示せないのであれば国会が立法解決案を提起する責任、義務がある。これは強制労働問題についても言える。

既に戦後七〇年が経過し、存命の植民地支配の被害者は少なくなっている。彼ら・彼女らが生きているうちに問題は解決されなければならない。五〇年前の国会審議で中途に終わった追及、提起を日本の国会と国会議員は引き継ぎ、被害者の訴え・要求に応えていく責任を今も負っている。

【注】

（1）強制連行訴訟のうち、企業側が強制連行の責任を実質的に認め、被害者側との間で「和解」に応じた例はある（新日本製鐵、日本鋼管、不二越）。その詳細は、『未解決の戦後補償』（創史社、二〇一二年）五四～五六頁を参照のこと。

（2）「韓日会談文書公開後続対策関連民官共同委員会」（二〇〇五年八月二六日）が公表した見解である。

（3）この憲法裁判所決定に基づき韓国政府は日本政府に交渉を求め、その結果、二〇一五年一二月二八日、「慰安婦」問題に関して日韓両国政府は「合意」した。その中で、日本政府は「慰安婦」問題が「軍の関与」のもとに行われたことを認め、政府として「責任を痛感」し、安倍首相が「内閣総理大臣として」謝罪を表明するとともに、被害者の「名誉と尊厳を回復」する事業のために政府予算から一〇億円を出すことを確認した。しかし、他方では「日韓間の財産・請求権の問題は一九六五年の請求権協定で最終的かつ完全に解決済みとの立場に変わりはない」と表明（二〇一五年一二月二八日、安倍首相）した。

（4）韓国で強制連行被害者・遺族らが起こして係争中の訴訟は二〇一六年一〇月現在一五件にのぼる（二〇一六年九月末現在）。

（5）第一三回国会・衆議院外務委員会議録第二四号、昭和二七年五月一四日。

（6）同上。

（7）第一三回国会・参議院外務委員会議録第三〇号、昭和二七年五月一六日。

（8）一九六五年一〇月二九日衆院特別委―後宮虎郎外務省アジア局長「日本としては、若干の交渉技術も考慮し、韓国側が八〇〇億ドルを提示してくることも予想されたので、一応在韓財産に対する権利を留保する建前で交渉した。結局、五七年末までに抑留者の引き取り等すべての懸案を解決して、交渉を軌道に乗せるという考慮から、交渉上突っ張っていた立場を譲り、日本側も止むを得ないと考えていたサンフランシスコ平和条約の解釈に戻った」。

（9）久保田発言―①連合国が日本国民を韓国から送還したのは国際法違反、②対日講和条約締結前に、韓国を樹立したのは国際法違反、③在韓日本人財産を米軍政法令第三三号で処理したのは国際法違反、④韓国民の奴隷化を述べた「カイロ宣言」は戦時のヒステリーの表現、⑤三六年間の日本の韓国植民地化は韓国民にとって有益。

（10）太田修『日韓交渉』（クレイン、二〇〇三年）一一一〜一一二頁参照。

（11）第一六回国会継続・参議院水産委員会会議録第一〇号、昭和二八年一〇月二七日。

（12）同上。

（13）第一六回国会・衆議院外務委員会議録第三二号、昭和二八年一〇月二八日。

（14）第一七回国会・衆議院外務委員会議録第五号、昭和二八年一一月四日。

（15）同上。

（16）「国会から見た経済協力・ODA（七）〜日韓基本条約、請求権・経済協力協定を中心に（その一）〜」行政監視委員会調査室・高塚年明（「立法と調査」二〇〇八年四月、No.２７９）。

（17）第四一回国会・衆議院外務委員会議録第四号、昭和三七年八月二九日。

（18）同上。

（19）第四一回国会・衆議院外務委員会議録第五号、昭和三七年九月二日。

（20）第四八回国会・衆議院外務委員会議録第七号、昭和四〇年三月一九日。

（21）在日の戦傷病者（傷痍軍人）らについては、大島渚監督がドキュメンタリー『忘れられた皇軍』を制作、放映し大きな反響を呼んだ（一九六三年八月一六日、ＮＴＶで放映)。彼らは、日韓請求権協定によっても補償を受けることができず、結局、そのうちの多くの人たちは「帰化」し、「日本国籍」を得ることによって「援護金」を受けることとなった。しかし、「帰化」を拒否した人たちは運動を継続し、二〇〇〇年に特別法制定を実現した。

(22) 第四八回国会・衆議院外務委員会議録第一〇号、昭和四〇年三月二七日。

(23)『資料　日本社会党50年』。

(24)『日本共産党の七十年』上　三四六頁。

(25) 第五〇回国会・参議院本会議第六号、昭和四〇年一〇月一八日。

(26) 第五〇回国会・衆議院日本国と大韓民国との間の条約及び協定等に関する特別委員会（以下、日韓特別委員会という）議録第三号、昭和四〇年一〇月二六日。

(27) 同上。

(28) 第五〇回国会・衆議院日韓特別委員会議録第四号、昭和四〇年一〇月二七日。

(29) 第五〇回国会・衆議院日韓特別委員会議録第五号、昭和四〇年一〇月二八日。

(30)『童話と政治』椎名悦三郎著、東洋政治経済研究所刊、一九六三年。

(31) 第五〇回国会・衆議院日韓特別委員会議録第五号、昭和四〇年一〇月二八日。

(32) 同上。

(33) 同上。

(34) 第五〇回国会・参議院会議録第八号、昭和四〇年一一月一九日。

(35)「沢田発言」―「三八度線を鴨緑江まで押し返し、そこに設けることは、日本外交の任務であり、また日韓交渉の目的である」、一九五八年六月一一日、第四次日韓会談日本側首席代表の澤田廉三の「日韓会談の政府代表を囲む会」での発言（吉岡吉典『日韓基本条約が置き去りにしたもの』大月書店、二〇一四年、二〇七頁）。

(36)「高杉発言」―「日本の朝鮮支配はいいこともしようとした」「もう二〇年日本とつきあっていたらよかった」、一九六五年一月七日、第七次日韓会談日本側首席代表の高杉晋一の記者会見での発言（吉岡吉典『日韓基本条約が置き去りにしたもの』大月書店、二〇一四年、二〇七頁）。

(37) 第五〇回国会・参議院日韓条約等特別委員会議録第九号、昭和四〇年一二月三日。

第6章　メディアは何を伝えたか

五味　洋治

一　政府の世論誘導

国交正常化を目指す日韓会談の交渉過程や日韓基本条約（以下、日韓条約と表現）締結の前後に、メディア、中でも日本の新聞が、何を、どう報道したのかを検証する。

その前に、会談が終了した後に作成されたある資料を紹介しよう。一九六六年に内閣官房内閣調査室が作成した『日韓条約締結をめぐる内外の動向』という小冊子である。

国会図書館に、デジタル資料として収蔵されている。その存在は知られており、いくつかの研究書に引用されている。例えば、一九九六年に発行された『検証　日韓会談』（高崎宗司、岩波新書）も、参考文献の一つとして挙げている。

この小冊子は、四部に分かれ、二〇五ページに及ぶ。日韓会談を扱った新聞、雑誌の記事、単行本、映画、パンフレット、ビラ、広告、講演会、大学でのゼミまで徹底的に記録している。

作成の目的については「日韓条約および諸協定が締結されるに至った経緯、ならびに日韓会談の粉砕および日韓条約の批准阻止を目指して、日韓両国において展開された反対運動をできるだけ客観的にまとめ、あわせて日韓条約締結の意義、反対運動の本質等について、若干の評価を加えたものである」と説明している。

そして「この記録が今後の日韓関係促進に際してささやかな〝友好メモ〟になれば、はなはだ幸せというほかはない」と趣旨を述べている。

新聞や雑誌記事については会談の過程で、日韓双方でどんな報道がなされたのか、そのポイントを整理し、重要な部分を抜き出している。

私がこの小冊子で特に注目したのは、日韓会談をめぐる報道の全体的な分析の部分である。

まず、「日韓交渉は一四年にわたる長期の懸案だっただけに、その間に刊行された日韓関係刊行物は相当の量に上っている」[1]と前置きしている。

そして「単行本・雑誌・パンフレット等に見られる日韓関係の特異性は、長期にわたって継続された日韓会談そのものの特徴を反映しており、会談の進展と中断に呼応して、断続する傾向を示している」[2]と指摘している。

時代的にも、国民的反対運動を巻き起こした一九六〇年の日米安全保障条約の改定問題との比較を試みている。

その結果、「極めて顕著な傾向は、たとえば、雑誌において（中略）一部の専門研究誌を除いて、一般総合誌においては、批判論・反対的論調が比較的少なく、問題意識も希薄なことである」[3]と総括している。

なぜ安保闘争に比べ、批判が少なく、問題意識も低かったのか。この小冊子の中に、答えが書かれている。

「このことは、日韓会談に〝善隣友好〟の大義名分があったこととともに、その交渉の断続的経過によるものともみられ、いわゆるマスコミの論壇において継続的に反対論を盛り上げていこうとしても、会談自体が無期休会に入ったり、日本側とは無関係に韓国内の事情で中断されるといった状態があって、なかなか反復集中することが困難であった事情も一因とみられる」[4]としていた。

会談自体が中断を繰り返したため、報道が長続きしなかったという分析なのだ。

また「同時に、第七次会談以降、日韓問題に対する政府与党側の集中的広報宣伝に効果があった」[5]と、さりげなく書かれている。

第七次会談は、よく知られているように、経済協力の具体的金額を決めた大平正芳―金鍾泌会談（一九六二年）を受け、一九六四年一二月三日に始まった。交渉は急転直下で妥結し、一九六五年六月二二日に東京で日韓基本条約などの調印式が行われた。

調印までに、どんな広報宣伝が行われ、効果を挙げたのだろうか。これは、単に日韓会談に留まらず、戦後における政府とメディアの関係にもつながる重要な視点といえる。五〇年前のことはいえ、特に敏感な問題を抱える日韓関係を考えるうえで、無視してはおけないだろう。

その手がかりが、日本の外務省から公開された外交文書に残されている。

昭和三七年（一九六二年）一一月七日付けの官房総務課参事官名で出されたものだ。マル秘の印が押され、外務省北東アジア課長のサインもあり、メディアや世論に影響を与えた政府広報の内容を伝えている。

こういった日韓国交正常化関連文書は、将来の北朝鮮との国交正常化を意識して公開されていなかった。外務省の秘密主義への批判が高まり、市民団体からの請求を受けて、順次、秘密指定が解除され、公開されている。

この外交文書も公開されており、日韓の市民や学者でつくる「日韓会談文書・全面公開を求める会」のホームページからもダウンロードすることができる。

この文書は「日韓国交正常化PRに関し、自民党との調整に関する件」(6)と題されている。要約すれば、今後の日韓会談のPRについて、政府と自民党が十分すりあわせを行う必要があり、その基本方針を再確認したいという内容だった。

国交正常化妥結まで三年という時期に作成されており、交渉妥結の見通しが出てきたことを受けての、国内対策の動きだった。

この文書は当時の日韓会談をどう捉えていたのだろうか。まず政府側は、日韓国交正常化に対する反対論を意識しつつ、日韓会談について「当たり前のことをやっている」と強調している。

そして、「韓国の赤化を防ぐという目的だとすると、かえって左翼陣営に攻撃材料を与える」と注意を呼びかけている。左翼陣営とは、社会党や共産党をはじめとする、日韓会談に反対していた勢力を指している。

左翼陣営が日韓会談に反対する理由について、（1）南北朝鮮の統一を阻害する、（2）韓国の現政権はファッショ政権であり、国交正常化を行う必要はない、（3）国交正常化は反共軍を作る目的―だと分析した。

そのうえで、「問題は請求権解決に存する」とし、「一般国民の日韓国交正常化の空気に動揺を来さしめないよう十分留意する必要がある」、「請求権問題のPRについては、できる限り過去の懸案解決という色彩を伏せ、日韓の将来に目を向けるという線に立ち」進めるべきだ、と強調している。

国交正常化において、最大の難関は請求権問題だと本質を見抜いているが、あえて日韓の将来の重要性を説くことで、植民地支配の責任に関する日本国内の論議を抑え込もうとしていた。

この方針に従って、パンフレットや雑誌記事、ラジオやテレビ番組が制作され、国民に配布されていった。

当時作られた広報番組がどんなものだったかは、同じ外務省の文書「最近における日韓問題PR実績」に記録がある。一九六四年一〇月五日、外務省の条文局国内広報課が作成したものだ。

国交正常化交渉妥結まで、一年という時点であった。これも今は公開されている。

外務省の担当者や一般紙の記者を動員し、官製「PR」が集中的に行われていた。

この年に発行された印刷物は一八件、ラジオ、テレビ放送は三件だった。政府の資金的バックアップがあったと考えて間違いないだろう。

たとえばパンフレットでは「日韓問題」(韓国問題研究会、三月二八日発行、五万部)がある。

「国民の外交」(外交協会機関紙)の四月号には、匿名で「日韓問題の解決を促進せん」という寄稿を行っていた。「日韓交渉早わかり」(韓国問題研究会)はこの年の一〇月に五万部の発行を予定していた。

自民党の広報紙である「自由民主」の四月五日号にも「日韓会談の背景と経緯」という匿名寄稿を行っていた。匿名寄稿については、誰が、誰の指示で行ったのか書かれていないが、政府関係者が行っていたのだろう。

この文書によれば、「特約通信」というメディアに対しては「一〇年交渉に終止符」という記事が掲載され、「記事指導」を行ったとある。記事に必要なデータや、記事の方向性について協力したものと思われる。

その他、「世界の動き」「世界ジャーナル」「特約通信」「国際問題」などの国際問題を扱う雑誌に関連の記事や座談会が掲載された。

これらの記事や座談会には、一般の日刊紙の記者が登場している。朝日新聞・真崎記者、毎日新聞・新井記者、東京新聞・鎌田記者などの名前がある。

いずれも日韓関係や韓国を専門とする記者であり、政府の意向を受けて執筆や、発言をしていた可能性が高い。

短波放送には前田北東アジア課長が直接出演して、「最近の韓国事情と日韓交渉」と題して話していた。この当時は、外務官僚が外交方針について、メディアを通じて直接説明することがあったようだ。

二　久保田発言

それでは、日韓交渉について、当時のメディアはどう伝えていたのだろうか。新聞紙面を追ってみる。

会談は一九五一年にスタートしている。五二年二月一五日には、最初の正式会談が日本の外務省で開かれた。

当初は全く注目されておらず、朝日新聞の一六日朝刊は「友好と懸案処理　日韓会談始まる」というタイトルで、わずか一四行の記事だった。

初回は両国代表があいさつを交わし、翌週から専門委員会が外交関係の樹立や漁業協定、韓国資産に関する請求権について協議すると伝えた。

その後も「議題五項目を採択」（一二月一六日夕刊）、「外交関係の文化委設置」（一二月二〇日夕刊）、「ほぼ意見一致　日韓条約案」など、ベタ記事が淡々と続いている。「事実上打ち切り　日韓会談」という一二行の記事が掲載されるのは四月二七日の朝刊である。

五三年一〇月第三次会談で、いわゆる久保田発言が行われ、会談が四年中断される。この当たりから、報道が大きくなっていく。

その前に、今でも日韓関係を語るうえで、「日本政府からの暴言」として引用される久保田発言とは、どんな内容だったのか。

第三次会談で日本側は、韓国に残した日本の財産問題について提起した。これは、韓国側が「植民地支配への賠償」を求めたことに対するカウンターとして提起したものだった。

韓国側は「日本側が三六年間の（朝鮮半島での）蓄積を返せというならば、韓国側も三六年間の被害を清算せよと言うしかない」と日本側に反論した。

これに対して日本側の代表だった外務省参与の久保田貫一郎は一〇月一五日、こう述べた。

「日本としても朝鮮の鉄道や港を作ったり農地を造成したりしたし、大蔵省は当時多い年で二千万円も持ち出している。これらを返してもらえれば韓国側の請求権と相殺できるではないか。これから先言うことは記録をとらないでほしいが、当時日本が行かなかったら中国かロシアが入っていたかもしれない」

これに対して韓国側は、「あなたは日本人が来なければ韓国人は眠っていたという前提で話をしているのか。日本人が来なければ我々はもっとよくやっていたかもしれない。一千万円とか二千万円とかの補助は韓国人のために出したのではなく、日本人のために出したもので、その金で警察や刑務所をつくったではないか」と強く反発し、交渉は中断に追い込まれた。

日韓両政府は声明を出して、久保田発言をめぐる会談の中断について、相手側に責任を押しつけた。

この久保田発言について、意外にも当時の新聞は当初、地味な扱いだった。発言直後にはこの事実を伝える記事を見つけることができなかった。

その後、この発言から会談がもつれ始める。最も詳しく伝えたのは朝日新聞だった。一〇月二二日朝刊紙面で、「久保田発言の議事録」との見出しの記事を掲載した。

リードの部分では「日韓会談は二一日、ついに決裂した」「決裂の直接の原因は一五日の財産請求権分科会委員会における日本側久保田代表の発言を韓国側が不当としたこと」だとした。

そして「問題の久保田発言とはどんなものか、外務省の議事録に残された同氏と韓国側代表との応酬（要旨）を次ぎにかかげて、読者の資料に供するものとする」と書いていた。つまり、発言について、新聞社としては判断せず、記録だけを掲載する方法を取ったのだった。

毎日新聞は一〇月二一日で、久保田発言に関連し、韓国側が反発しており、交渉が決裂しそうだという観測記事を一面に掲載した。

「韓国側が挙げた久保田発言の問題点」として、（1）韓国独立の時期はサンフランシスコ平和条約発効時点、（2）終戦後に連合国が在韓日本人を日本に強制送還し、在韓日本資産を没収したことは国際法違反、（3）一九四三年のカイロ宣言で「朝鮮人民が奴隷状態に置かれていた」と表現したが、「奴隷状態」は妥当ではない、（4）日本の総督府政治は韓国自体に対しても恩恵を与えた―と書いている。

1～3までは、会談を進める上での認識の違いだ。4は、「植民地支配で日本はいいこともした」というもので、やや性格が違っている。毎日新聞は、この発言を最後に短く挙げており、メディアとして重視していなかったことが分かる。

「遺憾なる日韓会談の決裂」と出した朝日新聞の一〇月二二日社説は、「（日本の）政府声明にもあるとおり、韓国側の態度には『ささたる（ママ）言辞をことさら曲げ、会談全体を一方的に破壊した』ものと見られる節があるのは誠に遺憾である」と、日本政府の立場を代弁する内容だった。

「日韓会談の決裂」と題した同日の読売新聞社説は、「第一圧迫があったとしても、日本は戦争によって朝鮮を領有したのではない。朝鮮統治に功罪両面があったのは事実」とし、韓国側に「朝鮮は連合国ではなかったから、賠償を要求する法的根拠もない。日本はこれに『政治的考慮を加える』と言っているのだから、韓国も感情論を捨ててもっと政治的に交渉を進めるべきである」と高姿勢で呼びかけている。この社説は、日本政府が主張する植民地支配の「功績論」に完全に同調していた。

私が調べた範囲では、久保田発言を問題視し、強くいさめる内容の記事は見つけられなかった。

「植民地恩恵論」は、日本の外務当局や政権の本音で、たびたび交渉が中断する潜在的な理由となった。

日本は朝鮮半島のインフラを整備し、国家としての体系を整備した。さらに、欧米各国も植民地を持っていたが、その統治について謝罪した国はない。

だから、韓国との国交正常化交渉でも、安易には妥協しない―という姿勢を貫いたのだった。

この基本的認識は、現在に至るまで日本政府に受け継がれていると言っていい。今、政治家や官僚が公の場で同じ発言をしたら、責任を追及されるのは間違いないが、当時はそうではなかった。

久保田発言の「植民地恩恵論」を問題視したメディアがほとんどなく、援護していたのは、今から見ると驚きだ。

むしろ一般の市民の方が、久保田発言の傲慢さを敏感に感じていたようだ。朝日新聞の一〇月二六日の投書欄には、東京の著述業、山本昌二という人が、こう書いている。

少し長いが引用してみる。

「新聞に伝えられる日韓会談の久保田発言は言語道断である。韓国の国際的ダダっ子ぶりは国連でさえもてあましているのに、その相手に真っ向から論議をいどんだところで、どうなるものでもないのだ」

一方で「ことにいけないのは『日本が韓国を統治していなかったらもっと悪い国に占領された』という意味の発言である、他人の家にドロボウに入っておいて、オレが入らなかったらもっとすごい強盗が入ったゾーというに等しい言い草はなかろう。（中略）最も大切なことは、日本が過去において韓国を侵略したという認識であり、罪の感覚だ」と強調している。

新聞は、会談の妥結が近づいた六四年ごろから、「譲歩外交批判」を盛んに始めている。

六四年一二月三日の朝日新聞は「『日韓交渉』は厳密に言って外交交渉ではないという見方が支配的だ」と前置きし、「日韓交渉は日本側の一方的譲歩の連続の歴史であり、その名に値しない」と決めつけた。

同年三月三一日の毎日新聞社説も「これ以上の譲歩は、国民感情からも到底納得しえないものを感じる」と強調していた。

韓国側への譲歩を牽制する狙いだったとみていいだろう。

三　調印への賛否

日韓会談は、曲折を経ながら一九六五年六月二二日、日韓条約と関連の協定の調印が行われた。

調印翌日の新聞の報道を見てみる。ほとんどの新聞が、東京で行われた日韓条約締結のニュースを一面で扱った。

まずは合意の評価、つまりどちらの国が得をしたか、損をしたかについての論評が目立つ。

さらに、互いの国で条約が批准されるまでの問題点、また、韓国市場の日本にとっての経済的なメリットが挙げられている。

またベトナム戦争や中国の核実験という当時の国際情勢を踏まえ「韓国は共産化を防ぐ防波堤になる」との観点の記事

もあった。

具体的な記事を見てみよう。日韓条約が多岐にわたる内容だったため、当然ながら同じ新聞の中でも、肯定的、否定的見解が分かれている。

朝日新聞は「日韓調印と今後の課題」と出した二二日の社説で、「両国の間には、数十年にわたった不幸な関係から、種々の懸念がわだかまっていたが、今後両国は対等の隣国として、善隣友好の関係をひらくべき手はずを整えたわけである」と、一応肯定的な評価をした。

ただし、社説の中に出てくる「対等の隣国」という表現には、日本側は過去の清算を終えた、韓国には遠慮せず、対等の関係になるのだとの開き直りに近いニュアンスも感じ取れる。

さらに基本条約の具体的内容については、「交渉の過程では、日本側はかずかずの譲歩を余儀なくされている。特に数日間の最終折衝では、さきの仮調印で合意ずみとなっていた事柄にさえ、韓国側が新たな要求を持ち出して、日本側の譲歩をせまる場面さえあった」と、ここにも「交渉譲歩論」が顔を見せている。

どこで譲歩したのかについて、朝日新聞の社説は漁業問題を挙げている。「漁業協定の有効期限の問題では韓国側の主張に歩み寄ったばかりか、日韓両国監視船による共同取締の問題では、日本側が主張した旗国主義を大きく譲って、韓国側のオブザーバーを日本側監視船に臨時乗船させることとなった」と主張した。

日韓条約は、両国が共同で管理する水域を定め、その水域での資源保護をうたった。朝日新聞は、この問題をめぐって韓国側の主張を大きく取り入れたというのだ。

さらに、一九五二年一月に、突然李承晩ラインが引かれ、「自国の領土である」と日本が主張する竹島（韓国名・独島）を韓国が支配している点についても、「調印間際の二二日午後まで両国外相が交渉を続けたすえ、竹島処理という具体的な表現すら避けて、将来両国間の紛争を処理する方法と取り決めるにとどまった。事実上、竹島問題をタナ上げするものと言わざるをえず、竹島を含めて一括解決という当初の方針から大幅に後退したものであることは、言わずして明らかであろう」と批判している。

これらの点を指摘した上で、日韓条約が、両国の和解や経済協力に役立つとし、「北朝鮮とも友好関係を増進し、将来正常な関係を樹立すべきだ」と結んでいる。

一方で、三面にはソウル特派員による現地からのレポートが掲載されている。「知識層は沈んだ表情」「日韓条約への反応　賛否はなお対立」との見出しで、韓国の与党内には、日韓条約締結について、日本からの経済侵略を警戒する声がある一方で、「正常な隣国関係ができた」と歓迎していると伝えた。

見出しになった韓国の知識層の反応については「早すぎた調印とみて、沈んだ表情をしめすものが少なくなかった」と簡単に触れているだけだった。

産経新聞は「調印後の日韓関係」と出した社説で、やはり「請求権から竹島までほとんど一方的に日本が譲歩したとの感が強い」と断じた。この理由について「韓国国内の反対運動が、日本の五倍も一〇倍も深刻であるということによって決定されているところに特徴がある」として、韓国側からの圧力を理由に挙げた。

そういったマイナス面を認めたうえで、「正常化後の日韓関係に大きな役割を期待されるのは経済協力である」とし、経済関係拡大が関係改善のカギを握るとの見方を取った。

一面のコラムでは「日本側には譲歩しすぎという意見があるが、それにもかかわらず、韓国の学生と与党は『対日屈辱外交』だといって、交渉の妥結を受け入れようとしない」と韓国側の姿勢を批判した。

朝日新聞、産経新聞は日本側の譲歩に焦点を当てており、全体的に批判的なトーンが目立つ。

毎日新聞は二三日朝刊で「日韓条約の調印と今後」と題した社説を掲載した。日本側が譲歩はしたが、一定の成果もあったとの見方を示している。

「今度の日韓交渉は、譲歩するのは日本側だけで、外交交渉の一般原則であるギブ・アンド・テイクを貫くこと自体が無理な性格の交渉であった」とし、過去の歴史から、日本側の譲歩は仕方なかったとの見方を示している。

さらに、日韓併合条約など、過去に日韓間で結ばれた旧条約や協定の廃棄問題に関連し「一九一〇年八月二二日以前に日韓両国で締結した条約および協定は『もはや無効であることが確認される』となっている」

「『もはや』とは、いったい時間的にいつのことなのか、条約文としては異例であり、まことにあいまいな表現というほかはない。これもまた、将来具体的な解釈についてめんどうの起こりうるところだろう」と指摘し、歴史認識を避けたことによるトラブルを予測していた。

また交渉が一四年かかり、長引いたことについては「国際情勢が調印促進」という一面の解説記事で当時の状況を説明している。

その記事によれば今回の日韓会談は、「通常の『二国間交渉』ではなく、旧宗主国対旧植民地という特殊な性格を持っていたこと。さらにフランスと旧仏領アフリカ植民地との関係とは違って、相手方がかなり高度な『中進国家』であり、かつ分断国家であったというところから来ている」と説明した。

そして、米国からの強い要請と「韓国内でのあきらめムードが加わって半年にわたる折衝の結果、調印にこぎつけた」としている。

この記事は、「李ラインの廃止を実現したのはまずまずの成果」と評価し、日本からの有償、無償支援について、「過去三六年の圧政の清算にしては安すぎる」という韓国内の不満の声も紹介している。

日本経済新聞の社説は、日韓条約は必要であり、合意内容を個別に評価するよりも、全体の意義をみるべきだという主張だった。

「日韓調印の今後に望む課題と心構え」と題されており、「日韓会談は日韓間の懸案や問題について、ただ勝ち負けを争うことではない。日韓に新しい国交を樹立し、両国が台頭な立場で友好、協力、共存共栄の関係を設定することにある」と強調した。

「調印された一つ一つの内容に間違いがないことを明らかにし、新しい国交の発効まで冷静、慎重、急ぐより国民の納得を旨として行動すべきである」、「妥結した日韓会談、調印された文書は日韓関係の終わりではなく、始まりである」と呼びかけた。

東京新聞の、「日韓正常化への調印成る」とする社説も、日経新聞に近いスタンスで、締結の意義を評価していた。

「調印式典のはなやかさ、式後の祝賀位階における両国代表の喜びに満ちた表情と、街頭デモの険悪な空気との鋭いコントラストをどうみるか、ある意味でそこに『国民不在の外交』という非難を浴びせることは容易であるかもしれない。しかし、われわれは、日韓交渉はだれかが、いつか勇気ある決断を下さなければならない性質のものであった」と評価した。

そして、日韓の国交正常化が南北統一の支障になるとの批判については「統一にいたる現実的な道は、韓国側が統一に向かって一歩進められるような自信のある国になることである」と説き、むしろ統一にとって有利に働くと論理を展開した。

「新時代を迎えた日韓関係」という同紙の解説記事の中では、「戦後処理の大きな懸案が片付いたことから、今後は長期的には日中関係の位置付け、短期的にはアジア関係の確立に全力を注ぐ」として、日中国交正常化に力を注ぐ日本政府の今後の外交方針を解説していた。

読売新聞の社説は「日韓正式調印と今後」と題し、日韓の将来に力点を置いていた。

「われわれとしても妥結内容には不満の点が少なくないが、歴史的に、地理的に、また文化的に密接な関係にあった日韓両国が、国交正常化への第一歩を踏み出すことになったことを、まず喜びたい」と前向きな受け止めを表明した。

ただ、いまだに韓国内に根強い対日感情が残っていると指摘し、「われわれの方から、過去を水に流してというのは、韓国民からすると、いかにも虫がよすぎると思われようが、国交回復を出発点として、日韓両国民の間に友愛と親和感を育てていくためには、過去を離れて、明るい未来をめざしていくよりほかにあるまい」と、過去の歴史にこだわらず、未来志向に重点を置いた。

同紙は社会面では、「複雑な韓国の表情」という記事を掲載しており、目を引く。この中で、「ソウルには喜びの色はまったくなく、大多数の市民は無表情というより、ゆううつそうにみえる」「（韓国の）新聞が『精神的、経済的侵略を防ぐべきだ』との記事を掲載した」と市民の率直な声を伝えた。

四　地方の視点

韓国に近く、漁業関係者が多い九州・福岡を拠点とする西日本新聞は二三日の社説で、「漁業問題や在日韓国人問題で、日本がかなり大きな譲歩をした」と合意を問題視した。

西日本の水産基地である下関発の記事も掲載している。この記事は「西日本の水産界は、日韓条約に盛り込まれた日韓共同規制水域への出漁船の割り当て、協定発効までの安全確保、発効後の新しいトラブルから捕獲された日本漁船の補償などの問題にぶつかるだろう」と、課題の多さを伝えた。

ただ、同紙の「春秋」という一面下のコラムは、今回の調印について下関の漁業関係者が「ああこれでひと安心」と受け止めていることを伝えた。「これまでは父や夫やむすこが出漁している間は、毎日ハラハラしながらラジオのニュースを聞いていたものです」という漁民の家族の声だ。中身はどうあれ、まずは安心したという漁業関係者が多かったのだろう。

一方的に引かれた李承晩ラインが撤回されたことで、「一四年ぶりに朝鮮海峡にやっと平和が立ち返った感じ」「長年にわたって重くのしかかっていた不安感は取り除かれただけでも収穫は大きい」と、日韓条約締結の肯定的な面を伝えている。

在日韓国・朝鮮人が多く住む神戸で発行されている神戸新聞は、他の新聞とはやや違っている。「譲歩を恨みにとどめるな」と題された社説では、日本側が竹島や請求権問題で「数え上げれば、日本側の譲歩は果てしがあるまい」と一応批判している。

ただしこの社説は、「正式調印を終わった今、われわれは譲歩を恨むよりも、韓国民の不満に、いっそう目を注ぎ、戦争を反省する資料としたい」「それがなくては、日韓の建設的な将来もありえぬのではないか」と、日韓条約を受け入れた韓国側の事情に目を配っている点で、際立っている。

同じく在日韓国・朝鮮人の多住地域がある神奈川県の神奈川新聞は、社会面で「日韓調印　二つの表情」という記事を掲載した。

韓国系の在日大韓民国居留民団（民団）は、基本的に歓迎する姿勢を見せたが、北朝鮮系の在日本朝鮮人総連合会（総連）の幹部は「まあ、お話になりません。半分（韓国のこと）とだけつきあってなにが国交正常化ですか。われわれが悲願にしている祖国往来の自由を踏みつけて、韓日会談を推し進めた。たいへんな汚点が残っただけでしょ」という声を紹介している。

北海道新聞は、一面の記事で「暗い歴史で塗りつぶされた日韓関係は、基本条約の調印によって新時代を迎えた。韓国にとってわが国は好ましからざる支配者から、対等な隣国に置き換えられた」と解説した。

「日韓交渉妥結が意味するもの」という社説は、「個々の条文の不合理や不備をはるかに超えた日韓交渉が持つ本質」について言及している。

それは「日韓交渉を妥結することによって明らかにされた我が国の立場は、朝鮮に対して一方（韓国）と友好を結び、他方（北朝鮮）を敵視することによって、米国を中心とする冷戦体制の中に自らを縛り付けることを意味する。本来ならば、民族統一の可能性を親身になって探ることに力を貸すべき隣国・日本が、かえって統一を阻害する方に加担したことを意味する」と、将来の南北統一への障害になると明言した。

琉球新報は、一面で「日韓交渉　正式調印終わる」と報じた。六月二三日は沖縄戦終結にちなんだ「慰霊の日」に当たるため、社説も慰霊の日にちなんだもので、日韓関係の記事は少な目だった。

政党紙では、日本共産党の機関紙アカハタは、一面で日韓会談の本調印のニュースを伝えた。国民の反対の中、調印が強行された理由としてアカハタは「アメリカ帝国主義のベトナム侵略戦争の拡大を中心として緊迫した情勢にあることは明白だ」と、当時の国際情勢を踏まえて書いている。

そして北朝鮮についても言及している。「日韓条約が『韓国政府』を朝鮮における唯一の合法政府として確認していることが示すように、日韓会談は朝鮮民主主義人民共和国を否認し、それを敵視して、南北分断を固定化し、それを敵視し、南北分断化を固定化し、朝鮮の自主的、平和統一を妨げるものである」との見解を示している。

アカハタは、日韓条約が締結された二二日の午後、日比谷野外音楽堂で大規模な抗議集会が開かれたことを伝えている。

一万八千人が参加し、参加者は会場の外にあふれ出たという。この集会には婦人、宗教者、建設労働者、朝鮮総連などの代表や社会党、共産党の各代表が出席した。

あいさつに経った共産党の宮本顕治書記長は、「日韓条約はアジア人をアジア人として戦わせるアメリカ帝国主義の策動の一つ」とし、断固粉砕を呼びかけた。米国がアジアの中に火種をまこうとし、それに日本が協力した―こういった主張は、当時の日韓条約反対論を象徴している。

五　韓国の実情を伝える

これまで見たのは、政治面の記事が中心だったが、条約締結を機会に、韓国の実情を知らせようという記事も登場する。

毎日新聞は六五年六月二五日から「隣の国　韓国の庶民たち」という連載記事を始めた。当時の日韓間の往来は年間一万人とされており、日本人の大半は韓国の実情を知らなかった。

現地をペンとカメラ記者が全国各地を歩いたもので、タイトルを拾ってみると「たくましい生命力」「世界第四の陸軍大国　われら防波堤　分断のせつなさ秘め」「南と北　なおいえぬ動乱の傷　複雑な憎しみと肉親の情」などだった。日本人が韓国に何を感じたかが伝わり、興味深い。

連載の二回目は韓国最南部の済州島の漁村を訪れたルポだった。

「生まれが大阪ですさかい。日本のひとはやっぱりなつかしおまんな」―島で会った男性Ｋさんは、記者にこう話しかけた。

Ｋさんは戦災に会い、大阪から島に渡り漁師となった。父親から譲り受けた田畑を売って金を作り漁船を買った。沖合に網を張っていたら、日本の底曳漁船によって破られ大損害を受けたという。Ｋさんは、「日本の漁船とは装備に大きな差があり、今後も我々が損害を受ける」と心配していた。

日韓条約は、Ｋさんのような零細な漁民にも、大きな影響を与えたに違いない。韓国側の視点で書かれた貴重な内容だ。

現地にいたソウルの特派員たちは、日韓関係の難しさを肌で感じていたようだ。条約締結後に、ソウルの雰囲気を伝える報道がいくつか見られる。

読売新聞の島元特派員は一九六五年一〇月六日の朝刊で、「日韓正常化への総決算」という連載記事の一回目を担当した。この中で、条約と諸協定の批准国会が開かれるのを前に、韓国側の表情を伝えている。

島元は「日本人の中には久保田発言に見られるように植民政策の必然性と価値を説くものが少なくないが、親は子に三六年の傷跡を語り継ぎ、歴史は学生にさいなまれた過去を教える。こういう環境の中で、きびしい対日感情が生まれるのは当然だろう」と韓国側の対応に理解を示していた。

さらに島元は、「この国民感情は、韓国で（日韓条約の）批准が終わったからといって、簡単にぬぐいされるものではない」と鋭い指摘をしている。

具体的な例としては、朴正熙大統領が日韓条約締結の後に訪米し、メディアの前で「私も個人的には反日感情を持っている」と発言したことや、日本商社の社員の韓国入国が厳しくなり、韓国で、観光目的で入国しながらビジネス活動をした日本人を国外退去処分にするケースが相次いだことを例示した。

また、韓国のキャバレーや喫茶店で「銀座」「桜」など日本を思わせる名前は禁止され、日本の歌や音楽は禁止され、日本語塾も制限を受けたという。

日本の新聞には、経済協力で日本経済が上向くという期待感が出ていたが、島元は「日本人全体が植民地時代の夢を追うことなくエリを正して反省し、日本政府が率直な見解を表明することによってのみ、逆説的ではあるが、両国の前途が開かれようというのがソウルの日本批准国会を見守る心境である」と結んでいる。

六　世論調査

それでは、日韓会談に国民は何を望んでいたのか。

一四年間の交渉期間中、報道機関は数々の世論調査を行っている。

現在日本の新聞は、大きなニュースがあると、その数日後に読者の意見が紙面で紹介される。しかし、六五年当時、まだ新聞の投書欄は週に一～二回の掲載で、世論をつかむためには世論調査が活用されていた。

調査結果から浮かんでくるのは、まず日韓関係への「無関心である。

世論調査の数字を見てみよう。一九六五年九月に行われた時事通信の世論調査によれば、国交正常化に賛成は30・3％、反対は10・7％、分からないが58・9％にものぼった。連日新聞やテレビで報道されていたはずだが、関心を持っていない人が多かったことが分かる。

今後の日韓関係でもっとも重視することは何か、との質問では35・0％が「国民感情の融和」と答え、経済協力（16・3％）、文化交流（5・2％）、2国間の懸案解決（4・9％）を大きく引き離していた。

やはり、日韓の難しい関係を、国交正常化を機会に、解消してほしいと願ったのだろう。

読売新聞が同じ年の一〇月に行った世論調査でも、国民の無関心ぶりが浮かび上がる。

「日本と韓国の間に正式国交を結ぶための条約ができ、臨時国会で、それを承認するか決めるが、そのことを知っているか」との質問に、「よく知っている」が32％、「いくらか知っている」が38％、「知らない、回答なし」が30％を占めた。

日韓条約への賛否を聞く質問には「賛成」が31％、「やむをえない」「反対」が計26％、「分からない、回答なし」が43％にのぼった。

賛成はわずか3割にとどまっていた。

さらに「やむをえない」「反対」と答えた人に、日韓条約は、南北朝鮮の統一後に行うべきかと質問すると、「賛成」が20％と最も多く、「反対」は6％に過ぎなかった。

つまり、日韓条約の内容についてはよく知らないが、時期尚早ではないか─と考える国民が多かったことが分かる。

毎日新聞が、日韓の国交正常化交渉が難航していた一九六二年に行った調査で、「池田勇人内閣に何を一番期待するか」と聞いたところ、物価の安定、社会保障の推進、大幅減税など生活に密接する問題が上位を占めた。

「日韓関係の正常化」はわずか３％で、北方領土の返還（４％）よりも低かった。多くの人が期待を持っていなかったし、注目していなかった。

東京新聞も一九六三年に世論調査を行っている。この中に、どの国が一番好きかという質問があった。

米国が44・９％と圧倒的に好きな人が多かったが、韓国は0・5％で、ソ連（2・4％）、中共（中国のこと・筆者注）（3・5％）、台湾（2・6％）を下回った。これも隣国・韓国への無関心、もしくは知識のなさの表れだろう。

日本政府は、韓国との国交で、日本が経済的にプラスになり、米国の意向を受け、東アジアで自由主義陣営を広げ、強固にすることを狙った。

しかし、一般的に日本人は韓国との間を行き来する人も少なく、さらに「軍事政権の暗く、危険な国」というマイナスのイメージで捉えていた。

日韓会談に関心を持っていた人たちでも、政治的な面よりも、「国民感情の融和を図ってほしい」と願っていた。

両国間に残った歴史をめぐる対立は、現在もくすぶり続けている。日韓条約締結は、世論調査に現れた、日本国民の素朴な願いに答える内容だったと言えるだろうか。

七　韓国民が願っていたこと

朝日新聞で一九六二年〜六四年までソウル特派員をした西村敏夫は、六五年に『私は見た　韓国の内幕』(朝日新聞社)という本を出版した。

西村は、戦前のソウルで生まれ、現地で大学教育まで受けた人だ。ただ、日本人だけの学校に通ったため、「朝鮮民族を圧迫していた(朝鮮)総督の本質は知らなかった」とこの本の中で吐露している。

新聞社の特派員として一七年ぶりに韓国で生活するようになり、日本人が韓国人に行った弾圧の歴史を聞いて「今度は粛然とした」という。これは、当時韓国に住んでいた日本人に共通する経験だったろう。それだけに、多くの韓国人から話を聞き、日本に対する心理をよく分析している。

その西村が、日韓条約締結に感じた韓国人の気持ちを、こう書き残している。

以下は西村が、韓国の知識層から聞いた内容を最大公約数としてまとめたものだ。

「日本人の蔑視の中で、常に日本民族のための下積みとなってきた。やっと両国の正常化をめざした交渉がまとまったが、請求権はわずか三億ドル。あとは借金だ。要は金額の多少ではなく、誠意であった。金額では、過去私たち民族が受けた損害は補いえないからだ。だが、その誠意は認められなかった。当初の交渉段階における請求権問題では、日本政府は物的証拠の有無による法理論で会談に臨んだ。全土が戦場になった韓国で、どれほどの証拠書類があったであろうか。日本はその弱点を予め知っていたと思う。日韓会談の目的は、そもそも過去の日本統治に対する清算である。ところが日本は力で押しまくった。外交交渉というものが、国力によって結果をもたらせることが分かっていても、日本と韓国の昔の関係を考えるなら、法理論を振りかざすことはできなかったはずだ。しかし、その代償として、韓国でただ一つの漁場、李ラインが解放された」[7]。

さらに、「私たちも過去は忘れたい。そして未来を考えたい。世界は動いているからだ。だが、一向に知らぬ顔をして過去を葬り去ろうとしている日本政府の態度を見るとき、過去の恨み、怒り、憤りがよみがえってくる。それが日本を見る目につきまとって離れない」[8]。

韓国の人たちが、日韓国交正常化のプロセスで求めたものは、日本にとっての自分たちの存在と役割を認め、物心両面で償われることだった。

それを西村は、「韓国の良識が日本に求めている謝罪とは、必ずしも四角四面の『平謝り』を意味しているものではない。

韓国の良識が求めているのは、一種の挨拶、または呼びかけの言葉である」[9]と表現した。

しかし、著者の西村が日韓条約締結前後の新聞を読んで感じたのは、日本政府は、韓国側の思いに応えなかっただけでなく、実際に「知らぬ顔をして過去を葬り去ろうとした」ことだ。

もちろん、韓国側の心に応えようとした人もいた。

六五年六月二二日付の西日本新聞夕刊社会面には、「この日のために一四年　外務省の前田参事官」という記事が掲載されている。

前田利一のことだ。日韓会談で通訳として参加し、その後韓国大使になる韓国通として知られた外務省の人物である。

日韓国交正常化交渉当時、日本の外務省には韓国語のできる人が一〇人もいなかった。朝鮮の人たちに日本語を強いたため、学ぶ必要がなかったためだ。

戦後朝鮮半島から二五歳で引き揚げてきた前田も、その一人だった。前田は少壮の役人として朝鮮総督府で勤務した経験があった。

記事によれば、「朝鮮総督府の仕事がうまく行かなかった原因の一つは、通訳官とか、田舎の先生以外に朝鮮語を学ぶものがいなかったからではないか」と考えた前田は、天理大学に国内留学して言葉を学び、日韓会談の通訳となった。

当時朝鮮問題は外務省内で「ダーティ・ワーク（汚い仕事）として毛嫌いされていた」と前田はいう。

一九六五年、当時の椎名悦三郎外相が、交渉妥結を前にしてソウルを訪問し「過去の不幸な歴史を反省する」とのステートメントを発表した。

これを韓国語に通訳したのが前田だった。前田は「このことばを日本の代表者が口にしなかったから交渉に時間がかかったのだろうとつくづく思いました」と振り返っている。

日韓条約締結当時、新聞の投書欄は小さく、掲載本数も少ない。日韓国交正常化についての投書を見つけるのは簡単ではないが、朝日新聞の一九六五年六月二七日朝刊には、横須賀市の宗像健という人の「心から喜べぬ日韓調印」という投書が掲載されている。

ソウルでは連日、日韓条約に反対する学生デモが起き、それを軍隊が出動して鎮圧しているとし、「あのようなむごたらしいことまでして、急いで調印しなければならなかったのか。このような状態の中で成立した日韓関係の将来は、誠にうれうべきだ」と批判的に書いている。

韓国で、反対デモが弾圧されていることは、日本でも連日報じられており、日韓の合意に疑問を抱く人が少なくなかったようだ。

西日本新聞の六月三〇日投書欄に「福岡県遠賀郡、吉住吟子」が、こういう投書をしている。

「（日韓条約の）内容を見ると、日本の一方的な譲歩によって解決されているようです。こんごの日本の将来に暗影を落とすことになる恐れがあり、屈辱外交といわれても仕方ない」と、新聞の論調に近い批判をしている。

八　報道の問題点

日韓会談の一連の報道は、今から見ると単なる戦後処理を扱った二国間の会談の一つとして伝えられている。

日本政府は、言葉を惜しみ、強い姿勢で韓国との交渉に臨んだ。経済成長を最優先とし、できるだけ韓国との戦後処理の経済的負担を減らそうとしたのだろう。

今日本では韓国に対し、「謝罪疲れ」を強調する人たちがいる。しかし、国交正常化の当時に、率直な言葉で植民地支配に対する言及があれば、日韓関係は違ったものになっていたはずだ。

むしろ「謝罪惜しみ」が、その後韓国に対する謝罪に追い込まれる事態を招き、日本と韓国の国民感情を、より潜在的な、解決しにくい方向にもって行ったのではないだろうか。

メディア側の問題として私が指摘したいのは日本と韓国の特別な関係にまで踏み込み、あるべき姿を探るといった報道が多くなかったことだ。双方の政府の言い分をそのまま伝えるという内容が大半だった。

なぜ韓国の人たちが、この条約に反発しているのか、植民地支配の和解というものが世界でどう行われており、日韓の場合はどう進められるべきかという広い視点の記事は見つけられなかった。

ここにも、「政府のPR方針」の影が感じられる。

一九六五年一〇月七日、朝日新聞は国会での批准を控え、日韓関係のリーフレットを、当時の価格で二億円をかけて3種類、各八〇万部も作成し、街頭などで配布していると伝えた。

当時日本には、韓国の実情がよく伝わっていなかった。日本人の特派員はいたが、自由に取材できていたわけではない。韓国人の生活ぶりや心情を伝える記事は必ずしも多くなかった。

日本のメディアの報道スタイルも原因だろう。特に新聞は、政府幹部の発言を多く取り入れ、雰囲気を伝えようとするため、政府の見解に引っ張られやすい。

毎日密着取材するうえで、関係を壊したくないとして、政府側の発言をそのまま伝える。

そうすれば読者は、日韓会談の中で政府の「ゴリ押し」だけが目に付き、反発する感情も生まれる。こういった現象は、もちろん韓国にも当てはまる。

日韓国交正常化は半世紀前のことだが、これは現在にも通じるメディアと政府の関係を提起している。

日韓では年間五〇〇万人の往来があるが、ともに相手国のイメージをいまだにメディアから受け取っている。

二〇一六年の七月に、日韓のシンクタンク[10]が発表した世論調査によれば、両国民ともに相手国に関する情報源は九割以上（日本は92・1％、韓国は93・7％）が「自国のニュースメディア」と回答、とりわけ「テレビ」に依存していた。

政府の言い分を、メディアが増幅し、国民感情をさらに悪化させている面があることは否定できないだろう。

日韓関係において、両国の歴史的経緯や、とりわけ韓国人の心情に分け入って報道する姿勢を忘れてはいけないし、ますます重要になるだろう。

【注】

（1）『日韓条約締結をめぐる内外の動向』（内閣官房内閣調査室）一九六六年、七頁。
（2）同
（3）同
（4）同
（5）同
（6）『日韓国交正常化ＰＲに関し、自民党との調整に関する件』（官房総務参事官）一九六二年一一月七日―浅野豊美・吉澤文寿・李東俊・長澤裕子編集『日韓国交正常化問題資料』第三期第四巻四二七頁に収録（現代史料出版）
（7）西村敏夫『私は見た　韓国の内幕』（朝日新聞社）一九六五年一〇月、二七〇頁
（8）同、二七〇頁
（9）同、二九六頁
（10）言論ＮＰＯ第四回日韓共同世論調査

【参考文献】

朝日、毎日、読売、日本経済、産経、東京、北海道、神戸、西日本、神奈川、アカハタの各新聞。
『日韓条約締結をめぐる内外の動向』内閣官房内閣調査室編　一九六六年七月
「検証『日韓報道』ペンの懸け橋」『検証新聞報道』編集委

員会　大村書店　一九九五年
『検証　日韓会談』高崎宗司著　岩波新書　一九九六年
『私は見た 韓国の内幕』西村敏夫著 朝日新聞社 一九六五年一〇月一五日
『日韓条約が置き去りにしたもの　植民地責任と真の友好』吉岡吉典著、吉澤文寿著　大月書店　二〇一四年

＊引用部分の一部は理解を助けるため、丸括弧で補足し、一部ひらがなを漢字にしている。

第7章　在日朝鮮人にとっての日韓条約(1)

金　鉉洙

一　はじめに

一九四五年、日本の敗戦は植民地朝鮮に解放をもたらした。少なくとも多くの朝鮮人にとって、解放は歓喜の瞬間であった。しかしながら、在日朝鮮人にとっての解放は、歓喜と恐怖が交差する時空間でもあった。一九二三年の関東大震災を経験した多くの在日朝鮮人は、当時の朝鮮人虐殺を生々しく記憶していた。戦争に負けた日本人の逆恨みが在日朝鮮人に向けられ、日本人が朝鮮人を殺しにくるという噂が在日朝鮮人社会に広がっていたのは、この記憶に基づいたものであった。戦争末期に地方に疎開していた多くの在日朝鮮人は、同胞たちが密集していた地域に移動したり、帰国を急いだりした。こうした現実を背景に、日本各地では自らの生命、財産を守るための民族団体が結成され、早くも同年一〇月には全国組織としての在日本朝鮮人連盟(以下、朝連)が結成された。

朝連は帰国を急ぐ在日朝鮮人の便宜を図る一方で、民族学校の設立と運営、参政権運動など、在日朝鮮人の生活と権利を守る様々な活動を展開し、多くの在日朝鮮人に圧倒的に支持されていた。しかし、一九四八年の阪神教育闘争に象徴されるようにGHQとの対立を強いられた朝連は、一九四九年九月、「団体等規正令」により暴力主義的団体と見なされ、強制解散させられた。その後朝連の活動は、一九五一年から は在日朝鮮民主戦線(以下、民戦)に、そして一九五五年からは在日朝鮮人運動の路線転換を掲げて結成された在日本朝鮮人総連合会(以下、総連)に継承されていくことになる。

ところで、解放後の在日朝鮮人団体としては、朝連結成時に朝連から排除された親日派や右派が一九四六年に結成した在日本朝鮮居留民団(後に在日本大韓民国居留民団。以下、民団)があったが、両者は解放後ことごとく対立した。

一九五〇年代から六〇年代にかけて両者の最も重要な対立点となったのは、日韓会談の是非をめぐる問題であった。

日本の朝鮮植民地支配に対する過去清算の問題が日韓の国交樹立の大前提であったという意味において、基本条約や請求権問題が日韓会談研究の主たる研究対象になったことは否めないが、長い日韓会談の歴史において最初から最後まで議題に上がっていたのは在日朝鮮人問題であったことも忘れてはならない。日韓会談の結果結ばれた日韓条約（法的地位協定）において法的地位が定められ、その生活に大きな影響が及ぶのも在日朝鮮人であったからである。

ここでは、在日朝鮮人の二大民族団体が当事者として日韓会談をどう認識し、対応していたのかを振り返ることで、在日朝鮮人にとっての日韓条約の意味を考えてみたい。

二　民団系在日朝鮮人運動と日韓会談

民団の日韓会談促進運動と法的地位要求貫徹運動

韓国政府を支持する代表的な民族団体である民団は、日韓会談の開始とともにそれを支持し、促進運動を展開しながら会談自体に積極的に参加しようとした。民団は、「如何に不便と、また、抑圧があっても本国の初志が貫徹される事を願い、また、そのため闘争する事を再三確認[2]」するなど、本国政府を絶対的に支持してきた。在日朝鮮人社会では後発団体で支持基盤が弱かった民団は、慢性的財政難の解決や組織の拡大強化、不安定な法的地位の解決を日韓条約の成立に求めていた。しかし、日韓会談で在日朝鮮人問題は副次的な問題として扱われ、韓国政府は在日朝鮮人に対する無為無策や無知を露呈した。それへの不満は、一時期、民団三機関長による本国政府不信任案や駐日韓国代表部の撤収要求などとなって表面化することもあった。

一九六〇年代に韓国で朴正熙政権が登場すると、会談は妥結に向けて急速に動き出した。民団はこの軍事政権にも協力して活発に促進運動を展開したが、これと併行して進められたのが法的地位要求貫徹運動であった。民団は、その理由として、韓国代表が在日同胞の法的地位問題の重要性を認識せず、公衆の面前で「帰化論」をぶつ高官さえ現れたからだと説明している。朴正熙政権は日韓会談の妥結に積極的ではあったが、在日朝鮮人に対する認識は、以前の政権とそれほど変わっていなかった。そのため民団では、促進運動とともに自らの法的地位問題について積極的に自己主張する必要性があったのである。

日韓会談に対する葛藤はあったとは言え、総じて民団は日韓会談促進運動を展開したと言えるが、それを支えた思想は次の三点に要約できる。第一は、「反共思想」である。民団は「日韓会談を成立させ、反共体制を確立する」ことによって、「自由アジア防衛と世界民主平和の実現を期す」ことができると考えていた。(3) 第二は、法的地位問題の解決要求にみられる「現実主義」である。日本において「法的地位を正当にもらい、社会差別のない権益を主張して、不安定な生活をいち早く打開する」(4) という説明にみられるように、民団の運動は自分たちの生活に根ざした現実主義にもとづくものであった。第三は、「愛国主義」である。「祖国の経済発展と友邦国家との紐帯を強化するため」(5) という民団の促進運動の論理は、まさに本国の朴政権の「先建設路線」とぴったりと付合するものであり、その愛国主義を具体化したものに外ならなかったのである。

こうした思想的背景をもつ民団運動には次の三つの特徴があったということができる。まず、第一は、日韓条約の締結によって財政難を解決することと韓国籍への切り替えによって団勢を拡大することをめざしていた点である。この点は、会談初期から見られる特徴であり、韓国政府に対する特別要求事項や会談妥結と同時にすべての在日朝鮮人の韓国国籍獲得を主張したことはこのような脈絡から出ていると言える。第二は、民団の運動が、法的地位要求貫徹運動に枠づけられていた点である。民団は日韓会談に対する反対や不満は組織内部で抑え、日本における法的地位の獲得に重点を置くことによって在日朝鮮人社会のコンセンサスを得ようとした。ある意味で、彼らの運動は日本におけるエスニック・マイノリティとして存在し続けることを想定したものであったのである。第三は、民団の運動が上記のような思想的背景を持っていたがゆえに、朴政権の路線と軌を一にし、日韓条約の締結は民団が本国との連携を強める決定的な契機になったということである。日韓条約の仮調印後、本国国民に対するアピールでは、今までのどの政権より、朴正熙政権は在日朝鮮人に対し熱い関心を持って今度の会談に臨んでいることに感謝の気持ちを表明した。つまり、朴正熙政権が以前の政権とは違って、在日朝鮮人問題に理解や積極性を見せてくれたと強調することによって、本国の朴政権との連帯感を強めたのである。

在日韓国青年学生運動と日韓会談

一方、一九六〇年代に入ると民団傘下でも在日韓国青年同盟（以下、韓青）と在日韓国学生同盟（以下、韓学同）によって民団中央とは異なる運動が展開されるようになった。在日韓国青年学生らは、基本的には日韓の国交正常化に関しては民団同様に支持していたが、民団が「先国交回復・後諸問題の解決」というスタンスを取ったのに対して、在日韓国青年学生たちは「諸問題の解決を前提にした国交回復」を主張した。この違いから、日韓会談の後半になって在日韓国青年学生らは民団と対立することになったのである。

在日韓国青年学生らは日韓条約の本調印に反対や無効を主張したが、これは総連の反対論とはまた異なるものであった。後述するが、総連は会談自体に反対したが、彼らは会談の内容に対する反対や無効を主張したのである。日韓会談におけるアメリカの役割に対する認識がその象徴的なものであった。在日韓国青年学生らは、「日韓会談が『韓日米交渉』と呼ばれるのは不思議なことではない」とし、「韓日会談をもっぱらアメリカの戦略と利益のために、アメリカの主導権によって行われたと断定するのは言いすぎ」であると主張した。しかし、「日米安保体制を日本外交の基本路線として確定した日本支配層は、韓国を極東反共体制の最前線、日本防衛の前線基地だとする考えに立ち、その戦略的意味において『日本自身のための』会談妥結を推進してきた」とし、「わが民族的権益を擁護する立場から、わが民族の権益に反するいかなる条件をも許容することはできない。ことに、主権が犯され、自主独立、南北統一への道が遠ざかるようないかなる条件をもまた受け入れることはできない。南ベトナムでの事態に備えて、東北アジアの軍事的防衛体制強化を唱える米日の極東政策の一環としてのみ萬が一にも韓日会談が無原則的に急がれるとすれば、われわれは民族の総力をあげてそれに対処しなければならない」と主張し、冷戦イデオロギーの下で、「民族的権益」が無視されることについては強く警戒していた。(6)

在日韓国青年学生らの日韓会談反対運動には、法的地位問題と李ライン問題の二つに主たる反対理由が存在していた。在日朝鮮人運動において李ライン問題を大きく取り上げたのは在日韓国青年学生による運動だけであった。在日韓国青年学生らがこれを前面に押し出したのにはいくつかの理由があった。その一つは、当時の在日韓国青年学生運動の本国志向性から出てくる問題である。彼らは韓国の四月革命の影響を受け、本国との連携志向が強かった。彼らの学習資料などでは、常に本国学生の動き、主張などが詳しく記述され、それに連帯感を持っていた。韓国における三・二四、六・三学生運動が朴正煕政権の厳しい弾圧によって鎮静化させられると、自ら決起して韓国の学生たちに連帯感を表明したのがその例であろう。もう一つは、彼らの主張が徹底して民族的なものであった点にある。「平和線〔李ライン〕死守」は、もっとも象徴的な民族的課題であった。

以上のように、在日韓国青年学生運動は、本国の日韓会談反対運動と共鳴し合うものであったということができる。彼らの運動の中で示されたナショナリズムは、本国の日韓会談反対運動が共有したもう一つの愛国主義的ナショナリズムと同一のものであったのである。

三　総連系在日朝鮮人運動と日韓会談

北朝鮮を支持する民戦と総連は、日韓会談にいち早く反対の意思を明確に示してきた。日韓会談の一四年間、一貫して反対運動を展開してきた総連の運動は、大きく四つの時期に分けることができる。日韓会談のはじめから総連の結成までが第一期、総連結成から一九六三年までが第二期、一九六四年から条約の締結、国会批准までが第三期、その後が第四期である。

第一期は、民戦を中心とする時期であり、北朝鮮本国より日本共産党の影響力が強かった時期である。この時期の民戦運動は、「反米、反吉田、反再軍備」の標語が物語るように、日本の民主革命が運動の主目標として設定されていた。つまり、民族問題より階級問題が優先していた時期であったといえよう。また、朝鮮戦争の渦中で敗戦国日本の単独講和・再軍備がアメリカ主導で進められた時期でもあった。このような時代状況から日韓の連携が北朝鮮政府の存立を脅かすものであったため、自ずと日韓会談は反対すべきものであったのである。

第二期の特徴はまず、①総連結成とともに在日朝鮮人運動の路線変換があったこと、②日本政府が対共産圏外交を積極的に展開したこと、③一九五四年、久保田発言によって日韓会談が決裂し長い休会期間に入り日韓両国間の関係が悪化したこと、などによって、北朝鮮政府が対日接近外交を積極的に推進しようとした時期である。このような情勢のもとで総連は、在日朝鮮人の帰国事業や自由往来運動を展開しながら、間接的に日韓会談の進展を牽制していったと言える。つまり、この時期の総連にとって日韓会談反対運動は当面のさしせまった問題とならなかったが、日朝友好団体や日本の革新勢力と連帯した帰国事業、祖国自由往来運動、朝日貿易要求などの運動を推進することが、事実上、日韓会談の進展を阻むものにもなったのである。

第三期は、日韓会談の妥結が迫っているという認識の下、北朝鮮政府や総連は韓国内の激しい反対運動を支持、声援しながら、民団系在日朝鮮人に共闘を呼び掛けるなど、再び積極的な反対運動を展開した時期である。「反共」と「祖国近代化」を目標に掲げた朴正煕政権は、何より日本からの経済支援を必要としたが、これに対し北朝鮮や総連は日本の経済侵略の側面をより強く批判し、北朝鮮からの援助提案と並行して、自主的民族経済の建設、平和統一、反米救国運動を展開した。また、基本条約が仮調印されると、直ちに条約の批准反対や条約の無効化を主張した。

第四期は、日韓条約の締結によって、総連が組織防衛に入る段階である。韓国と日本の国交正常化は総連に大きな打撃を与えると考えられた。したがって、この時期の総連は国籍切り替え要求運動や祖国自由往来運動の持続的展開、思想教育の強化に力点を置くようになった。

総連の反対理由は日韓会談の初期から一貫していたが、上記のように各時期によってその強弱は少しずつ変化してきた。総連の反対理由を総合して見ると、日韓会談は、朝鮮の自主的平和統一を妨害し、極東とアジアの平和に重大な脅威を与え、また南朝鮮を代表できない朴政権が、日本政府と売国的取引きを行い、再び米帝国主義の策謀のもとに、日本帝国主義を韓国に引き入れ、二重の植民地にしようとしているということである。総連はこのような反帝国主義的イデオロギーを一貫して保持しながらも、会談の妥結がいよいよ差し迫ってくるにつれて、民団への働きかけを強める必要から次第にその主張はナショナルな性格を帯びるようになった。

日本の官憲史料では総連の日韓条約反対運動の特徴について、「総連の日韓条約反対運動は北朝鮮の指導に基づき、日本の左翼諸団体に働きかけ或いは自らも統一行動などを組織して反対[7]」したと総括している。つまり、総連の日韓会談反対運動のもっとも本質的な点は北朝鮮の「国家の論理」に裏づけられたものであったということである。そのため総連の日韓条約反対運動は、北朝鮮の「国家の論理」がその時々の国際的・国内的事情によって変化するとそれに応じて運動の力点が移動するという性格を帯びざるをえなかったのである。

四　結びに代えて
——在日朝鮮人にとっての日韓条約

日韓条約の締結は、結果論的に民団系の運動が成功し、総連系の運動が失敗したことを意味した。日韓条約の性格上、成功と失敗という分け方はやや乱暴であるが、そもそも日韓条約をめぐる運動は対立的な性格をもっていた。しかし、成功と失敗という形で増幅された対立が以後の在日朝鮮人社会の対立、分裂をさらに深刻なものにし、さらには冷戦イデオロギー下の陣営論理は在日朝鮮人社会に鮮明な分断線を引いた。一九六五年一二月一八日、日韓条約の批准書交換を迎えた朴正熙大統領の談話の一部は在日朝鮮人に向けられている。その談話では、それまで一部の在日朝鮮人が共産主義思想にとらわれ、その系列に加担するようになったのはほとんど本国政府が在日同胞を保護し得なかったところに責任があるとし、一時的な過誤で朝連系に加担した在日朝鮮人の前歴は一切不問にするので、本国政府の保護下に戻ることを希望すると述べている。これは言うまでもなく、在日朝鮮人に転向を促したものであり、その後韓国政府による在日朝鮮人社会への管理と統制が強められた。

一方、民団内の日韓会談反対勢力と在日韓国青年学生らは、この運動を通して、祖国の政治状況の変化に敏感に対応するようになった。彼らはこの運動をきっかけとして、朴政権との対決姿勢を明確にしていった。そして、日本における反独裁（反朴政権）民主化運動の支持母体へと成長していく。それは民団中央の姿勢とは対照的であった。こうして、韓国政治の構図が民団系在日朝鮮人社会の中でも作り出されることによって、日本における韓国認識や歴史認識がいっそう多様化し、具体化していくことになった。

日韓会談が行われた一四年間は、在日朝鮮人にとっては「棄民」が可視化されつつ、自ら自覚して行く過程とも言える。

在日朝鮮人は、一般的に韓国政府の在日朝鮮人政策は「棄民政策」であったという。「棄民」とは国家から捨てられ、国家等の保護下にない人々を示すが、どのような国家も自国の在外国民に対して棄民政策を打ち出す国家はない。韓国政府も在外国民に対する政策として「棄民政策」を明確に標榜したことはない。しかし、問題は在日朝鮮人自身が自分たちの置かれた状態を「棄民」だと感じている点にある。

民団中央の要職に付いていた鄭哲は、様々な講演会などで行った演説を纏めた著作のなかで、在日朝鮮人の立場が「解放以降、実質的に本国政府から棄てられた格好[8]」だと語っている。日韓会談が進められる一四年の間にも、在日朝鮮人には「棄民」という二文字が徐々に強く意識されるようになった。

日韓条約が締結されてから「棄民」という言葉は個々人の意識を超え、集団に共有される意識へと発展した。韓国政府の「棄民政策」の本質を日韓会談の法的地位協定のなかに求めている東京都内五つの大学の韓国文化研究会が共同編纂した韓国時事問題研究資料は次のように指摘する。

六五年春「韓日会談」をめぐる朝野の紛糾の中で、「会談」の反民族性、反国民性が指弾され、「法的地位協定」についても〝棄民政策〟的本質が激しい論難の的となった。「会談」の売国的内容と反民族的性格を糾弾しつつ、「政府は〝法的地位協定〟をもって〝経済援助〟三億ドル獲得のための取りひきの具とし、六十万同胞の生殺与奪権を日本に売り渡した」との絶叫の渦の中で在日韓国青年学生による韓日会談反対闘争は激しい高まりを見せ、日警の弾圧によって数十名の先輩達が、或いは逮捕、投獄され、或いは傷ついた記憶が、いまもなまなましいものがある。[9]

さらに、一九七五年に刊行された韓青中央理論機関誌である『ソング（선구）』の創刊号には、第四綱領「われわれは在日韓国青年の民族意識を高め在日居留民の権益擁護の為に全力を尽くす」、について次のように説明している。

> 日本に居留する在日六十万韓国人は、日本政府による民族抑圧と同化の差別政策、更にその裏がえしとしての民族排外、追放の政策によって諸般の民族的権益あるいは基本的人権すらも剥奪・抑圧されている。更にまた、本国政府による棄民化政策に対して、われわれ在日韓国人は自らが自らの権益擁護の為に団結し、決起しなければやっていけないという民族的立場・今日的立場が存在する。…【中略】…本国の朴政権は「在日韓国人はやがて日本に帰化する運命にある」ということで、海外国民の切り捨て政策を当初から明らかにしつつ、更にその範疇において「執権者の言いなりに忠実な者だけがわが海外国民である」とのわく組みを打ち出している。[10]

韓青は、韓国政府が棄民化政策を採っている以上、自らの権益擁護のためには団結、決起しなければならないと主張する。ここでは「棄民化」に反対することがすでに一つの運動の論理として機能していることが分かる。

在日朝鮮人が自らを「棄民」として認識しはじめたのは、日韓会談の過程においてである。在日朝鮮人問題に対する議論は、朴正熙政権以前と以後で大きな差があった。その中でも、永住権付与問題と強制退去問題に関しては対応の違いが極めて鮮明である。朴正熙政権以前の交渉では、韓国政府は無条件の永住権付与を主張してきた。第五次日韓会談では日本側から帰化を考慮するという発言もあったが、これに対して確実に拒否の意思を明確にしていたのである。しかし、朴正熙政権期になると、韓国側から永住権の制限と集団帰化権を提案するまでに至った。強制退去問題においても朴政権以前には強制退去の絶対不可または永住権者の完全排除を主張してきたが、結果的には強制退去の途が開かれた。

一九五〇年代の李承晩政権は在日朝鮮人問題について無関心であった。この無関心さが知らず知らずのうちに在日朝鮮人を棄民的状況に陥れたと言うことができる。しかし、朴正熙政権下では在日朝鮮人に対する議論が、将来在日朝鮮人は日本に同化され、自然に消滅していくという認識を前提にして展開されるようになる。こうした変化は会談の外側にいた在日朝鮮人の眼にも明らかであった。朴正熙が打ち出した「祖国近代化」という命題はクーデターの名分であり、日本との国交正常化を通じた外資導入がもっとも急務とされた。そして、そのためには何かを犠牲にしなければならなかった。朴正熙政権下で永住権に関する議論が急変したのは、在日朝鮮人が日本国内で少数民族化することに対する日本側の懸念を払拭し、会談を成功させるための取引材料にされたためとも考えられる。

国家間で国交が結ばれれば、相手国に居住している自国民に対する国家の実効支配性は以前より高まる。金英達はその実効支配性問題と関連して、その国家の国民に附随する権利や義務が実際に機能しているのかどうかを問題にする[11]。韓国政府が日本と国交を結んだことによって、国交樹立以前に比して韓国政府の実効支配性はより増大したとされるが、在日朝鮮人は国民としての義務は強要されても、その権利の行使はほとんどできなかった。朴正熙がモデル化した祖国統一や祖国近代化に協力しない在日朝鮮人は徹底的に排除され、その排除は反共イデオロギーによって正当化された。

このように日韓会談の一四年間は、韓国政府の在日朝鮮人問題に対する認識が徐々に可視化されていく過程であったと言えるが、それは在日朝鮮人にとって「棄民」であることが既成事実として自覚化されていった道すじでもあった。

【注】

(1) 本稿は拙著『日本における韓日会談反対運動―在日朝鮮人運動を中心に』（図書出版先人、二〇一六年）の一部を修正、加筆したものである。運動の展開過程等については拙著を参考にされたい。
(2) 「本国政府に要請する建議書」（朴慶植『在日朝鮮人関係資料集成《戦後編》第三巻』不二出版、二〇〇〇年）三八七～三八八頁。
(3) 民団『民団40年史』一九八七年、九一頁。
(4) 同上。
(5) 『韓国新聞』一九六五年六月一八日付。
(6) 韓学同中央学習資料『韓日会談―その最終的段階と我々の態度』一九六五年、二五～二六頁。
(7) 公安調査庁『内外情勢の回顧と展望』一九六三年一月、七八頁。
(8) 鄭哲『民團―在日韓国人の民族運動』洋々社、一九六七年。二五四頁。
(9) 在東京五大学・韓文研共同編纂『韓国時事問題研究資料』一九六七年、五七頁。
(10) 在日韓国青年同盟中央理論機関紙『ソング』創刊号、一九七五年、一二～一三頁。
(11) 金英達『金英達著作集Ⅲ　在日朝鮮人の歴史』明石書店、二〇〇三年、六四～七二頁。

【参考文献】

韓学同中央 学習資料『韓日会談—その最終的段階と我々の態度』一九六五年。

金鉉洙『일본에서의 한일회담반대운동 – 재일조선인운동을 중심으로（日本における韓日会談反対運動—在日朝鮮人運動を中心に）』図書出版先人、二〇一六年。

金英達『金英達著作集Ⅲ 在日朝鮮人の歴史』明石書店、二〇〇三年。

公安調査庁『内外情勢の回顧と展望』一九六三年。

在東京五大学・韓文研共同編纂『韓国時事問題研究資料』一九六七年。

在日韓国青年同盟中央理論機関紙『ソング』創刊号、一九七五年。

在日本大韓民国居留民団機関紙『韓国新聞』。

在日本大韓民国居留民団『民団四〇年史』一九八七年。

鄭哲『民團—在日韓国人の民族運動』洋々社、一九六七年。

第Ⅳ部　国際法の視点から

国連人権理事会（2013 年 3 月）

第8章　植民地支配犯罪論の再検討
――国際法における議論と民衆の法形成

前田　朗

一　はじめに

近年、国際刑事法において戦争犯罪や人道に対する罪を裁いた裁判実例が積み重ねられてきた。同時に多方面の分野において「継続する植民地主義」や「植民地支配責任」をめぐる議論が展開された[1]。歴史の掘り起しが進展する一方、各地で発生した残虐行為に対する国際的対処も進められた。その過程で植民地支配犯罪論が浮上した。

では、植民地支配犯罪とは何を意味するのだろうか。近代国際法は植民地を事実上容認した。西欧諸国は自ら産み出した国際法を使って文明の名の下に植民地を広げた。それゆえ植民地支配そのものを批判するためには国際法の換質が必要である。植民地を容認する国際法ではなく、植民地支配を犯罪とする国際法を確立する必要がある。「継続する植民地主義」の問題提起を踏まえて植民地支配犯罪論について考えたい。

二　戦争責任論と戦争犯罪論

国際刑事法廷の展開

東京裁判において日本軍国主義の戦争犯罪が裁かれて以後、さまざまな形で戦争犯罪論と戦争責任論が続けられた。歴史学では家永三郎、荒井信一、吉田裕などの戦争責任論の系譜が知られる。

国際的には一九九〇年代に戦争犯罪論が飛躍的に発展した[2]。ニュルンベルク裁判及び東京裁判を実現した後、国際社会は空白期を迎えた。東西対立、冷戦構造の下、新たな戦争犯罪法廷は設置されなかった。しかし、東西対立終結以後、状況が大きく変化した。一九九三年には旧ユーゴ国際刑事法廷、九四年にはルワンダ国際刑事法廷が設置され、戦争犯罪、人道に対する罪、ジェノサイドの有罪判決が次々と下され、刑法解釈の積み重ね、刑事手続きの経験の蓄積がなされた。さらに「国際化された法廷」として、東ティモール法廷、シエラレオネ法廷、コソヴォ法廷、カンボジア法廷も活動した。[3] そして常設国際刑事法廷設立のための議論が本格化した。一九九六年の「人類の平和と安全に対する罪の法典草案」を経て、一九九八年、「国際刑事裁判所規程」が採択され、史上初の普遍的管轄権を有する国際刑事裁判所（ＩＣＣ）が設置された。

九〇年代後半以後、国際刑事法に関する膨大な理論研究が送り出された。各法廷の裁判実務に基づいた資料、判例集、研究書、及び国際刑法教科書が次々と登場した。ルワンダ法廷ではアカイェス事件やムセマ事件におけるジェノサイド犯罪の初適用、旧ユーゴ法廷ではイェリシッチ事件やフォーチャ事件など多数の人道に対する罪の適用、そして両法廷における戦時性暴力の処罰事例の積み重ねにより、現代国際刑法はニュルンベルク・東京の遺産を見事に継承し、豊かに発展させてきた。

日本で展開されている戦争責任論に、国際的に展開されている戦争犯罪論を組み込むことが重要な理論課題であった。

日本軍性奴隷制問題

並行して国際法の一つの焦点となったのが、日本軍性奴隷制（慰安婦）問題であった。女性の人権を国際法に取り入れる流れが強まり、「女性に対する暴力」への国際協力による対処が求められた。この問題が初めて国連人権委員会に提起されたのは一九九二年二月であったが、翌九三年のファン・ボーベン「重大人権侵害」報告書、九四年の国際法律家委員会（ＩＣＪ）報告書、九六年のラディカ・クマラスワミ「女性に対する暴力」報告書、そして九八年のゲイ・マクドゥーガル「戦時組織的強姦・性奴隷制」報告書によって、日本軍性奴隷制の国際法解釈がまとめられた。そして九八年のＩＣＣ規程に「性奴隷制としての人道に対する罪」の規定が盛り込まれた。[4]

三　植民地犯罪論の模索

研究課題

戦争責任・戦争犯罪論に続いて植民地責任論も重要な課題として意識され、理論研究が送り出されてきた。第一に、ＩＣＣ規程の形成過程における植民地支配犯罪の議論、第二に、二〇〇一年のダーバン会議（人種差別反対世界会議）とその成果であるダーバン宣言によって、植民地支配とその下での犯罪に関心が集まった。以下ではＩＣＣ規程形成過程における植民地支配犯罪の議論として、国連国際法委員会における議論状況を検討したい。[5]

国連国際法委員会での議論

一九四七年、国連総会はニュルンベルク・東京裁判の成果を踏まえて、常設の国際刑事法廷を設立するための議論を始めることを決議した。そして四九年、ジャン・スピロプーロスが特別報告者に選任され、活動を開始した。スピロプーロス特別報告者は、五四年、「人類の平和と安全に対する犯罪法典草案」を公表した。しかし、国連での議論は頓挫した。東西対立の激化により国連の安全保障機能自体が凍結され、議論はほとんど不可能になった。この時期の数少ない前進は、六〇年の植民地独立付与宣言と、七四年の「侵略の定義」に関する国連総会決議であった。

議論が再開されたのは八一年であった。翌八二年、ドゥドゥ・ティアムが特別報告者に任命された。ティアム特別報告者は精力的に研究を進め、この後九本の報告書を作成し、国連国際法委員会に提出した。ここに「植民地支配犯罪」の名称が入った。

①一九九一年の国際法委員会第四三会期に提出された報告書の規定

ティアム特別報告者が提出した報告書には一二の犯罪類型が含まれていた。すなわち、侵略（草案第一五条）、侵略の脅威（第一六条）、介入（第一七条）、植民地支配及びその他の形態の外国支配第（colonial domination and other forms of alien domination）（一八条）、ジェノサイド（第一九条）、アパルトヘイト（第二〇条）、人権の組織的侵害又は大規模侵害（第二一条）、重大な戦争犯罪（第二二条）、傭兵の徴集・利用・財政・訓練（第二三条）、国際テロリズム（第二四条）、麻薬の違法取引（第二五条）、環境の恣意的重大破壊（第二六条）である。

第一八条（植民地支配及びその他の形態の外国支配）は次のような規定である。

「国連憲章に規定された人民の自決権に反して、植民地支配、又はその他の形態の外国支配を、指導者又は組織者として、武力によって作り出し、又は維持した個人、若しくは武力によって作り出し、又は維持するように（to establish or maintain by force）他の個人に命令した個人は、有罪とされた場合、・・・の判決を言い渡される。」

第一に、人民の自決権に違反することが明示されている。

国連憲章第一条第二項は「人民の同権及び自決の原則の尊重に基礎をおく諸国間の友好関係を発展させること並びに世界平和を強化するために他の適当な措置をとること」とする。一九六六年の二つの国際人権規約共通第一条には人民の自決権が明記されている。

第二に、「植民地支配、又はその他の形態の外国支配」という文言が採用されている。「植民地支配」の定義は示されていないが、人民の自決権という内実が示されている。「その他の形態の外国支配」とは、おそらく形式上は植民地支配ではないとしても実質的に人民の自決権を侵害している場合であろう。

第三に、犯罪の実行主体は「指導者又は組織者」として一定の行為をした個人とされている。指導者又は組織者には、政府中枢部の政治家、高級官僚、軍隊指揮官などが入ると思われるが、外延は必ずしも明瞭ではない。

第四に、実行行為は「武力によって作り出し、又は維持した個人、若しくは武力によって作り出し、又は維持するように他の個人に命令した」とされている。植民地状態の創出、植民地状態の維持、及びそれらの命令である。植民地状態の創出は、他国を植民地化する計画をつくり、その計画を実施するために軍事的行動を行ったことであろう。植民地状態の維持は概念が不明確だが、植民地支配の上層部に席を占めた者の全員が該当するのだろうか。それとも、植民地解放闘争に対して弾圧するなど、植民地状態の維持のために積極的な作為を行った場合であろうか。

第五に、刑罰は空欄となっている。ニュルンベルク・東京裁判では死刑と刑事施設収容（終身刑を含む）が適用された。国連総会は一九八九年に国際自由権規約第二選択議定書（死刑廃止条約）を採択したので、終身刑以下の刑事施設収容刑が想定される。

②一九九一年七月一一日の第二二三九会合の検討による修正

国連国際法委員会は、ティアム特別報告者の提案を検討した上で、第一八条（植民地支配及びその他の形態の外国支配）について次のように一部修正を加えた。

「国連憲章に規定された人民の自決権に反して、植民地支配、又はその他の形態の外国支配を、指導者又は組織者として、武力によって作り出し、又は維持した個人、若しくは武力による設立又は維持を（the establishment or maintenance by force）命令した個人は、有罪とされた場合、・・・の判決を言い渡される。」

各国政府の見解

こうして一九九一年、法典草案が暫定採択された。国連国際法委員会は一九九二〜九三年にかけて、ＩＣＣ規程草案の作成作業を行ったが、この時期、各国政府に意見を求めた。各国政府（二五カ国）が一九九三年の国連国際法委員会に提出した意見書が一つの文書にまとめられた[6]。植民地支配犯罪に関連する部分を要約して紹介する。

①オーストラリア――人民の自決権の射程距離についてはかなり議論の余地があり、刑事犯罪の要素を定義するのに十分とはいえない。「外国支配」という語句にも困難がある。国際法委員会の注釈書によると、外国支配とは「外国占領又は併合」とされているが、これは自決権に対する犯罪と言うよりも侵略のカテゴリーに含まれる。この語句は古典的に原則が適用されてきた植民地の文脈を超えてしまう。

②オーストリア――「植民地支配」という表現は特別に追加パラグラフにおいて定義されるべきである。「人民の自決権に反して」という語句は「人民の自決権を侵害して」に変更すべきである。

③オランダ――第一七条について述べたのと同じ理由から、第一八条を法典に含めるのは望ましくない（第一七条の内容は第一五条の侵略に含まれるし、第一五条に含まれないようなものを含める必要はない、定義がルーズで不明瞭である、と主張）。

④北欧諸国（五カ国）――この規定は法典に置くのに適した基準を満たしていない。「人民の自決権に反して、外国支配」という語句はあまりに不正確で、あまりに包括的である。現在の用語法によれば、この規定は、例えばさまざまな形態の貿易ボイコットや、開発援助供与国が開発援助に伴って一定の条件を要求するような状況にまで適用されるだろう。この規定はさまざまな解釈の余地があり、紛争を招くことになる。もっと正確に定義するべきである。

⑤イギリス――「植民地支配」や「外国支配」という用語は、刑法典に含めるのに必要な法的内容を持っていないし、国際刑法に基礎を持っていない。「植民地支配」は政治的態度を思わせる時代遅れの概念である。この言葉が国家責任条約草案第一九条にあるからといって、本法典に含めるのを正当化しない。法的文書である法典に政治的スローガン以外の何物でもないものを導入することは遺憾である。委員会は、処罰されるべき行為や慣行を限定して定義するべきである。「植民地支配や外国支配」の時期に行われた行為は、さらに定義づけがなされれば、法典にふさわしいものになるかもしれない。例えば、ジェノサイドや、人権の組織的又は大規模侵害のように。

⑥アメリカ――提案されている植民地支配犯罪は、前に論じた犯罪につきまとうのと同じ欠点を提出する。あいまいかつ過度に広範であり、定義ができていない。この欠陥は今日の

国際的な雰囲気において特に重大なものとなる。より大きな民族的分岐のある社会の領域からより小さな国家が出現するのを目撃しているような状況では、「外国支配」のような行為を犯罪化する試みは、国際緊張や紛争を増大させることにしかならない。

⑦スイス――外国支配は、委員会の中にそう考えている国家があるように「新植民地主義」の意味で理解されるべきであろうか。これには疑いがある。「新植民地主義」は法的に確立した概念ではない。「新植民地主義」は武力によって行われるとは限らない。それはしばしば国家間の経済的不均衡に由来する。注釈から「新植民地主義」に言及した部分をすべて削除するのがよいのではないか。

以上が各国政府の意見である。

第一に、一見して明らかな通り、イギリス、アメリカを先頭に西側先進国は軒並み、この犯罪創設に反対を表明した。アジアやアフリカの諸国も意見書を提出したが、植民地支配犯罪規定に対する異論を唱えていない。

第二に、反対理由は、国際法的概念ではなく政治的であるとか、国際刑法に基礎を持っていないというものと、概念があいまいである、漠然としているというものである。両者は異なる理由づけであるが、実際には重なり合っている。近代国際法は植民地支配を積極的に容認する帝国主義の法体系であったから、旧宗主国にとっては、植民地支配犯罪という国際法概念そのものを認めない姿勢であった。被害側にはあまりにも明瞭な植民地支配概念を、旧宗主国側は「あいまいさ」を理由として認めようとしない。実際の問題は概念があいまいか否かではなく、植民地支配を非難するのか、擁護するのかである。

植民地支配犯罪概念の削除

国連国際法委員会は一九九四年に第一二報告書・草案を検討し、続いて九五年、第一三報告書・草案を検討したが、ここで大きな改変が施された。九五年の国連国際法委員会第四七会期は、法典に盛り込まれるべき犯罪を大幅に削除することを決定した。

残されたのは、侵略（第一五条）、ジェノサイド（第一九条）、人権の組織的侵害又は大規模侵害（第二一条）、重大な戦争犯罪（第二二条）だけである。協議続行とされたのは、麻薬の違法取引（第二五条）、環境の恣意的重大破壊（第二六条）である。他方、保留された条項は、介入（第一七条）、植民地支配（第一八条）、アパルトヘイト（第二〇条）、傭兵（第二三条）、国際テロリズム（第二四条）である。

その結果が一九九六年の「人類の平和と安全に対する罪の

法典草案」であった。こうして植民地支配犯罪創設の試みは頓挫した。九八年のＩＣＣ規程に盛り込まれたのは侵略の罪、ジェノサイド、人道に対する罪、戦争犯罪という四つの犯罪類型である。アパルトヘイトはＩＣＣ規程の人道に対する罪の中に取り入れられた。麻薬の違法取引は麻薬条約や越境組織犯罪対策条約に発展し、国際テロリズムについては各種の国際条約が作られた。しかし、植民地支配犯罪概念は削除された。なぜ消されたのだろうか。

第一に、旧宗主国側の反発である。遡及処罰がなされるわけではないので、旧宗主国側にとっても責任者処罰の危険性があるわけではない。かつて「合法的」に行った植民地支配について違法性が確認され、損害賠償要求につながることを恐れたのである。

第二に、法的定義の困難性である。旧宗主国側の規定があいまいだという主張は政治的理由に根差すものではあるが、植民地支配犯罪の実行行為を明確に規定することが困難であることも否定できない。実行行為の主体をいかに特定するのか。結果犯か、継続犯か、状態犯であるのか。

第三に、このことは植民地犯罪の被害認識の不十分さに由来したと言える。植民地被害の継続・現在性の認識の不十分さもある。ポスト・コロニアリズム、「継続する植民地主義」の問題提起以前であり、植民地を容認する国際法を運用してきた旧宗主国主導の国連国際法委員会では、植民地犯罪の被害を正面から議論することにならなかった。

四　人道に対する罪と植民地支配

ダーバン宣言からの道
―植民地犯罪をめぐる民衆レベルの議論

二〇〇一年のダーバン人種差別反対世界会議で「植民地支配は人道に対する罪であった」と認定しようとしたが、国家間会議では旧宗主国・欧米諸国の反対により「植民地時代の奴隷制は人道に対する罪であった」と認定するにとどまった。こうして植民地支配犯罪論は未発のままにとどまった。国連では「ポスト・ダーバン戦略」が討議されたが、アメリカ、EU、日本は後ろ向きの姿勢を取り、ダーバン宣言が活用されていない[7]。

民衆レベルでは世界的議論が続けられている。歴史学、文学、法学など多様な研究分野でポスト・コロニアリズム研究が進み、新植民地主義批判、ヘイト・スピーチとの闘いは世界的課題であり続けている。「慰安婦」に対するヘイト・スピーチのようなホロコースト否定発言への対処も世界的に議論されている[8]。植民地犯罪概念の導入は頓挫したが、その後の議論の中で、人道に対する罪やジェノサイドの概念の中に植民地犯罪概念の実質を読み込む作業が継続された。人道に対する罪やジェノサイドは、戦争犯罪とは異なり、必ずしも武力紛争要件を必要としないからである。

国際刑法の実践―「広範又は組織的に行われた攻撃」

旧ユーゴ国際刑事法廷（ICTY）、ルワンダ国際刑事法廷（ICTR）や、国際化されたハイブリッド法廷などが実現し、判例が積み重ねられた。ICCも判決を出し、国際刑事法は大変動の渦中にある。人道に対する罪やジェノサイドの法解釈の実践例が蓄積を見ている。ICTYのタディッチ事件がニュルンベルク裁判以後初の人道に対する罪の適用であった。ザハールとスルイターは、ニュルンベルク判決とタディッチ事件判決以後の諸判決とを対比した上で、人道に対する罪の客観的要素に考察を加えた(9)。人道に対する罪の実行行為は、殺人、せん滅、奴隷化、追放、拘禁、拷問、強姦、迫害などであるが、ザハールとスルイターは、人道に対する罪の主な特徴は、この犯罪が行われる文脈を述べた敷居規定にあるとする。

第一の鍵は「武力紛争において行われた」である。ICTY規程には「武力紛争において行われた」と明示されているが、これは不十分であるとみなされてきた。人道に対する罪の鍵は「武力紛争において行われた」ことではなく、広範又は組織的に行われたこと、政策推進過程で行われたことである。ニュルンベルク裁判や管理委員会規則第一〇号裁判では「戦争犯罪人」訴追が問題とされたから、戦争における犯罪の訴追が念頭に置かれたため、「武力紛争において行われた」という語句がICTY規程に残った。ICTR規程、ICC規程には「武力紛争において行われた」はなく、シエラレオネ法廷や東ティモール法廷も同じである。武力紛争要件ではなく、広範又は組織的に行われたこと、政策推進過程で行われたことに力点があるから、植民地犯罪概念との接合可能性がある。

第二の鍵は「文民たる住民に対する」である。タディッチ事件判決は、この語句の意味を慣習法から引き出すと述べながら、実際にはフランスのバルビー事件判決とジュネーヴ諸条約共通第三条に解決を求めた。このため再び「武力紛争において行われた」の解釈問題に関連する。ICTYが問題解決をジュネーヴ法に求めたことは、他面では積極的な意味を持った。被害者が文民たる住民でなければならないという表現は、攻撃対象とされた住民が優勢的に文民の性質を有していなければならないという意味である。これは「文民」や「文民たる住民」の定義ではなく、区別原則を表現したものである。この点は、植民地人民による武力による抵抗をどのように理解するかにかかわる。植民地人民が自決権を回復するために武力による抵抗によらざるを得なかったことが、植民地犯罪の成立を妨げることにはならないと言えるのではないだろうか。

人道に対する罪としての迫害

人道に対する罪のうち、ここでは「迫害」に焦点を当てる。ＩＣＣ規程第七条第二項は次のように述べる。

「(g) 迫害とは、集団又は共同体の同一性を理由として、国際法に違反して基本的な権利を意図的にかつ著しくはく奪することをいう。」

迫害はユダヤ人、アルメニア人、クルド人、カンボジア人など少数集団に対する虐待と結びついてきた。ニュルンベルク裁判ではせん滅（絶滅させる行為）、飢餓、殺害、拷問、追放、奴隷化などが迫害に当たる場合があるとされ、特定の集団の重大な被害がこの犯罪を構成するとされてきた。迫害の特徴は、差別的理由によって行われたことに注目している点である。迫害とは身体的又は精神的害悪、追放、非人間的取り扱い、不法逮捕・拘禁、奴隷化、拷問、根絶、生存条件に影響する重大な要因などの手段によって文民たる住民の自由や生存に重大な干渉をすることである。日本で「流行」しているヘイト・クライム、ヘイト・スピーチの極限的な形態である。

迫害そのものは、ニュルンベルク判決のように「少数民族」である文民に対して、又は政治的宗教的理由に基づいて行われた殺人、不法監禁、拷問、奴隷化、移送である。[10] 迫害の観念はナチスによるユダヤ人迫害と密接に結びついている。ユダヤ人の職業からの排除、反セム侮辱行為、ユダヤ文化や歴史を著した書籍の焼却、ダビデの星の着用などである。これらの行為は、もしその後に引き続いて殺人、せん滅、奴隷化、追放が生じていなかったとしても、人道に対する罪として扱われたであろうか。ニュルンベルク裁判や管理委員会規則第一〇号裁判でも議論されたが、統一的理解が示されたとはいえない。各国が設置した法廷には控訴審による再審査の機会がなく、個々の判断がそのまま残された。

①ニュルンベルク裁判では、帝国内務相ヴィルヘルム・フリックによるユダヤ人排斥法、経済相ヴァルター・フンクによるユダヤ人差別政策関与、ポーランド総督ハンス・フランクによるゲットー化政策や飢餓政策、ボヘミア・モラヴィア保護官コンスタンティン・フォン・ノイラートによる反セム法への関与などが問題となるが、行動の自由の否定、雇用の否定、裁判を受ける機会の否定は迫害の一形態であり、追放やせん滅をもたらすと位置づけられた。②管理委員会規則第一〇号裁判では裁判官事件が対応する。ナチスの裁判官がアメリカ軍事法廷で裁かれた事例である。ユダヤ人の法律専門

職からの排除、公的サービスの否定、教育からの排除、差別的な刑罰適用、法律規定のない死刑適用などが迫害と理解された。③オランダ特別法廷におけるハンス・アルビン・ラウター事件では、差別的処遇と隔離政策として、ダビデの星の着用強制、娯楽・レクリエーションの禁止、公共公園利用の禁止、劇場・キャバレー・映画・スポーツクラブ利用禁止、図書館利用禁止などが迫害に当たると考えられた。④ポーランド最高裁におけるヨーゼフ・ブーラー事件では、ポーランド人の学校・大学への就学禁止命令が迫害に当たるとされた。⑤タディッチ事件判決は、これらの先例を検討するのではなく選択的な方法を採用し、バルビー事件における報告者意見を踏まえて、「個人の基本的権利を侵害しようとする差別の諸形態」と結論づけた。これは迫害の罪を拡大するものである。

五　おわりに

植民地支配犯罪から人道に対する罪への展開過程を追いかけると、日本で問題となっているヘイト・クライム、ヘイト・スピーチの実態が明瞭に見えてくる。ダーバン会議で強調されたように、侵略、植民地主義、植民地支配犯罪、人道に対する罪、人種差別、ヘイト・クライム、ヘイト・スピーチはひとつながりの社会現象であり、切り離して論じるべきではない。ヘイト・スピーチの本質と現象形態を正しく把握するためには、植民地支配犯罪と人道に対する罪の展開過程を踏まえて、人道に対する罪としての迫害や、ジェノサイドの煽動についての検討を行う必要がある。

【注】

(1) ポスト・コロニアリズム研究の影響を受けて多彩な議論が始まった。例えば、岩崎稔・中野敏男編『継続する植民地主義』(青弓社、二〇〇五年)、中野敏男他編『沖縄の占領と日本の復興――植民地主義はいかに継続したか』(青弓社、二〇〇六年)、永原陽子編『植民地責任論』(青木書店、二〇〇九年)、徐勝・前田朗編『〈文明と野蛮〉を超えて――わたしたちの東アジア歴史・人権・平和宣言』(かもがわ出版、二〇一一年)、木村朗・前田朗編『二一世紀のグローバル・ファシズム』(耕文社、二〇一三年)。

(2) 国際刑事法の進展については、前田朗『戦争犯罪論』(青木書店、二〇〇〇年)、同『ジェノサイド論』(青木書店、二〇〇二年)、同『侵略と抵抗』(青木書店、二〇〇五年)、同『人道に対する罪』(青木書店、二〇〇九年)を参照。

(3) Cesare Romano, Andre Nollkaemper, Jann Kleffner

（ed.）, International Criminal Courts, Oxford, 2004.

（４）筆者が関与したものとして、ラディカ・クマラスワミ『女性に対する暴力』（明石書店、二〇〇〇年）、ゲイ・マクドゥーガル『戦時・性暴力を裁く』（凱風社、一九九八年、増補版二〇〇〇年）。最近のものでは、日本軍「慰安婦」問題ｗｅｂサイト制作委員会編『性奴隷とは何か』（お茶ノ水書房、二〇一五年）、西野瑠美子・小野沢あかね編『日本人「慰安婦」』（現代書館、二〇一五年）。

（５）戦争犯罪法研究会「人類の平和と安全に対する罪の法典草案及び注釈」『関東学院法学』七巻三・四号、八巻一号、三・四号、九巻一号（一九九八～九九年）。

（６）A/CN.4/448 and Add.1.

（７）ダーバン宣言の筆者訳は「反人種主義・差別撤廃世界会議と日本」『部落解放』五〇二号（二〇〇二年）。

（８）前田朗『ヘイト・スピーチ法研究序説――憎悪煽動犯罪の刑法学』（三一書房、二〇一五年）。なお、同『増補新版ヘイト・クライム』（三一書房、二〇一三年）、同編『なぜ、いまヘイト・スピーチなのか』（三一書房、二〇一三年）。ヘイト・スピーチは単なる汚い言葉や愚劣な言葉ではない。人種、民族、言語、宗教等の動機に基づいて他者を貶め、人間の尊厳を直撃する加害行為である。背景を成す構造的差別の大半が植民地支配下における人種・民族差別に由来する。北米の黒人差別は侵略と奴隷制の歴史に根差し、欧州のイスラモフォビアも侵略と植民地支配に由来する。日本における排外主義と人種・民族差別の原型は朝鮮半島植民地支配期に形成された。

（９）Alexander Zahar & Göran Sluiter,International Criminal Law, Oxford University Press, 2008.

（10）Claire de Than and Edwin Shorts, International Criminal Law and Human Rights,Sweet & Maxwell, 2003.

※本稿は『法律時報』八七巻一〇号（二〇一五年）に掲載された同名稿の再録である。

第9章　国際法における過去の不正義と「歴史への転回」

阿部　浩己

一　「琉球処分」という歴史的不正

辺野古基地の建設

沖縄県名護市辺野古の水域を埋め立てて米軍基地を新たに建設しようとする日本政府と、これに徹底的に反対する沖縄の人々との間に強度の緊張関係が生じている。埋め立てを承認するよう求める日本政府の要請を県知事が拒んだことから、両者の対立（紛争）は司法の場に持ち込まれるところとなった。

福岡高等裁判所那覇支部でのその裁判の第一回口頭弁論（二〇一五年一二月二日）において、翁長雄志沖縄県知事は、「歴史的にも現在においても沖縄県民は自由・平等・人権・自己決定権をないがしろにされてまいりました」と、その胸の内を隠すことなく開陳した。翁長知事は、これに先立つ九月二二日にも、スイス・ジュネーブで開催されていた国連人権理事会で演説を行い、「沖縄の人々の自己決定権がないがしろにされている辺野古の状況を、世界中から関心を持って見てください」と訴えている。

日本国土のわずか0・6％しかもたぬ沖縄に、在日米軍専用施設の73・8％が集中している。米兵による性暴力や市民生活を襲う爆音に象徴される無数の被害が、沖縄の人々の安全を根底から損なう情景を押し広げてきた。広大な基地があるために、沖縄では社会基盤の本格的な整備もままならない。沖縄に米軍基地が集中する真因は、日米同盟の下に、日本「本土」の側がこれを沖縄に押しつけてきたことにある。日本政府は、「本土」の人々の意向には相応に耳を傾ける一方で、基地を拒否する沖縄の声を聴こうとはしない。もとより、「本土」に住む市民にも、沖縄の人々の裂帛《れっぱく》の声は容易に届かない。沖縄は、日本の国内に埋め込まれた外部（他者）であり、さらにいえば、日本の内に埋め込まれた植民地というべき存在にほかならないゆえんである。

辺野古基地建設を拒絶する沖縄の人々の強固な意思表明は、日本「本土」と沖縄の間に横たわる非対称な植民地主義的構造の抜本的な是正を求めるものでもある。政治の場において、運動の場において、沖縄のあり方は沖縄の人々が決めるという「自己決定権 right to self-determination」の考え方が浸透してきているのはそれを象徴する情景だが、その起動力となっているのは、沖縄の歴史の見直し（再発見）であり、これを支える国際法の歴史の紡ぎ直しである。端的にいえば、植民地主義的構造の近代的起源というべき一八七九年の「琉球処分」の歴史的・国際法的再評価が、日本「本土」ではなく沖縄の視座に立って行われ、それによって自己決定権を行使する沖縄の人々のアイデンティティの精錬がうながされているということである。(1)

その相貌の一端を紹介することから本稿を始めようと思うが、後述するとおり、沖縄と日本の関係をめぐる近年の動向は、日本と韓国との関係においてなされる議論がそうであるように、国際法の歴史の叙述をめぐってグローバルに顕現する新たな潮流と密接なつながりをもつものと私は考えている。

「琉球処分」と国際法

「琉球処分」が断行された時期は、東アジアの華夷秩序がヨーロッパ発祥の国際法秩序に取って代わられるときであった。明確な国境によってその領域を画された主権国家から成る国際社会に、日本も一八五〇年代以降に急速に組み込まれていく。ちょうど同時期に、琉球王国も米国、オランダなどとの間で修好条約を締結していた。これら諸条約の原本は最終的な「琉球処分」への過程で日本に強制的に移管されたものの、今日の日本政府は「いずれも日本国としてこれら各国との間で締結した国際約束ではなく、それらの締結をめぐる当時の経緯について、政府として確定的なことを述べるのは困難である」という認識を示している。

日本政府は、沖縄がいつから日本国の一部になったのかという点についても「確定的なことを述べるのは困難であるが、遅くとも明治初期の琉球藩の設置及びこれに続く沖縄県の設置の時には日本国の一部であったことは確かであると考えている」とし、ただし、この見解は「過去に沖縄が日本国に属していなかった時期があるとの認識を表明したものではない」ともいう。琉球王国が「国際法の主体として国家の要件を備えていたか」という問いにも、「「琉球王国」をめぐる当時の状況が必ずしも明らかでないこともあり、お尋ねについて確定的なことを述べることは困難である」という言に終始している。日本政府は、「琉球処分」を「一般に、明治初期の琉球藩の設置及びこれに続く沖縄県の設置の過程を指す言葉とし

て用いられるものと承知している」というが、その国際法的意味合いについての見解は、いかにもあいまいというしかない。(2)

他方で、「琉球処分」を東アジアの歴史的脈略に位置づけて複眼的に詳論する波平恒男は、当時の琉球を次のように評している。「国際的には清朝中国を宗主国として仰ぐ朝貢国で、なおかつ独立した王国であった。独立国として諸外国と条約を結んでいた一方で、日本への従属は国際的には承認されていなかった。また、薩摩島津氏と琉球の関係について言えば、その支配の実態については一貫して隠蔽政策が続けられ、清国もまた公式に承認するところではなかった」(3)。

波平の研究がその典型であるように、数々の歴史研究が詳らかにするのは、「琉球処分」が行われた一八七〇年代までにおいて琉球王国が日本とは異なる厳然たる政治的実体であったことである。一八七二年五月三〇日付けの建議書の中で、大蔵大輔・井上馨が琉球を「我所轄ニ帰シ」、「内地一軌ノ制度」に服させるようことさら明記したのは、そのためにもほかならない。国際法的に鋳直せば、琉球は、当時、清・日本(島津藩)との朝貢関係を残しながらも、永続的住民、確定した領域、実効的政府、他国と外交関係を取り結ぶ能力という国家の要件を備え、不平等条約を通してではあれ欧米諸国によりその法主体性を承認される政治的実体であったということになるのだろう。東アジア法秩序内での「附庸」は実効的支配を意味したのではなく、現に琉球は日本法の下でその政治的地位を決せられていたわけではない。「琉球処分」は日本の領域を超えて生起した国際的な出来事として理解されるべきであり、国際法上いかなる権原により日本の領域取得がなされえたのかが問われてしかるべきものといえる。

この点で、最終局面における警察・軍隊の威嚇を用いての松田処分官による達書の一方的な申し渡し、首里城の接収、藩王尚泰の上京強要、沖縄県設置は、「琉球処分」が強制的併合と呼ぶにふさわしい情景を湛えていたことを伝えている。強制的併合とは、国際法上は征服(conquest)の謂いでもある。交戦国が領有の意思をもって敵国を占領する行為を、国際法上、征服と称してきた。武力不行使原則が確立している現在ではもはや合法ではなくなっているものの、一九世紀後半にあってはそうでなく、世界で最も権威ある国際法の体系書とされてきた書物にも、次のように記されている。「国際法が存在する間、各国および大多数の論者は、征服を領域取得の方式として承認してきた」(4)。

もっとも、そうだとしても、「琉球処分」については琉日間が交戦状態だったわけではなく、厳密には、戦争を前提とする征服の法理を援用することには疑点が残る。ただし、他所の例を参照するに、米国では、植民者と先住民族との間に戦闘がなされていないにもかかわらず、征服により領域の取得を正当化する裁判例も見られる。白人がそこに存在するというだけで征服が成立すると解された事例もある。そうとすれば、「琉球処分」も征服の法理をもって説明できぬこともないようにも思えようが、しかし米国の裁判例は、控えめにいっても、この法理を（先住アメリカ人に）差別的に適用したものというしかなく、領域が適法に取得されたのかをかえって疑わしめるものになっていることに留意しておかねばならない。[5]

米国では、米西戦争中の一八九八年に独立国であったハワイ王国を併合する両院合同決議案が可決され、大統領が同決議案に署名して併合が実現することになった。だが、これもまた国際法上の根拠付けが至難というしかなく、一九九三年には、ハワイ併合に至る過程に国際法や自決権の侵害があったことを認め、公式の謝罪を行う両院合同決議が採択されるに及んでいる。同決議では、先住ハワイ人が人民としての固有の主権を米国に放棄したことはない旨も強調されているのだが、総じて、こうした植民地主義的な領域拡張の場合には国際法上の根拠がことのほかあいまいなことが少なくない。[6]既に述べたように伝統的国際法には暴力的な位相が横溢していたにしても、そうした国際法の規則すら遵守されぬか、あるいはその遵守が判然としないままに、領域の取得が黙認されてきたということである。

日本による琉球王国併合についても同様の評価が妥当すると考えられる。「琉球処分」は、琉球王国の実態からして日本の内部で生じた事象と捉えることはできず、しかしその一方で日本と琉球に及び始めた当時の国際法に照らしてみても、援用可能な領域取得権原を特定することは難しい。[7]「琉球処分」は、端的に、国際法上の正当化根拠を欠く行為であったと評してよいのではないか。

だが、こうした根源的な歴史的不正を抱えているにもかかわらず、日本による琉球王国の編入行為（併合）は法的な問題として可視化されることなく放置・黙認され、その後、植民地／人種主義の腐臭を伴いながら、あまたの暴戻を沖縄に強いる制度的淵源となってきた。琉球併合に関する法的態度を明らかにしない、先述した日本政府の見解は、日本の専門家集団とりわけ国際法学に携わる日本「本土」の研究者集団の共通認識と重なり合って、沖縄の被る歴史的不正義を封印する知的動力となってきたといってよい。

辺野古基地建設に抗う沖縄の人々が紡ぎだした「自己決定権」という言葉は、なによりも日本「本土」に向けて発せられるものであり、その根底には、「琉球処分」という日本の歴史的暴力的行為を、国際法上の正当化根拠を欠く不正義として捉え直す歴史的視座がある。

二　国際法における過去

遅れてきた正義　Belated Justice

日本において「琉球処分」の歴史的・法的見直しを求める議論が本格的に提起された[8]二〇一五年は、第二次世界大戦終結後七〇年の年であり、大韓民国との国交正常化から、ちょうど半世紀という節目の年でもあった。「両国民間の関係の歴史的背景と、善隣関係及び主権の相互尊重の原則に基づく両国間の正常化に対する相互の希望とを考慮し」て東京で署名された日韓基本条約が効力を生じたのは、一九六五年一二月一八日のことである。同日には、日韓請求権協定も、同条約に寄り添うように発効している。

サンフランシスコ平和条約の署名直後に開始された予備会談から一四年もの時を閲して産み落とされた日韓基本条約が、そののち紆余曲折を経ながらも相応に結びつきを深め行く両国（民）間の確たる法的礎になってきたことはまぎれもない。そのこと自体は言祝ぐべきことでもあろうが、その一方で、それ以上に銘記しておくべきは、半世紀に及ぶ時の流れが、日韓間において、封印されたはずの過去の召喚をますます促していることの法的含意である。「慰安婦」問題はその代表例というべきものにほかならない。むろんそこに、特定の政治指導者らの挑発的な言動によって過度に政治化された側面があることはたしかである。だが、そうとしても、過去の想起それ自体は、国家主義的言説への表層的な応答にとどまるものではなく、より深い次元に根ざした営みとしての性格を有してもいる。なによりそれは、二国間の関係に限局されるものではなく、むしろ現代国際社会に広がり行く本源的事象の一端と見るのが事の実相に即している。[9]

過去をめぐる議論は一九八〇年代に勢いを増し始め、冷戦の終結した一九九〇年代以降、東アジアを含む世界各地で、活性化と非活性化を繰り返しつつも、まるで地下茎でつながったかのように継起している。「過去」といっても、公的な場に導き入れられるのは、輝かしき栄華・栄光のあれこれではなく、支配的言説により沈黙を強いられてきた人々の記憶である。その潮流を近年にあって先導してきたのは、移行期正義（transitional justice）の下に展開される、重大な人権侵害への制度的応答といってよい。訴追・処罰、損害賠償、和解、真相究明といった被害回復（reparation）への包括的スキームが急速な進展を遂げてきたことはよく知られているところであろう。

過去の不正義と対峙する営みは、だが、移行期正義が射程に据える直近の過去への対処を超え出て、いまや何世代にもわたる時の流れを遡行していくようにまでなっている。歴史的不正義（historical injustices）と称される、遠き過去に個人や集団に降りかかった深刻な被害の回復が国際関係において前景化される情景は、もはや例外といって済ませられるものではない。奴隷貿易と植民地支配への責任に焦点をあてた二〇〇一年の人種主義等に反対するダーバン世界会議[10]は、その位相を先端的に映し出す場であった。移行期正義という術語と対比させるなら、そうした歴史的不正義への取り組みは、遅れてきた正義（belated justice）とでもいうべきものの実現を求める営みと表してもよい。

過去に向かう思想的潮流が台頭した契機として、ジョン・トーピーは、社会主義と国民＝国家という二つの未来の崩壊に言及する。これによって未来への地平線が失われ、人間状態の改善を求める舞台としてほかならぬ過去に焦点が設定されるようになったのだという[11]。トーピーの分析にここでさらに立ち入る余裕はないが、ただその動因がいずれであれ、過去の不正義の是正を促す知的枠組みを主導的に提供してきたのが歴史学や哲学、政治学といったものであったことはたしかである。他方で国際法は、個別の違法行為には対処しえても、時を遡る大規模な不正義との対峙には、法の遡及適用が困難であるなど制度的制約が強く働くとして、あまり重きをおかれてこなかったところもある。

しかし、国家（政府）の行動を制御する期待が国際的に広く共有される局面において、国際法が部外者然のままにいるということはおよそありえない。「国際法は、国際社会の歴史を通し、有力な政治的潮流、台頭する道徳的基準、そして宗教思想の支配的動向と密接に関わってきた。そのような結びつきが特に顕著なのは戦争と平和の文脈においてであり、国際法は神学者によって案出された正戦の伝統を本質的に具現化している。同様のことは、償いや被害回復が大きな役割を果たす最近のグローバル・ジャスティスを求める声の台頭との関わりにもあてはまる。国際法の役割は一般に、ある意味において、未来についての期待を安定させ明確にするため、国家実行における行動の趨勢を法として明定し、そうして、政府の側の政治的態度を転換させることにある」[12]というリチャード・フォークの指摘を改めて想い起しておきたい。

歴史への転回　Turn to History

実際のところ、国際法と過去はこれまでも常に切り離しがたい関係にあった。現に過去は、国際法における権利義務関係を確定するために欠かすことができない証拠的価値をもつ。加えて、国際法を構成する原則や規則、制度は、それ自体が記憶の場（memorial sites）となって過去の想起や過去との絶えざる対話を促してきてもいる[13]。そしてトーピーの言に倣って議論の枠を押し広げれば、冷戦終結後、二一世紀に入り、国際法もまた未来のあり様を過去に求めるようになっているといってよいだろう。歴史に対する国際法学の関心の急速な広がりと深化（歴史への転回（turn to history））[14]がその相貌を雄弁に伝えているのではないか。歴史への転回は、未来への楽観に裏打ちされているにせよ不安に駆り立てられているにせよ、社会変革を阻害してきたこれまでの国際法のあり方の批判的な捉え直し（新しき制度を整備するための過去の再発見）を根源的に志向するものといってよい。[15]

歴史と国際法のかかわりは多面的であるが、マット・クレイヴンはこれを三つの次元に分節して解析している。[16]第1が「国際法の歴史（history of international law）」、第2が「国際法における歴史（history in international law）」、そして第3が「歴史における国際法（international law in history）」である。これら三つの次元は歴史の記述に際して密接に重なり合うことになるものの、概念的には次のように整序される。

まず国際法の歴史とは、国際法の存在や事象を合目的に説明する観点からの記述であり、国際法の起源や進歩／退歩、再現、変容の様が物語（narrative）として描き出される。これに対して国際法における歴史とは、特定の出来事や人物（学説）、文書、国家実行、判例が国際法に関わる議論の中でどのような位置を占めるのかを見定めることに焦点が当てられる。最後の歴史における国際法とは、いってみれば国際法の外にある歴史に対する国際法なり国際法学者の関与を描出する営為を指す。日常の政策決定や国際関係への国際法の影響をどう評価するかという問題意識が強く関わる次元である。

いつの時代においてもいずれかの対抗ナラティヴの提示はあったとしても、歴史と国際法の関わりについては、長く、線型進歩（linear progress）史観が基調であった。この史観にあって国際法の歴史は一つの大きな物語（grand narrative）として構成され、国際法は法システムとして内的に統合されていることを前提に、継続・前進・包摂によって絶えざる進歩を続けていくものとして描かれる。奴隷制の廃止や武力行使の禁止、脱植民地化、国際社会の組織化などは、進歩を徴する現代的証にほかならない。進歩史観の相貌は、当然ながら、「国際法における歴史」の叙述にも「歴史の中の国際法」の叙述にも浸潤してきた。

歴史への転回は、だが、こうした認識を維持強化することに向けられているのではなく、反対にその批判・否定に立脚している側面が強い。進歩史観は、科学的客観性の外観を装着される一方で、実際には空間的にも時間的にもその中心軸を西洋においており、非西洋圏の経験は構造的に周縁に追いやられてきた。そうした西洋中心性が明瞭に論難され、論者自身のおかれた位置性や、テキストを産出する文脈への自覚的な関心の下に、歴史叙述の複数性と、過去を表象する者の構築的役割が承認されるようになっている。その中で国際法の歴史を「下から」再占有する契機も生まれ出ており、「これは、たとえば当初は脱植民地化された人民、さらに最近では先住民族、サバルターン、少数者、女性といった、国際法の歴史について語る能力を長く奪われていた諸集団によってなされている」[17]とされる。

線型進歩史観を批判してミシェル・フーコーの系譜学的手法を全面展開するナタニエル・バーマンは、国際法の内的統合を前提にはしておらず、むしろ「規範的に不純で、文化的に不均質で、歴史的に偶有的」なものとして国際法を提示する[18]。国際法の歴史を彩るのは、前進や進歩ではなく、変化・後退・排除といった事象であり、現代的形態の奴隷制の発現、大国による暴力の正統化、新植民地主義の現前といった事象がその現代的証左となる。バーマンによれば、国際法が不純で不均質で偶有的であることは不安や絶望をいざなうものではなく、むしろ「絶えず現前する法の解放可能性を信じることを可能にするものである。…国際法を希望の事業にするのは、まさしく法の一貫性の欠如であり、諸規則・主体の暫定的配置の不安定性なのである」[19]。

たしかに、国際法の歴史の複数性や規範的・文化的混交性の承認は、過去の不正義に対して国際法に基づく被害回復の契機を創り出すものに相違ない。進歩史観に基づく大きな物語としての「上からの」国際法の歴史は、西洋や主権国家、男性、さらにいえば現行支配秩序に最優先の価値をおくことにより、構造的劣位者の声を法的に無化する政治的機能を発揮してきた。歴史的不正義の是正を求める声の封殺は、その最たるものの一つにほかならない。だが、国際法が非単線的に歴史を刻み、しかも国際法の歴史を「下から」、つまりは被支配者の側からも語り得る公的スペースが拡幅されゆくのであれば、歴史的不正義を政治や道徳のみならず国際法の課題として改めて定位し直すことにも特段の不思議はないことになる。

遅れてきた正義と国際法の交差は、実のところ、人権の理念によって強く促されているところがある。過去を想起する潮流にしても、「下からの」国際法の歴史の視座にしても、理念的にその後背を成しているのは人権であり人間の尊厳の観念にほかならない。人権は、時間の射程を過去に遡行させ、歴史的不正義の被害者たちの尊厳回復を求める動力源となることで、国境を越えるだけでなく時をも超えて、普遍化の道をたどりつつあるように見える[20]。

もとより、これは現在の法（道徳）的基準を遡及して適用する事例のように思われるかもしれない。だがそれは、むしろ被害回復（reparation）という「儀式化された手段によって、正統な法の支配…が崩壊した縮図と見られる行為や出来事を非難することに力を合わせる、あらゆる当事者を包摂した包括的な規範秩序を制定しまたは回復する過程と捉えるべきものである」[21]。人権を基軸に歴史的不正義を国際法の課題として定位することは、西洋という語によって表象される国際社会の支配的な価値的枠組みの中で排除され、あるいは深刻に分断されてきた諸集団を共通の規範的地平に組み入れる歴史的機会を創り出すことであり、まさしくその意味において、国際法（あるいは国際社会）の未来のあり様が過去に求められているということでもある。

過去の不正義を国際法の歴史の課題として定位することは、いうまでもなく現実の権利義務関係への影響を避け得ない。「国際法の歴史についての理解は、ある集団が過去に受けたトラウマを国際法によって承認する前提条件と感じられるようになっていく」とジョアネらはいう。「その結果、時として西洋人と非西洋人あるいは世界各所の支配集団と被支配集団が、世界的規模で自らの過去と国際法の歴史について健全な対立の下に絶え間ない議論を交わすことになる。議論は、他者の解釈をまったく理解できない結果に帰着することもある。だがその一方でこうした対立は、あらゆる種類の抑圧を強いることに法実務や法言説が加担してきた様をよりよく辿ることができる、はるかに開かれた国際法の歴史を構想し、異なるアイデンティティと文化間の関係を鍛え上げていくことにも資するのである」[22]。

三　被害回復への国際法の理路

韓国併合条約

日本・沖縄の関係がそうであるように、過去をめぐって揺動する韓日の関係は、「歴史への転回」にかかるこうした知の脈動に連接させて論じられてしかるべきものである。根本的次元でいえば、日本による韓国の植民地支配を国際法の歴史としてどのように叙述し直すかという課題に、日本の側も改めて腰を据えて向き合うべき知の状況に入っている。この点については、なによりも、一九九五年の村山富市首相談話が「我が国は、遠くない過去の一時期、……植民地支配と侵略によって、多くの国々、とりわけアジア諸国の人々に対して多大の損害と苦痛を与えました」と述べ、二〇一〇年の菅直人首相談話が「韓国の人々は、その意に反して行われた植民地支配によって、国と文化を奪われ、民族の誇りを深く傷つけられました」と述べていたことを確認しておかなければならない。

韓国の植民地支配という表記・評価は日本の標準的・代表的な国際法の教科書には登場してこないが、政治レベルではこのように植民地支配を行ったという認識が明示されてはきた。だが、村山首相自身が「韓国併合条約は当時の国際関係等の歴史的事情の中で法的に有効に締結され、実施されたものである」[23]と答弁していたように、日本政府はそこに法的瑕疵があったという見解ではない[24]。現在の水準からすれば不当ではあるが当時は合法であったという、線型進歩史観に親和的な認識である。日韓基本条約第三条の「もはや無効」という文言も、当初は有効であった謂いとされている。こうした認識には、日本の国際法専門家集団からも特段異論は挟まれていない。

そうであっただけに、二〇一二年五月二四日の韓国大法院判決（三菱広島元徴用工原爆被害者・日本製鉄元徴用工裁判[25]）は日本の支配的集団にとってことのほか衝撃的なものとなった。大法院は、「日帝強制占領期の日本の朝鮮半島支配は規範的な観点から不法な強占に過ぎ」ないとの基本認識の上に、次のように踏み込んだ判断を示すに及んでいる。

「請求権協定の交渉過程で日本政府は植民地支配の不法性を認めないまま、強制動員被害の法的賠償を原則的に否認したし、このために韓日両国の政府は日帝の朝鮮半島支配の性格に関して合意に至らなかったが、このような状況で日本の国家権力が関与した反人道的不法行為や植民地支配に直結した不法行為に因る損害賠償請求権が、請求権協定の適用対象に含まれたと見るのは難しい点等に照らしてみれば、原告らの損害賠償請求権に対しては請求権協定で個人賠償権が消滅しなかったのは勿論のこと、大韓民国の外交保護権も放棄されなかったとみるのが相当である」。

日本国内の関連判決をおそらくは無自覚に基礎づけていたであろう規範意識（植民地支配を合法とする評価）を根本から揺さぶるこの司法判断は、「国際法の歴史」が一つの大きな進歩史的物語によってはとうてい描き切れなくなっている時代状況をよく伝えている。そしていうまでもなく、韓国併合条約が「国際法の歴史」の中でどのように叙述されるのかによって、強制労働をはじめとする一連の歴史的事実の法的評価（「国際法における歴史」の叙述）が大きく変わってくることも、この判示から明瞭にうかがい知ることができる。

一般に、植民地支配のような歴史的不正義の叙述を法実務の課題に接続する際に提起されるのは、時をいつまで遡り、被害の人的・物的範囲をどのように確定するのかという問題であり、また、不正義を違法と判ずるために欠かすことができない適用法規をどのように見定め、どのように解釈適用するのか、という問いである。これらの難題については近年、様々な議論が提示されるようなっているが[26]、とりわけ適用法規に関しては、現行の人権規範を念頭におきながら、現時点に引き続く継続侵害（continuing violation）の法理が援用されたり、原因行為と切り離して現在の不作為（調査義務の懈怠等）に焦点を当てる法理等も提示されるようになっている。また、当時の法規が著しく正統性を欠く場合には法的テクニックによって被害者への正義を否認することはできないという解釈が示されたり、法の遡求適用そのものを求める理路も提唱されている。

もっとも、歴史的不正義の中には、当時の法に照らしても実定法上の根拠を欠くと評価し得るものも少なからずあり、現に、日本の韓国植民地支配についても、一九〇五年保護条約の無効（国の代表者への強制）等がその論拠として提示されていることは周知のとおりである[27]。韓国併合過程を彩る諸条約の法的評価には、「国際法の歴史」／「国際法における歴史」の叙述をめぐり韓日間に先鋭的な対立が見られることは否めないものの、「歴史への転回」のグローバルな潮流の中にあって、植民地支配という抑圧（不正義）に深く加担してきた日本の支配的な国際法の叙述が大きく揺さぶられていることはいうまでもない。日本にとってみれば、韓国併合についての国際法の叙述をめぐる現況は、この点において、「琉球処分」をめぐる言説状況と文字通りの類似性あるいは相似性を呈するものとしてある。

日韓請求権協定

韓国併合をめぐる根源的問題を後背に抱えながら、日韓間の喫緊の課題として最大のものは、六五年の請求権協定の解釈をめぐって顕現していることは改めて強調するまでもない。「両締約国及びその国民（法人を含む。）の財産、権利及び利益並びに両締約国及びその国民の間の請求権に関する問題が…完全かつ最終的に解決されたこととなる」と定める第2条1項の射程を巡って両国政府の認識に重大な相違が見られ、その中心に「慰安婦」問題がある。

韓国政府の行動を促している二〇一一年八月三〇日の同国憲法裁判所決定[28]は、請求権協定締結交渉の過程で「慰安婦」問題はまったく議論されず、請求権討議の対象となった対日請求八項目にも含まれていなかったという事情（条約の準備作業）にとくに留意している。これに対して、日本政府および日本の国際法学集団は、「慰安婦」問題も含め、あらゆる問題が完全かつ最終的に解決されたという主張を崩さない。端的に、「国際法における歴史」をどう叙述するか、という側面にかかわる問題であり、日本においてもこれまでの支配的叙述についての再検討が歴史学者を中心に手がけられつつあるところでもある。

もっとも、日韓請求権協定についての両国間の解釈の相違はほかならぬ現時点で生起していることから、その解決には、「国際法における歴史」の叙述という側面に加えて、現在の国際法体系全体に照らした視点も求められることは確認しておきたい。国際司法裁判所が判ずるように、「国際文書は、解釈の時点において支配的な法体系全体の枠内で解釈適用されなければならない」からである。[29]

とりわけ、韓日両国が拘束されている国連憲章、国際人権諸条約、さらに国際人道法諸条約との両立性が十分に考慮される必要がある。実際のところ、日本軍「慰安婦」問題は一九九〇年代半ば以降、多くの国際人権機関、ＮＧＯ、各国議会等で懸念の対象になり、解決のために必要な手立てをとるよう勧告が発せられてきている。[30] この問題は、男性支配エリート主導の古典的な戦後処理の枠組みの下で増殖してきた法論理によってではなく、むしろ女性に対する暴力の撤廃、人種・植民地主義の撲滅を求める新しい声・価値を適切に汲み入れようとする現下の規範的潮流に十分な考慮を払って処せられるべきものである。少なくとも、人権諸条約等の配慮は条約解釈の作法としてけっして欠かしてならない。

請求権協定を巡る紛争については、また、元「慰安婦」たちの人間の尊厳に直接にかかわり人権諸条約上の問題でもあることから、ウィーラマントリーの次の指摘もあわせて想起しておくべきだろう。「人権に影響を与える条約は、その適用の時点において人権を否認するようには適用できない。裁判所は、適用時の基準により人権侵害になる行為を、［たとえ］当該行為が人権侵害にあたらなかった時期に遡る条約に基づいているという理由によっても、是認することはできない」。[31]

国際法の歴史に関する複数的な叙述の可能性を押し拓く人権の理念は、過去の再発見（過去の捏造ではない）を通して現在と過去（そして未来）を規範的に結びつけるトランステンポラルな正義の力学を湛えている。[32] そうして、国際法にあって周縁化されてきた過去（の不正義）を現在に引き入れる法の理路を構築する。既に述べたように、こうした知の潮流は、冷戦終結を機に世界大で浸潤しており、そこには、大きな物語に依拠した強圧的な旧来の法制度を、新しき多元的国際社会の中で抜本的に改編するための過去の再発見という側面が濃厚に見て取れる。韓日関係において浮上する歴史的不正義（あるいは、過去から現在に続く不正義）に対しても、国際法をとりまくこうしたグローバルな知の文脈を踏まえた取組みが必要な段階にあることを銘記しておかなければならない。

四　歴史の中の国際法―おわりに

国際法を通じた過去への介入は、アフリカやカリブ海、さらには欧州においても、現在進行形のものとして見て取ることができる。ナチス・ドイツの犯した不正義に対して、あるいは旧社会主義諸国で沈黙を強いられていた人々に対して、欧州では、司法にアクセスする権利や差別禁止規範などを動員しながら国際法の実務的射程が漸次、過去に延伸されつつある。直近の動向としては、植民地支配下でなされた拷問のような犯罪行為についての法的対処が求められるようにもなっている[33]。その前提としての国際法と歴史を巡る叙述も明らかに変容しつつある。

欧州連合（ＥＵ）の制度的記憶からも欠落していた植民地支配下の不正義が現前していることは、移民や人種主義・宗教的憎悪という植民地支配の遺産というべき事象が欧州内で顕現している現状と密接なかかわりをもつ。難民の大量流入という事態を受けて欧州の法状況は少なからず揺動しているとはいえ、人間の尊厳を最重視する法秩序を構築するには、過去の不正義を容認／創出してきた支配的な法のあり様を批判的に紡ぎ直すことが欠かせないとの認識がそこにはある。「歴史への転回」はそのために欠かせぬ作業なのであり、その営みのもつ重要性は、東アジアにおいても変わらずにあることはいうまでもない。

国際法学は、歴史の中にあって国際法の果たす役割をけっして小さなものと捉えてはいない。法規範の遵守を誘導し制度の構築を支えることによって、現に国際法は国際秩序の安定と発展に寄与する枢要な役割を演じてきた。その意義は今後とも減じられることはあるまいが、二一世紀が深まる今日にあってひときわ重要性を増しつつあるのは、過去の不正義、あるいは、過去から現在に引き続く被害の回復を求める声に応答する国際法／学者の責任である。そこに賭けられているのは国際法の未来そのものといってよい。

私たちの前には、歴史の問題としてだけでなく法の問題として、しかも、現在の法の問題として過去を問い直す時代が紛うことなくやってきている。日本の国際法学も、この根源的な課題に正面から向き合っていかなくてはならない。韓国そして沖縄との関係にかかる国際法の歴史の叙述の見直しは、その最大の試金石というべきものにほかならない。

*本稿は、次の二篇の拙文に多くを拠っている。「人権の国際的保障が変える沖縄」島袋純・阿部浩己編著『沖縄が問う日本の安全保障』（岩波書店、二〇一五年）所収、「過去の不正義と国際法」『法律時報』八七巻一〇号（二〇一五年九月）。なお、二〇一五年一二月二八日に日韓両国外相によって発表された日本軍「慰安婦」問題に関する「合意」についての管見は、「不正義への合意、再び―国際的

基準に照らして『合意』を読み解く」『人権と生活』四二号（二〇一六年六月）一七―二〇頁、「日本軍『慰安婦』問題の法的責任―日韓『合意』が置き去りにしたもの」『バウラック通信』9号（二〇一六年六月）六―九頁参照。

【注】

（1）『神奈川大学評論』八二号（二〇一五年一一月）の「特集・沖縄の戦後70年」参照。

（2）答弁書・内閣衆質一七四第五六〇号平成二二年六月一八日。

（3）波平恒男『近代東アジア史のなかの琉球併合』（岩波書店、二〇一四年）一四七頁。

（4）Lassa Oppenheim, Lassa, *International Law: A Treatise*, Vol. I (1st ed., 1905) , p.288.

（5）Jeremie Gilbert, *Indigenous Peoples' Land Rights under International Law: From Victims to Actors* (2006), pp.13-20

（6）ジョン・ヴァンダイク「日本の韓国併合と米国のハワイ併合との比較」笹川紀勝・李泰鎮編著『韓国併合と現代―歴史と国際法からの再検討』（明石書店、二〇〇八年）、四四九―四八八頁。

（7）征服でなければ、合意による任意的併合を論ずる余地があるのかもしれない。だが、「琉球処分」の場合には、併合についての合意が形式的にも実質的にも見出しがたく、それでもなお合意を語るのであれば、「国の代表者に対する強制」により、法的有効性が当初から疑わしいものとならざるをえまい。

（8）その代表的著作として、琉球新報社・新垣毅編著『沖縄の自己決定権』（高文研、二〇一五年）。

（9）See *e.g.*, Elazar Barkan, The Guilt of Nations: Restitution and Negotiating Historical Injustices (2000); John Torpey, *Politics and the Past: On Repairing Historical Injustices* (2003) ; Pablo de Greiff (ed.), *The Handbook of Reparations* (2006) ; Stiina Loytomaki, *Law and the Politics of Memory: Conflicting the Past* (2014) . 永原陽子編『植民地責任論―脱植民地化の比較史』（青木書店、二〇〇九年）も参照。

（10）http://www.un.org/WCAR/.

（11）ジョン・トーピー［藤川隆男ほか訳］『歴史的賠償と「記憶」の解剖』（法政大学出版局、二〇一三年）第1章参照。

（12）Richard Falk, "Reparations, International Law, and Global Justice: A New Frontier", in de Greiff (ed.) , *supra* note 9, p.480.

（13）Patrick Macklem, "Ryna 9, Praha 1: Restitution and Memory in International Human Rights Law", *European Journal of International Law*, Vol.16 (2005), p.14.

（14）Ingo J. Hueck, "The Discipline of the History of International Law: New Trends and Methods on the History of International Law", *Journal of the History of International Law*, Vol.3 (2001), pp.194-217.

（15）Emmanuelle Tourme Jouannet and Anne Peters, "Th-e Journal of the History of International Law: A Forum for New Research", *Journal of the History of International Law*, Vol. 16 (2014), p.2.

（16）Matt Craven, “Introduction: International Law and Its Histories”, in Craven, Malgosia Fitzmaurice, and Maria Vogiatzi（eds.）, *Time, History and International Law* (2007), pp.7-25.
（17）Jouannet and Peters, *supra* note 15, pp.4-5, 7.
（18）Nathaniel Berman, “In the Wake of Empire”, *American University International Law Review*, Vol.14 (1999), p.1524.
（19）*Id.*
（20）Dinah Shelton, *Remedies in International Human Rights Law* (2nd ed., 2005),p.456.
（21）George Ulrich, “Introduction: Human Rights With a View to History”, in Ulrich and Louise Krabbe Boserup (eds.), *Reparations: Redressing Past Wrongs* (2003), pp.5-6.
（22）Jouannet and Peters, *supra* note 15, p.7.
（23）第一三四回国会参議院会議録第四号（平成七年一〇月五日）一九頁。
（24）坂元茂樹「日韓保護条約の効力—強制による条約の観点から」関西大学法学論集四四巻四・五合併号（一九九五年）八六九—九三二頁も参照。
（25）判決文については、日本製鉄元徴用工裁判を支援する會・太平洋戰争被害者補償推進協議會『5・24韓国大法院判決資料集』（二〇一二年）参照。
（26）Felipe Gomez Isa, “The Right of Indigenous Peoples to Reparation for Historical Injustices”, available at http://paperroom.ipsa.org/papers/paper_2835.pdf; Shelton, *supra* note 20, pp.459-463.
（27）戸塚悦朗「統監府設置百年と乙巳保護条約の不法性：一九六三年国連国際法委員会報告書をめぐって」龍谷法学三九巻一号（二〇〇六年）一五—四二頁、笹川紀勝・李泰鎮編著『国際共同研究　韓国併合と現代—歴史と国際法からの再検討』（明石書店、二〇〇八年）、康成銀『1905年韓国保護条約と植民地支配責任—歴史学と国際法学の対話』（創史社、二〇一〇年）参照。
（28）中川敏弘「〈資料〉韓国憲法裁判所・日本軍慰安婦問題行政不作為違憲訴願事件」専修法学論集一一六巻（二〇一二年）一九七—二二九頁参照。
（29）Advisory Opinion, I.C.J. Reports.1971, p.16, para. 53.
（30）See Kohki Abe, “International Law as Memorial Sites: The ‘Comfort Women’ Lawsuits Revisited”, *Korean Journal of International and Comparative Law*, Vol.1 (2013), pp.166-187.
（31）Gabcikovo-Nagymaros Project, (Hungary/Slovakia), Judgment, I.C.J. Reports 1997, Separate Opinion of Vice-President Weeramantry, p.114.
（32）阿部浩己『国際法の暴力を超えて』（岩波書店、二〇一〇年）二三一頁。
（33）Loytomaki, *supra* note 9, pp.29-30.

あとがき

本書は、吉澤文寿さんの編集責任のもと、「日韓つながり直しキャンペーン２０１５」及び「日韓会談文書・全面公開を求める会」の共同事業として具体化・刊行したものです。

日韓基本条約・請求協定は、一九六五年に日韓が国交を正常化するに当たって交されました。この条約によって今日、日韓間では毎年五〇〇万人を超える人びとが往き来するようになり、両国は経済・政治・文化の面でも深い関係を結ぶに至りました。その意味ではこの条約は大きな意義を有します。他方、日本軍「慰安婦」被害者、元徴用工ら植民地支配の被害者が起こした戦後補償訴訟等では、この請求権協定が障壁となりました。それは日韓間に歴史認識、過去清算をめぐる葛藤を生み出し、継続させる〝元凶〟とも言えるかも知れません。実際に、日韓国交正常化五〇年の二〇一五年の掉尾《ちょうび》を飾るべく日韓両政府が交した「慰安婦」問題解決に向けての一二・二八「合意」も、請求権協定に囚われて結局は被害者らの納得を得られぬものになってしまいました。

本書は、このような日韓請求権協定を締結五〇年に当たってもう一度検証し、日本の朝鮮植民地支配責任は依然として未清算のままにあり、日韓が真に信頼し合える同伴者として東アジアの平和の未来をともに切り開いていくためには、それを超えていくことが必要であることを明らかにする趣旨で刊行しました。その目的を実現していくために上記のふたつの市民運動が連携しました。本書に収めている報告のうち太田修、金昌禄、五味洋治、金丞垠、阿部浩己さんのご報告は、「日韓つながり直しキャンペーン２０１５」が二〇一五年六月二〇日に開催した集会「日韓条約五〇年　過去清算でつながろう」の中のシンポジウム「検証！日韓条約・請求権協定『一九六五年体制』はもう終わりだ！」で報告していただいたものに加筆・補足していただいたものです。本書の編集責任を引き受けていただき、「序論」を書いていただいた吉澤さんと太田さんは「全面公開を求める会」の共同代表です。また、前田朗さんは「つながり直しキャンペーン」の共同代表、李洋秀さんは「全面公開を求める会」事務局次長ですが「つながり直しキャンペーン」にもご参加いただきました。このような関係で本書の刊行にご協力をいただきました。金鉉洙さんは、前記のふたつの市民運動には直接関わってはおられませんが、日韓会談―日韓条約を在日朝鮮人社会がどう評価し、賛成、反対の運動がどう展開されたかについてまとめた報告を本書に入れる必要があるとの判断から特に執筆をお願いしました。

本書は、本来は日韓国交正常化五〇年の二〇一五年中に発刊する予定を立てていました。しかし、昨今の厳しい出版事情等により遅れ、結局、二〇一六年末になってようやく世に送り出すことができました。執筆者の皆さまにご迷惑、ご心配をおかけしたことをお詫びいたします。

ただ、昨年六月二二日に東京、ソウルで開催された「日韓国交正常化五〇周年記念式典」に出席した安倍晋三首相、朴槿恵大統領が述べた「祝辞」、年末一二月二八日に日韓両政府間で交わされた日本軍「慰安婦」問題に関する合意内容を見るとき、本書を世に問う意義は決して薄れてはいないと言えます。

安倍首相は記念式典「祝辞」で、日韓が「最も重要な隣国」同士であることを確認しつつ、「多くの戦略的利益を共有して」おり、「日韓と日韓米の協力強化はアジア太平洋地域の平和と安定にとってかけがえのないもの」であることを強調、最後に「五〇年間の友好の歴史を振り返りながら、これからの五〇年を展望し、手を携えて新たな時代を築き上げていこう」と締めくくりました。要するに「安保」のために「協力」が必要だと述べただけでした。植民地支配の歴史には言及せず、「慰安婦」や元徴用工問題等の諸懸案は全く無視しました。五〇年前、日韓条約調印に当たって彼の大叔父である佐藤栄作首相が出した談話と何ら変わるところはありませんでした。

他方、朴槿恵大統領は「祝辞」で、「最大の壁である歴史問題という重荷を和解と共生の心をもって下ろせるようにしていくことが重要だ」と述べました。しかし、そのために何をしていくかについては語らず、「両国国民が韓日関係の新しい未来を夢見ることができるよう、共にこの道を切り開いていくことを願う」と言うのみでした。このような「祝辞」を聞いて、韓国民は朴槿恵大統領にリーダーとしての責任と決意を読みとることができたでしょうか。

安倍首相、朴大統領がいくら「新たな未来」を強調しようとも、五〇年前と同じ発想に固執し続ける限り、その実現に向けて共同して進んでいくような「未来」像は描けません。

「日韓つながり直しキャンペーン２０１５」は、昨年六月二〇日に開催した集会で、「２０１５日韓市民共同宣言」―「植民地主義を清算し、ともに東アジアの平和な未来を開いていこう！」を採択しました。その宣言では、日韓間の「関係改善が植民地主義の清算、戦後補償実現を封じこめ、再び先送りすることによって図られるようなことがあってはならない」ことを確認しました。六月二二日の両首脳の「祝辞」、一二・二八「合意」を読む限り、この「宣言」で強調したことは杞憂ではなかったことが確認できます。

本書のタイトルは、「五〇年目の日韓つながり直し」としました。金昌禄さんも言われるように日韓条約―請求権協定がつくりだした「一九六五年体制」は実質的に終わっています。しかし、「終わり」はとうに始まっているのに、なかなか現実がそこに辿りつきません。ただ、日韓市民の「つながり直し」を求める共同のとりくみは、必ずや「その日」を引き寄せていくであろうと確信しています。

最後に、快く執筆をお引き受けいただき、発刊が遅れたにもかかわらず辛抱強くお待ちいただいた執筆者の皆さまに改めて厚くお礼を申し上げます。また、厳しい出版事情の中で、本書の刊行をお引き受けいただいた社会評論社及び様ざまにご助言いただいた同社の松田健二さん、新孝一さんに厚くお礼を申し上げます。有り難うございました。

二〇一六年一一月

日韓つながり直しキャンペーン２０１５

矢野秀喜

資　料

サン・フランシスコ講和条約（日本国との平和条約）

一九五一年九月八日調印

第二章　領域

第二条

（a）日本国は、朝鮮の独立を承認して、済州島、巨文島及び鬱陵島を含む朝鮮に対するすべての権利、権原及び請求権を放棄する。

第四条

（a）この条の（b）の規定を留保して、日本国及びその国民の財産で第二条に掲げる地域にあるもの並びに日本国及びその国民の請求権（債権を含む。）で現にこれらの地域の施政を行つている当局及びそこの住民（法人を含む。）に対するものの処理並びに日本国におけるこれらの当局及び住民の財産並びに日本国及びその国民に対するこれらの当局及び住民の請求権（債権を含む。）の処理は、日本国とこれらの当局との間の特別取極の主題とする。第二条に掲げる地域にある連合国又はその国民の財産は、まだ返還されていない限り、施政を行つている当局が現状で返還しなければならない。（国民という語は、この条約で用いるときはいつでも、法人を含む。）

（b）日本国は、第二条及び第三条に掲げる地域のいずれかにある合衆国軍政府により、又はその指令に従つて行われた日本国及びその国民の財産の処理の効力を承認する。

第九条

日本国は、公海における漁猟の規制又は制限並びに漁業の保存及び発展を規定する二国間及び多数国間の協定を締結するために、希望する連合国とすみやかに交渉を開始するものとする。

第二十一条

この条約の第二十五条の規定にかかわらず、中国は、第十条及び第十四条（a）２の利益を受ける権利を有し、朝鮮は、この条約の第二条、第四条、第九条及び第十二条の利益を受ける権利を有する。

日韓基本条約（日本国と大韓民国との間の基本関係に関する条約）

一九六五年六月二二日調印

日本国及び大韓民国は、両国民間の関係の歴史的背景と、善隣関係及び主権の相互尊重の原則に基づく両国間の関係の正常化に対する相互の希望とを考慮し、両国の相互の福祉及び共通の利益の増進のため並びに国際の平和及び安全の維持のために、両国が国際連合憲章の原則に適合して緊密に協力することが重要であることを認め、千九百五十一年九月八日にサン・フランシスコ市で署名された日本国との平和条約の関係規定及び千九百四十八年十二月十二日に国際連合総会で採択された決議第百九十五号（Ⅲ）を想起し、この基本関係に関する条約を締結することに決定し、よつて、その全権委員として次のとおり任命した。

日本国
日本国外務大臣　椎名悦三郎
　　　　　　　　　高杉晋一
大韓民国
大韓民国外務部長官　　李東元
大韓民国特命全権大使　金東祚

これらの全権委員は、互いにその全権委任状を示し、それが良好妥当であると認められた後、次の諸条を協定した。

第一条

両締約国間に外交及び領事関係が開設される。両締約国は、大使の資格を有する外交使節を遅滞なく交換するものとする。また、両締約国は、両国政府により合意される場所に領事館を設置する。

第二条

千九百十年八月二十二日以前に大日本帝国と大韓帝国との間で締結されたすべての条約及び協定は、もはや無効であることが確認される。

第三条

大韓民国政府は、国際連合総会決議第百九十五号（III）に明らかに示されているとおりの朝鮮にある唯一の合法的な政府であることが確認される。

第四条

（a）両締約国は、相互の関係において、国際連合憲章の原則を指針とするものとする。

（b）両締約国は、その相互の福祉及び共通の利益を増進するに当たつて、国際連合憲章の原則に適合して協力するものとする。

第五条

両締約国は、その貿易、海運その他の通商の関係を安定した、かつ、友好的な基礎の上に置くために、条約又は協定を締結するための交渉を実行可能な限りすみやかに開始するものとする。

第六条

両締約国は、民間航空運送に関する協定を締結するための交渉を実行可能な限りすみやかに開始するものとする。

第七条

この条約は、批准されなければならない。批准書は、できる限りすみやかにソウルで交換されるものとする。この条件は、批准書の交換の日に効力を生ずる。

以上の証拠として、それぞれの全権委員は、この条約に署名調印した。

千九百六十五年六月二十二日に東京で、ひとしく正文である日本語、韓国語及び英語により本書二通を作成した。解釈に相違がある場合には、英語の本文による。

日本国のために
椎名悦三郎
高杉晋一
大韓民国のために
李東元
金東祚

日韓請求権協定
（財産及び請求権に関する問題の解決並びに経済協力に関する日本国と大韓民国との間の協定）

一九六五年六月二二日調印

日本国及び大韓民国は、両国及びその国民の財産並びに両国及びその国民の間の請求権に関する問題を解決することを希望し、両国間の経済協力を増進することを希望して、次のとおり協定した。

第一条

1　日本国は、大韓民国に対し、

（a）現在において千八十億円（一〇八、〇〇〇、〇〇〇、〇〇〇円）に換算される三億合衆国ドル（三〇〇、〇〇〇、〇〇〇ドル）に等しい円の価値を有する日本国の生産物及び日本人の役務を、この協定の効力発生の日から十年の期間にわたつて無償で供与するものとする。各年における生産物及び役務の供与は、現在において百八億円（一〇、八〇〇、〇〇〇、〇〇〇円）に換算される三千万合衆国ドル（三〇、〇〇〇、〇〇〇ドル）に等しい円の額を限度とし、各年における供与がこの額に達しなかつたときは、その残額は、次年以降の供与額に加算されるものとする。ただし、各年の供与の限度額は、両締約国政府の合意により増額されることができる。

（b）現在において七百二十億円（七二、〇〇〇、〇〇〇、〇〇〇円）に換算される二億合衆国ドル（二〇〇、〇〇〇、〇〇〇ドル）に等しい円の額に達するまでの長期低利の貸付けで、大韓民国政府が要請し、かつ、3の規定に基づいて締結される取極に従つて決定される事業の実施に必要な日本国の生産物及び日本人の役務の大韓民国による調達に充てられるものをこの協定の効力発生の日から十年の期間にわたつて行なうものとする。この貸付けは、日本国の海外経済協力基金により行なわれるものとし、日本国政府は、同基金がこの貸付けを各年において均等に行ないうるために必要とする資金を確保することができるように、必要な措置を執るものとする。

前記の供与及び貸付けは、大韓民国の経済の発展に役立つものでなければならない。

2　両締約国政府は、この条の規定の実施に関する事項について勧告を行なう権限を有する両政府間の協議機関として、両政府の代表者で構成される合同委員会を設置する。

3　両締約国政府は、この条の規定の実施のため、必要な取極を締結するものとする。

第二条

1　両締約国は、両締約国及びその国民（法人を含む。）の財産、権利及び利益並びに両締約国及びその国民の間の請求権に関する問題が、千九百五十一年九月八日にサン・フランシスコ市で署名された日本国との平和条約第四条（a）に規定されたものを含めて、完全かつ最終的に解決されたこととなることを確認する。

2　この条の規定は、次のもの（この協定の署名の日までにそれぞれの締約国が執つた特別の措置の対象となつたものを除く。）に影響を及ぼすものではない。

(a)　一方の締約国の国民で千九百四十七年八月十五日からこの協定の署名の日までの間に他方の締約国に居住したことがあるものの財産、権利及び利益

(b)　一方の締約国及びその国民の財産、権利及び利益であつて千九百四十五年八月十五日以後における通常の接触の過程において取得され又は他方の締約国の管轄の下にはいつたもの

3　2の規定に従うことを条件として、一方の締約国及びその国民の財産、権利及び利益であつてこの協定の署名の日に他方の締約国の管轄の下にあるものに対する措置並びに一方の締約国及びその国民の他方の締約国及びその国民に対するすべての請求権であつて同日以前に生じた事由に基づくものに関しては、いかなる主張もすることができないものとする。

第三条

1　この協定の解釈及び実施に関する両締約国の紛争は、まず、外交上の経路を通じて解決するものとする。

2　1の規定により解決することができなかつた紛争は、いずれか一方の締約国の政府が他方の締約国の政府から紛争の仲裁を要請する公文を受領した日から三十日の期間内に各締約国政府が任命する各一人の仲裁委員と、こうして選定された二人の仲裁委員が当該期間の後の三十日の期間内に合意する第三の仲裁委員又は当該期間内にその二人の仲裁委員が合意する第三国の政府が指名する第三の仲裁委員との三人の仲裁委員からなる仲裁委員会に決定のため付託するものとする。ただし、第三の仲裁委員は、両締約国のうちいずれかの国民であつてはならない。

3　いずれか一方の締約国の政府が当該期間内に仲裁委員

を任命しなかつたとき、又は第三の仲裁委員若しくは第三国について当該期間内に合意されなかつたときは、仲裁委員会は、両締約国政府のそれぞれが三十日の期間内に選定する国の政府が指名する各一人の仲裁委員とそれらの政府が協議により決定する第三国の政府が指名する第三の仲裁委員をもつて構成されるものとする。

4　両締約国政府は、この条の規定に基づく仲裁委員会の決定に服するものとする。

第四条

この協定は、批准されなければならない。批准書は、できる限りすみやかにソウルで交換されるものとする。この協定は、批准書の交換の日に効力を生ずる。

以上の証拠として、下名は、各自の政府からこのために正当な委任を受け、この協定に署名した。

千九百六十五年六月二十二日に東京で、ひとしく正文である日本語及び韓国語により本書二通を作成した。

日本国のために

椎名悦三郎

高杉晋一

大韓民国のために

李東元

金東祚

日韓文化財協定（文化財及び文化協力に関する日本国と大韓民国との間の協定）

一九六五年六月二二日調印

日本国及び大韓民国は、両国の文化における歴史的な関係にかんがみ、両国の学術及び文化の発展並びに研究に寄与することを希望して、次のとおり協定した。

第一条

日本国政府及び大韓民国政府は、両国民間の文化関係を増進させるためできる限り協力を行なうものとする。

第二条

日本国政府は、附属書に掲げる文化財を両国政府間で合意する手続に従つてこの協定の効力発生後六箇月以内に大韓民国政府に対して引き渡すものとする。

第三条

日本国政府及び大韓民国政府は、それぞれ自国の美術館、博物館、図書館その他学術及び文化に関する施設が保有する文化財について他方の国の国民に研究する機会を与えるため、できる限り便宜を与えるものとする。

第四条

この協定は、批准されなければならない。批准書は、できる限りすみやかにソウルで交換されるものとする。この協定は、批准書の交換の日に効力を生ずる。

以上の証拠として、下名は、各自の政府からこのために正当な委任を受け、この協定に署名した。

千九百六十五年六月二十二日に東京で、ひとしく正文である日本語及び韓国語により本書二通を作成した。

日本国のために
椎名悦三郎
高杉晋一
大韓民国のために
李東元
金東祚

日韓文化財協定合意議事録
（文化財及び文化協力に関する日本国と大韓民国との間の協定についての合意された議事録）
一九六五年六月二二日調印

韓国側代表は、日本国民の私有の韓国に由来する文化財が韓国側に寄贈されることになることを希望する旨を述べた。

日本側代表は、日本国民がその所有するこれらの文化財を自発的に韓国側に寄贈することは日韓両国間の文化協力の増進に寄与することにもなるので、政府としてはこれを勧奨するものであると述べた。

千九百六十五年六月二十二日に東京で

E．S．
T．W．L．

2015日韓市民共同宣言
『植民地主義を清算し、ともに東アジアの平和な未来を開いていこう！』

▼日本の敗戦と朝鮮半島解放から七〇年、日韓国交正常化五〇年。日韓は、年に五〇〇万人を超える人びとが往来し、様々な面で相互依存関係を築き、重要な隣国同士となっている。しかし今、日韓は首脳会談も開けない状況が続き、険悪とも言うべき関係にある。その原因は、日本軍「慰安婦」問題などのいわゆる「歴史問題」を解決する方向性がいまだに見出されない点にある。

▼二〇一〇年八月、韓国強制併合一〇〇年に当たって日韓市民は、「植民地主義の清算と平和実現のための日韓市民共同宣言」を発表した。その中で、植民地主義の清算がまだ終わっていない現実を確認し、東アジアにおける過去の清算と人間の尊厳の回復、平和の実現に向けて、手を携えてともに行動していくことを宣言した。そして、日本政府に

対し植民地主義清算に向けて二〇項目にわたる要求(別掲)を提起した。

▼それから五年が経過した。韓国では、二〇一一年八月に憲法裁判所が、日本軍「慰安婦」被害と原爆被害に関して、日韓両政府の間に一九六五年の請求権協定の解釈をめぐり紛争が生じているにも拘わらず、韓国政府が協定に規定する手続きをとらない不作為は違憲であるとの決定を出した。二〇一二年五月には大法院が、日本の植民地支配下で実施された強制動員を「植民地支配に直結する不法行為」と断じ、その被害に対する「損害賠償請求権は請求権協定の適用対象に含まれていたと解することは困難」との判決を出した。憲法裁判所の決定は韓国政府を動かし、韓国政府はあらゆる外交チャンネルを通じて「慰安婦」問題の解決を日本政府に求め続けている。「慰安婦」問題は日韓間の最大の外交課題にまで押し上げられた。また、大法院判決は、強制連行問題を解決に導く重要な手がかりを提供するものとなった。韓国では強制動員被害者に対する賠償・支援をおこなうため、日本政府・企業からの信託金をも受け入れる「人権財団」設立法案が議論されるにいたっている。

▼しかし、これに対する日本政府の対応はあまりに被害者の要求から遠く、あまりに国際人権から離れている。二〇一二年一二月に再び政権についた安倍首相は、河野談話、村山談話の見直しを掲げ、「侵略の定義は定まっていない」と公言し、靖国神社参拝を強行した。これに対し、韓国、中国や米国などから強い批判が浴びせられ、安倍首相は河野、村山談話を継承すると言わざるを得なくなった。それでも「慰安婦」問題、強制連行問題については、「請求権協定で完全かつ最終的に解決済」との見解を繰り返している。これは被害者の訴えに真摯に向き合わず、規約人権委員会、女性差別撤廃委員会、人種差別撤廃委員会など国連諸機関やＩＬＯの度重なる「慰安婦」問題解決を促す勧告をも無視するものである。また、明治産業革命遺跡のユネスコ世界遺産登録では、「強制労働の歴史的事実を伝えよ」「負の歴史もまた明らかにすべき」などの内外の批判にも背を向け、歴史修正主義に固執している。

▼加えて、安倍首相は今年の八月、戦後七〇年に当たって「安倍談話」を出すことを明らかにしている。その「談話」では、村山談話は「全体として引き継ぐ」が、「同じ文言を繰り返すことはない」とし、「謝罪も不要」としている。現に、四月二九日、米議会上下両院合同会議での演説で、安倍首相は「先の世界大戦に対する痛切な反省」は表明したが、「植民地支配と侵略」によって「アジア諸国の人々に多大の損害と苦痛を与えた」事実には言及しなかった。一方で、「日米防衛協力の新しいガイドライン」によって、「A framework to better put together the forces of the U.S. and Japan」＝「日米がその軍事力をよく合わせられるようにする仕組みができた」と宣言した。安倍首相の「積極的平和主義」とは、日米が共同で軍事力を行使していくことであることを米議会に対して闡明したのである。中国、朝鮮民主主義人民共和国を「仮想敵」とし、石油、ウラン

等の「資源確保」のために集団的自衛権を行使するというのが安倍政権の「積極的平和主義」である。安倍首相の戦後七〇年「談話」が、植民地支配と侵略を行った過去を総括、清算し、それによって東アジアの平和を実現していくことを表明するものとはなり得ないことは明白である。

▼日韓国交正常化をもたらした日韓基本条約・請求権協定の締結には、一四年の歳月を要した。日韓会談が度々中断し、長引いた根本的な原因は、植民地支配責任をめぐる日韓間の認識の大きな隔たりにあった。日本は朝鮮植民地支配を合法と見、朝鮮「近代化」に資するものであったと言い、植民地支配犯罪を認めなかった。植民地支配に対する賠償は、サンフランシスコ講和条約で「請求権」に置き換えられ、日韓会談の中で最後には「経済協力」にすりかえられた。韓国の民衆は激しく反発、反対したが、それでも条約は締結された。その背景に反共・冷戦があった。日韓会談の予備交渉、第一次会談は朝鮮戦争のさなかに始まり、交渉妥結・条約調印の一九六五年はベトナム戦争・北爆の真っ最中であった。米国はベトナム戦争遂行のために日韓会談早期妥結をうながし、日韓両政府はともに「経済」と「安保」を優先して、植民地支配責任問題を棚上げした。被害者への賠償などは封印し、両政府はそれを「完全かつ最終的に解決」したと見なした。しかし、それは結局、先送りしただけであった。一九九〇年代以降の戦後補償闘争がそのことを端的に証明している。

▼今、米国は中国の台頭の下でアジア回帰戦略を打ち出し、そのために日韓に「関係改善」を強く促している。しかし、その関係改善は植民地主義の清算、戦後補償実現を封じこめ、再び先送りすることによって図られるようなことがあってはならない。一九六五年の二の舞はさせない。被害者の多くは亡くなり、生きている方がたも年老い、病いの中にあり、残された時間はあまりにも少ない。破綻したことが明白な「一九六五年体制」を維持するのではなく、植民地主義清算へと歩みを進め、「新たな未来」を切り開いていかなければならない。日韓両政府は、国交正常化五〇年に当たり、記念のロゴ・キャッチフレーズを作成した。「共に開こう　新たな未来を」。一九六五年、条約締結反対の声を抑え込むために日本政府は、「隣国との善隣友好」「日韓の将来に目を向ける」というPRを展開した。「未来志向」は、過去を不問にすることと同義であった。このような愚を繰り返してはならない。一九六五年とは違い、日韓間には数百万の人びとの往来と交流があり、人権、平和を守り、発展させていくための市民の共同・連帯が築かれている。同じ轍を踏まぬための社会的基盤は形成されている。

▼日韓国交正常化五〇年、日韓間に深い溝ができているが、日朝間はいまだ国交すらない。安倍政権は朝鮮敵視を強め、朝鮮学校を高校無償化から排除するなど在日韓国・朝鮮人に対し深刻な人権侵害・差別を続けている。私たちはこのような現実を認めることはできない。

日韓市民は改めて宣言する。今こそ植民地主義を清算し、「日朝平壌宣言」を履行、日朝国交正常化を実現すべきである。そして、民族差別をなくし、人権を確立し、ともに東アジアの平和な未来を切り開いていこう。そのための課題は、既に二〇一〇年日韓市民共同宣言で明らかにしている。「慰安婦」問題については、日本政府に対する具体的「提言」も用意されている。強制動員問題解決に関しても、その法的根拠と方策は提示されている。険悪な日韓関係をこのまま放置しておいてよいと考える市民は少数である。市民の力で政府を動かそう。日韓条約五〇年、過去清算と未来への希望でつながろう！

二〇一五年六月二〇日

韓日市民宣言実践協議会
日韓つながり直しキャンペーン２０１５
６・20日韓条約五〇年
過去清算でつながろう集会参加者一同

史と責任〕』8号、2015年）など。

矢野　秀喜（やの　ひでき）

1950年生。「日韓つながり直しキャンペーン2015」、「朝鮮人強制労働被害者補償立法をめざす日韓共同行動」事務局長。『未解決の戦後補償－問われる日本の過去と未来』（創史社、2012年）に「朝鮮人強制連行」を執筆、『戦後70年・残される課題－未解決の戦後補償Ⅱ』（創史社、2015年）に「企業責任追及、対政府交渉の強化を」を執筆。

五味　洋治（ごみ　ようじ）

1958年生。東京新聞（中日新聞東京本社）編集委員。著書に「女が動かす北朝鮮」（２０１６年　文春新書）など。

金　鉉洙（きむ　ひょんす）

1973年生。明治大学等非常勤講師。著書・論文：『일본에서의 한일회담 반대 운동 – 재일조선인운동을 중심으로（日本における韓日会談反対運動―在日朝鮮人運動を中心に)』図書出版先人、2016年(韓国)。「戦後在日朝鮮人の『日本観』」杉並歴史を語り合う会・歴史科学協議会編『隣国の肖像』大月書店、2016年。「東アジアの冷戦と日韓会談反対運動」『在日朝鮮人史研究』No.45.2015年。

前田　朗（まえだ　あきら）

1955年生。東京造形大学教授。朝鮮大学校法律学科講師。著書に、『軍隊のない国家』（青木書店、2008年）、『人道に対する罪』（青木書店、2009年）、『９条を生きる』（青木書店、2012年）、『ヘイト・スピーチ法研究序説』（三一書房、2015年）。編著に『21世紀のグローバル・ファシズム』（耕文社、2013年）、『近代刑法の現代的論点』（共編、社会評論社、2014年）、『慰安婦問題の現在』（三一書房、2016年）など。

阿部　浩己（あべ　こうき）

1958年生。神奈川大学法科大学院教授。最近の主な著書に、『国際法の人権化』（信山社、2014年）、『国際人権を生きる』（信山社、2014年）、『国際法の暴力を超えて』（岩波書店、2010年）、『沖縄が問う日本の安全保障』（共編著、岩波書店、2015年）など。

＊訳者プロフィール

野木香里（のぎ　かおり）

民族問題研究所先任研究員。論文「朝鮮における婚姻年齢の制定と植民地支配」『朝鮮史研究会論文集』（第52号、2014年）、「식민지기 조선인 '합사' 과정（植民地期朝鮮人の'合祀'過程)」『研究叢書66 야스쿠니에 묻는다（靖国に問う）』(東北亜歴史財団、2014年）など。

● 編著者紹介（執筆順）

吉澤　文寿（よしざわ　ふみとし）

1969 年生。新潟国際情報大学国際学部教授。日韓会談文書・全面公開をもとめる会共同代表。主な著作に『日韓会談 1965—戦後日韓関係の原点を検証する』（高文研、2015 年）、『[新装新版]戦後日韓関係　国交正常化交渉をめぐって』（クレイン、2015 年）、日本軍「慰安婦」問題 Web サイト制作委員会編（金富子・板垣竜太責任編集）『Q&A 朝鮮人「慰安婦」問題と植民地支配責任　あなたの疑問に答えます』御茶の水書房、2015 年（共著）、安藤正人・吉田裕・久保亨編『歴史学が問う公文書の管理と情報公開　特定秘密保護法下の課題』大月書店、2015 年（共著）、他

太田　修（おおた　おさむ）

1963 年生。現在、同志社大学グローバル・スタディーズ研究科教授。日韓会談文書・全面公開を求める会共同代表。主要著書は『〔新装新版〕日韓交渉—請求権問題の研究』（クレイン、2015 年）、『朝鮮近現代史を歩く』（思文閣出版、2009 年）。

李　洋秀（い　やんす）

1951 年生、在日韓国人二世。日韓会談文書・全面公開を求める会事務局次長、「韓国・朝鮮文化財返還問題連絡会議」世話人、大阪経済法科大学研究員、ソウル国民大学校日本学科共同研究院。主な論文に、「韓国側文書に見る日韓国交正常化交渉」（季刊『戦争責任研究』53 〜 57 号）、「日韓会談と文化財返還問題」（季刊『戦争責任研究』72 号）。編著に黄壽永編『韓国の失われた文化財』（三一書房、日本語版）。共著に『未解決の戦後補償—問われる日本の過去と未来』（創史社、2012 年）に「日韓条約文書公開」を、『戦後 70 年・残される課題－未解決の戦後補償Ⅱ』（創史社、2015 年）に「日韓会談日本側文書の開示を求めた十年の裁判－開示された文書から見えてきた問題点」を執筆。

金　昌禄（きむ　ちゃんのく）

1961 年生。慶北大学法学専門大学院教授。主な論文として、「韓国司法における歴史と法—— 2012 年大法院判決を中心に」（『法律時報』№.1090、2015 年）、「尾高朝雄と植民地朝鮮」（ 酒井哲哉・松田利彦、『帝國日本と植民地大學』、ゆまに書房、2014 年）、「一九一〇年韓日条約に関する法史学的再検討」（『季刊戦争責任研究』№.67、2010 年）。

金　丞垠（きむ　すんうん）

民族問題研究所資料室長。論文「재한 원폭피해자 문제에 대한 한일 양국의 인식과 교섭태도（在韓原爆被害者問題に対する韓日両国の認識と交渉態度）」（『亜細亜研究』第 55 巻 2 号、2012 年）、「日韓『65 年体制』の克服—権利獲得のための長い旅程」（『季刊戦争責任研究』85 号、2015 年）、「돌아오지 못한『유골』과 국가책임—한국인 강제동원 희생자 유골문제와 봉환 교섭（帰ってこられなかった『遺骨』と国家責任—韓国人強制動員犠牲者遺骨問題と奉還交渉）」（『역사와책임〔歴

五〇年目の日韓つながり直し
――日韓請求権協定から考える

2016年12月25日　初版第1刷発行

編　著――――吉澤文寿
装　幀――――右澤康之
発行人――――松田健二
発行所――――株式会社 社会評論社
東京都文京区本郷2-3-10
電話：03-3814-3861　Fax：03-3818-2808
http://www.shahyo.com
組　版――――Luna エディット .LLC
印刷・製本――株式会社 ミツワ

Printed in japan